钢筋混凝土梁桥疲劳性能评估

钟 铭 著

中国建筑工业出版社

图书在版编目（CIP）数据

钢筋混凝土梁桥疲劳性能评估/钟铭著. —北京：中国建筑工业出版社，2019.2
ISBN 978-7-112-23086-0

Ⅰ. ①钢…　Ⅱ. ①钟…　Ⅲ. ①钢筋混凝土桥-梁桥-疲劳寿命-评估　Ⅳ. ①U448.33

中国版本图书馆 CIP 数据核字（2018）第 290678 号

　　本书介绍了作者近十年来在钢筋混凝土梁桥材料、构件疲劳损伤理论和损伤后承载性能评估方面的研究成果，主要内容分为试验研究、理论分析和实用评估技术三个部分。试验研究部分包括高强钢筋和高强混凝土梁高周疲劳试验，超载作用下钢筋混凝土梁疲劳性能分析，钢筋混凝土柱低周疲劳损伤后的静力和动力性能试验；理论分析部分主要包括基于裂纹扩展机理的混凝土损伤有效弹性模量、强度评估方法和建立细宏观相结合的混凝土损伤分析模型，钢筋混凝土受弯、剪弯构件疲劳累积损伤性能分析方法，钢筋混凝土梁损伤识别方法等；实用评估技术部分包括既有结构混凝土累积损伤原位评估方法与指标，疲劳损伤后钢筋混凝土梁桥构件承载性能评估技术，钢筋混凝土梁墩损伤后承载性能分析案例。

　　本书可供工程科研、设计、维修人员和从事土木工程检测评估领域的专业技术人员，以及相关专业大学教师、学生阅读和参考。

　　责任编辑：李笑然　刘瑞霞
　　责任设计：李志立
　　责任校对：张　颖

钢筋混凝土梁桥疲劳性能评估
钟　铭　著
*
中国建筑工业出版社出版、发行（北京海淀三里河路 9 号）
各地新华书店、建筑书店经销
霸州市顺浩图文科技发展有限公司制版
北京圣夫亚美印刷有限公司印刷
*
开本：787×1092 毫米　1/16　印张：15¾　字数：312 千字
2019 年 3 月第一版　　2019 年 3 月第一次印刷
定价：**52.00** 元
ISBN 978-7-112-23086-0
（33167）

前　言

　　混凝土桥梁、吊车梁、混凝土坝体等钢筋混凝土结构，在长期重复疲劳荷载的作用下，结构构件抗力会随疲劳损伤的累积而衰减，加之外部自然环境的不利影响，结构功能不断退化直至失效。19世纪20年代末，法国人 Albert 对矿山卷扬机焊接链条进行的试验，拉开了疲劳现象研究的序幕，随着新的工程问题的出现和研究的深入，疲劳引起结构脆性破坏的问题在理论界和工程界受到高度重视，国内外在金属材料、机械、航空航天、铁路桥梁等领域的疲劳研究取得了大量成果。美国材料与试验学会（ASTM）给出的疲劳定义为：材料在波动应力或应变作用下，波动达到一定次数后产生局部损伤并逐步达到破坏峰值的过程；英国桥梁规范 BS 5400 给出的疲劳定义为：在单独作用时不足以引起失效的应力重复作用下，结构逐渐产生开裂并失效的现象。

　　混凝土材料自诞生以来就以结构稳定、耐久性高等优良特性广泛应用于桥梁等工程建设领域。以国内外已建成的桥梁结构为例，混凝土桥梁所占比例分别为：欧洲 70%、美国 52%、日本 60%。当前我国桥梁总量已经突破百万座，其中混凝土桥梁的比例更是高达 90% 以上。随着设计方法的进步、轻质高强材料的应用，桥梁建设得到了长足发展，然而，由于重载交通不断加剧，长久以来在钢结构桥梁中关注较多的疲劳问题也在混凝土桥梁中逐渐显现。1961年建成的纽约 Throgs Neck 桥，通车不到10年桥面板就已经显著开裂，经调查分析，是因为支撑桥面板的悬臂梁发生了反复挠曲变形，致使上部的混凝土桥面板中产生了二次疲劳拉应力而开裂；2000年5月20日，美国加州北部 Motor Speedway 桥梁因钢筋锈蚀疲劳破坏倒塌；2011年7月，杭州钱江三桥发生桥面断裂坍塌事故，事故主要是由该桥长期在超限超载车辆运营下造成空心板梁出现疲劳损伤且未有效维修所致。与长大跨径桥梁相比，中小跨径桥梁所承受的车辆等活荷载占总荷载效应比重大，加之超载问题的客观存在，车辆荷载产生的应力变幅引起的疲劳效应更为突出。我国中小跨径桥梁占据了桥梁总量的绝大多数，以公路桥梁为例，截至2017年年底，中等跨径桥梁所占比例约为 22%，小桥约占 69%。因此，中小跨径桥梁的疲劳问题更值得关注。

　　长期以来，国内外学者对混凝土疲劳破坏问题进行了大量研究，逐步形成了从试验研究到疲劳断裂分析，再到疲劳损伤力学分析的研究模式。基于试验的研究，主要是通过疲劳加载试验得到试件的 S-N 曲线或 ε-N 曲线，进而评估混凝土材料或结构在特定应力幅或应变幅下的疲劳寿命。这类研究方法往往只关注试件的最终疲劳寿命，对疲劳损伤的非线性发展过程缺乏认识，因而无法用于分析混凝土结构的疲劳破坏全过程。混凝土的疲劳破坏过程实际上是混凝土中的微裂纹不断萌生、扩展和形成宏观非稳定裂缝的过程。基于该物理现象，断裂力学模型被引入混凝土结构的疲劳破坏分析，并与有限元方法相结合，模拟试件的疲劳断裂过程，该方法大多只关注单个预留宏观裂缝的疲劳扩展，而忽略了加载前期混凝土中大量微裂纹的发展过程，因而无法用于精细化模拟混凝土结构的疲劳过程。为充分考虑混凝土疲劳破坏过程中微裂纹扩展的影响，将损伤力学模型引入混凝土疲劳破坏的分析中，该方法通过引入损伤内变量及演化来描述混凝土由于微裂纹的萌生、扩展而导致的宏观性能劣化直至失效的过程，从而实现了基于疲劳本构模型研究混凝土结构的疲劳破坏问题。这些研究取得的成果为钢筋混凝土桥梁疲劳设计和损伤性能评估奠定了一定的理论基础，然而目前的疲劳研究有优点也有局限性，局限性主要体现在以下特征中的一个或多个：（1）按混凝土的应力幅或应变幅来计算疲劳损伤度，没有从本质上考虑混凝土疲劳损伤；（2）模型中的参数值较多，其取值不仅与材料特性有关，而且与荷载特性有关；（3）没有考虑荷载加载次序的影响。由于实际钢筋混凝土桥梁的作用历程往往不知，损伤后的应力重分布，以及在服役过程中受疲劳、徐变、温度和收缩等多种时变效应的非线性耦合影响，使得既有钢筋混凝土桥梁的累积损伤程度评估更为复杂，采用简化的疲劳累积损伤分析方法预测结果往往与实际相差很大，所以既有钢筋混凝土桥梁疲劳后的性能评估仍遇到巨大的挑战。

近年来，随着世界范围内既有桥梁在频繁超载、环境侵蚀等综合因素作用下导致的失效坍塌的事故频发，桥梁累积损伤问题越来越突出。中国、美国、日本等国家纷纷提出了桥梁长寿命安全保障计划，如何量化评估综合损伤后的桥梁承载性能是其中的关键问题。在现有桥梁评估体系中，虽然各国对既有钢筋混凝土桥梁的安全性评定已形成较为完善的规范体系，一般通过结构检测结合检算分析，必要时进行荷载试验来完成。然而从桥梁材料、外观进行技术状况评定，只能定性评定结构的工作状况，难以反映内在的承载能力，且受主观因素影响较大。另外，荷载试验投入大、周期长、影响交通，且其本质是由弹性行为反映极限行为，由刚度估算承载性能，由于结构损伤的发生和发展过程是一个典型的非线性过程，严格来讲，这种以弹性理论为基础的损伤识别和评估方法不适用于非线性结构，其理论基础非常牵强。在无损检测技术方面，国内外进展较大，期待通过反映结构的内部损伤，建立损伤模型分析评估损伤结构性能，但无损检测方法必须建立在被检测的某些性能与适当的物理量之间相互关系的基础之上，一般采用两种方法：一是建立在大量试验基础之上的归纳法，即用回归分析方法确定检测性能与要评价量之间的经验关系，这种方法不仅工作量巨大，受限制的客观因素多，而且经常有一定的主观盲目性，主要用于无损检测技术的初期的理论研究；另一种是以基础科学的基本原理为依据的演绎法，以要评价量与物理量之间的理论联系为基础进行逻辑推理，从理论上确定其间的相互关系，然后再做适当的试验验证，这种方法已经被认为是无损检测技术理论研究方向极具前途的方向。因此，结构累积受损后的原位无损检测与性能评估技术是土木工程领域重要而紧迫的课题之一。

本书介绍了作者近十年来在钢筋混凝土梁桥疲劳性能评估理论和应用技术的研究成果。第 1 章介绍了钢筋混凝土梁桥疲劳性能评估的背景、研究现状及发展趋势。第 2 章提出了高周疲劳作用下高强混凝土梁的裂缝宽度、正截面应力计算方法和高强钢筋疲劳强度的建议公式。第 3 章讨论了超载作用对钢筋混凝土梁承载性能的影响和劣化特征。第 4 章分析了钢筋混凝土柱在低周反复荷载作用下的损伤发展及循环完成后的受弯和轴心受压静力性能。第 5 章提出了钢筋混凝土剪弯构件考虑低周疲劳损伤的变形性能计算方法，建立了刚度和抗力衰减的计算公式。第 6 章提出了基于细观裂纹扩展机理的混凝土损伤性能评估方法，讨论了裂纹扩展特征与混凝土有效弹性模量、强度的关系。第 7 章建立了细宏观相结合的混凝土损伤分析模型，提出考虑低周疲劳效应的钢筋混凝土柱全过程损伤性能分析方法。第 8 章分析了低周疲劳损伤对钢筋混凝土柱刚度和阻尼比的影响，建立了与刚度损伤相联系的阻尼比统计计算公式。第 9 章提出了基于应变测试量的钢筋混凝土梁损伤识别方法，和一种只需低阶模态即可精确求解损伤程度的解析解方法。第 10 章提出了基于实测弹性模量的结构混凝土疲劳损伤后残余应变计算方法和损伤指标，以及强度估算方法。第 11 章提出了钢筋混凝土梁桥永久荷载下的现存应力、应变状态和剩余承载力分析方法。第 12 章给出了一个钢筋混凝土桥墩损伤后承载性能详细分析案例。本书是一个阶段性的成果，其中一些观点仅代表作者当前对上述问题的认识，有待进一步补充、完善和提高，深切希望能得到我国工程结构广大设计、维护技术专家的批评指正。

本书的研究工作得到了北京交通大学王元丰教授的指导，第 9 章为合作学者天津城建大学张辉东教授的研究成果，同时借鉴参考了国内外有关专家的研究成果，在此一并表示感谢！

由于时间仓促，水平所限，书中错误与疏漏之处在所难免，敬请广大读者不吝指教。

钟　铭
2018 年 4 月

目　　录

第1章 绪 论

1.1 研究背景与意义

随着我国桥梁建设事业的持续发展，工作重点也将逐步由建设周期转向养护管理和维修加固周期，而建立桥梁使用安全评估技术体系可以说是这一切工作的前提基础。据交通部门 2014 年底的统计，我国五类危桥总数已达 97000 多座，占桥梁总数比例的 13%。其中，由于运营车辆的快速增长、车型的变化，以及超载超限车辆的客观存在，超载载重可达车辆荷载重量的 100%～400%，导致桥梁出现结构损伤、整体性能下降及承载能力降低等突出问题，甚至时有车辆压垮桥梁的事故发生，每年由此带来的经济损失巨大。桥梁结构在使用期限内多次遭受超载作用，造成的损伤对桥梁结构产生多大的影响，是一个亟待解决的问题。

国外桥梁同样存在类似问题，据统计资料显示，美国从 1950～1994 年修建的 327740 座跨度大于 6m 的各类桥梁的结构中结构缺陷桥梁占 13.9%，法国、德国和英国需维修的桥梁分别占其桥梁总数的 39%、37%和 30%。因此，国内外对桥梁的安全状态非常关注，近期中国、美国、日本等国家纷纷提出了桥梁长寿命安全保障计划体系，桥梁承载性能评估技术及应用是其中的关键[1]。

现在国内外对于超载作用对结构构件承载性能的影响和劣化机理尚无完善的理论。国内进行了少量超载作用对混凝土桥梁构件受弯性能的试验研究，仅从宏观上进行了剩余承载力和剩余刚度的分析，未对累积损伤产生的机理以及对结构的性能评价进行深入研究。在国内外目前的桥梁评估体系中，一般根据桥梁表观质量状况或结构检算分析进行技术状况评定和承载能力鉴定，而损伤后的结构安全评估始终是一个难题，尤其缺乏混凝土桥梁疲劳使用安全评估的系统研究。因此，正确评价桥梁的疲劳损伤机理及累积损伤对结构的性能评估具有重要的理论和现实意义。对损伤结构进行损伤估计、推断结构剩余承载性能和服役可靠度是结构维修、加固决策的重要基础。

另外，地震对桥梁的作用也造成结构的累积损伤，可以认为是一种"广义超载作用"。在桥梁抗震方面，美国学者 Bertero 等提出了基于性能的结构抗震设计理论（Performance-Based Seismic Design，PBSD）和相关延性设计方法[2]，形成了"小震不坏，中震可修，大震不倒"的三阶段设计水准，然而这是以桥梁构件的损坏为代价的。在近几年来发生的几次大地震中，桥梁仍然遭到严重损坏，桥墩往往是破损的主要承力构件。目前，在地震对桥梁的影响研究工作中，多数都集中在桥梁的抗震性能方面，主要研究桥梁的抗震性能评价和减震方法。然而，在出现地震后，对承受过地震荷载的桥梁结构性能以及这些桥梁的功能恢复方面的研究却没有给予足够的重视。由于缺乏足够的理论支撑，在实际工程中也主要采用传统的评价和加固方法，并没有考虑震后桥梁的特点，这对工程的安全性和可靠性都存在着一定的不确定影响。

工程界普遍接受的地震损伤评估方法是建立在位移首次超越和塑性累积损伤联合效应的基础之上，即认为结构最大位移与累积损伤的破坏界限将相互影响，随着累积损伤的增大，结构最大位移的控制界限不断降低。反过来，随着最大位移的增大，结构累积损伤的控制界限亦不断降低。然而必须承认，基于这一大原则下的结构损伤分析还存在许多未解决的问题。材料损伤的定义、构件损伤中位移与累积耗能的组合形式、结构构件的损伤组合等，都是目前有争议的问题。而且，现有的构件地震损伤评估方法是作为破坏准则来应用的，其确定的损伤指标能反映震后结构的损伤程度，并不能直接表明震后结构的损伤性能，随损伤发展的动力问题研究还很少。因此，既考虑低周疲劳的影响，又与震后结构性能相联系的损伤性能评估方法需进一步研究。

由于基于材料损伤本构关系的结构损伤分析方法具有理论上的优越性，而且可以将超载作用和地震作用导致的结构累积损伤统一分析与评估，因此，本书从混凝土材料的损伤本质出发，研究混凝土累积损伤与有效弹性模量、强度的关系，提出结构混凝土原位评估方法和量化指标；在此基础上，研究钢筋混凝土构件低周疲劳全过程分析方法，以及既有混凝土桥梁累积损伤程度和实际应力状态的评定技术；进一步提出基于材质累积损伤的结构受力状态综合诊断技术和承载能力快速评估方法，为既有混凝土桥梁安全性鉴定和震后鉴定奠定基础。

1.2　混凝土损伤力学的研究进展

损伤力学是固体力学的一个分支学科，产生于实际工程对基础学科的需求。1958 年，Kachanov[3]最早提出用连续性变量描述材料受损的连续性能变化过程。此后 Rabotnov[4]将其推广，奠定了损伤力学的基础。但是此后损伤力学被冷落了十年左右，直到 20 世纪 70 年代，损伤概念再度受到重视，法国学者 Lemaitre 和 Chaboche[5]将连续介质力学和热力学结合起来研究了损伤对金属的弹性和塑性的影响。此后，瑞典的 Hult[6]、英国的 Leckie[7]研究了损伤和蠕变的耦合作用，还有 Krajcinovic[8-9]、Cordebois 和 Sidoroff[10]等学者的工作为连续损伤理论的形成和发展做了重要的贡献。

1981 年欧洲力学协会（ENROMECH）在法国的 Cachan 召开了首届损伤力学国际讨论会。同年，我国对损伤的研究开始。此后 20 多年间，损伤理论蓬勃发展，在宏观唯象学框架和材料损伤本构行为的复杂连续介质描述等方面都有了较为成熟的研究成果。

最早将损伤力学概念应用于混凝土材料研究的是 Dougill[11]。现有的混凝土损伤模型基本上属于宏观损伤力学模型和细观损伤力学模型。宏观损伤力学模型的特点是引入损伤变量作为本构关系中的内变量。不同的研究者采用不同的损伤变量，大部分损伤变量是标量，即假定材料损伤是各向同性的。细观损伤力学模型是从材料的细观结构出发，对不同的损伤机制加以区分，通过细观结构变化的物理过程的研究材料破坏的本质和规律。例如，Lamaitre[12]采用的损伤变量与有效应力相联系；Murakami（村上澄男）等[13]从微裂纹的尺度和分布方面研究了微裂纹对于材料性能的影响。

在混凝土宏观损伤力学研究方面，Loland[14]和 Mazars[15]分别以试验所得到的应力—应变曲线为基础，采用应变等价原理，建立了混凝土单轴损伤模型。Loland 模型和 Mazars 模型是典型的弹性各向同性损伤模型，除此之外，分段线性损伤模型[16]、分段曲线损伤模型[17]等都属于这类损伤模型。此后，为了体现混凝土损伤的各向异性，以能量等价原理为基础人们又提出了一些各向异性损伤模型。具有代表性的这类模型有 Sidoroff 损伤模型[18]、Krajcinovic[19]损伤模型等。在研究三维载荷作用的损伤特性时，要给出三维应力状态时混凝土的损伤变量，仍然较为困难，目前常采用与 Mazars 模型类似的方法，即用各种不同表达方式的等效应变，以向三维情况推广。

另一方面，20 世纪 70 年代，Gurson[20]、Budiansk 和 O'connell[21]等人的研究工作标志着细观损伤理论成为损伤力学的另一重要组成部分。这种方法是根据材料的微观（或细观）成分（如基体、颗粒、空洞）单独的力学行为以及它们的相互作用来建立宏观的考虑损伤的本构关系，进而给出损伤力学的完整的问题提法。损伤的细观理论是一种采用多重尺度的连续介质理论。其研究方法是两（多）段式的，首先从损伤材料中取出一个材料构元，它从试件或结构尺度上可视为无穷小，但包含了材料损伤的基本信息，无数构元之和便是损伤体的全部。然后对承受宏观应力作为外力的特定的损伤结构进行力学计算（这个计算需做各种简化假设），便可以得到宏观应力与构元总体应变的关系及损伤特征量的演化关系，这些关系既对应于特定损伤结构的本构方程，又可用它来分析结构的损伤行为。

细观损伤力学有较强的物理背景，能解释许多复杂的材料损伤行为。但是由于材料细观结构演化的复杂性，单从细观力学分析得到的损伤演化方程难以达到很高的精度，而且对复杂加载情况下的损伤演化问题还缺乏研究。

目前，混凝土损伤力学的研究重点是损伤的宏、细、微观理论，这种研究正在成为追踪材料从变形、损伤到失稳或破坏的全过程，以解决这一固体力学最本质难题的主要途径。

1.3　混凝土细观损伤力学研究现状

1.3.1　细观损伤理论研究方法

1920 年 Griffith 在研究玻璃等脆性材料时提出了断裂理论，1961 年Kaplan[22]首先将断裂力学的概念引用到混凝土中，并进行了混凝土的断裂韧度试验。此后数十年间，国内外学者在该领域进行了大量的理论和试验研究，取得了许多成果，并在工程实际中进行了较广泛的应用。然而，随着科学技术的发展，大量的研究也表明，断裂力学在混凝土材料的应用有其局限性，表现为断裂力学只研究固体中裂纹型缺陷扩展的规律，却无法分析研究宏观裂纹出现以前材料中的微缺陷或微裂纹的形成及其发展对材料力学性能的影响。对混凝土而言，其内部结构具有复杂的非均匀性和很强的无序性，要分析其受力后的变形和破坏过程，不但要研究已存在裂纹的扩展规律，而且要研究新裂纹的萌生、扩展以及裂纹间的贯通。细观损伤力学从某种程度上弥补了断裂力学的这种不足。细观损伤力学从材料的细观结构出发，对不同的细观损伤机制加以区分，通过对细观结构变化的物理与力学过程的研究来了解材料的破坏，并通过体积平均化的方法从细观分析结果导出材料的宏观性质。目前，基于细观损伤的混凝土力学性能的研究已成为国内外在该领域研究的重要途径。

混凝土材料的损伤是指在外荷载或环境变化的条件下，由于体内细观尺度的微缺陷如微裂纹、微孔洞等在荷载、温度或环境效应等因素持续作用下产生弥散裂隙并进一步增长、扩展、汇合，形成一定尺度的宏观裂纹，导致结构的强度、刚度下降。

细观损伤力学研究采用连续介质力学和材料科学的一些方法，对材料的细观结构如微孔洞、微裂纹、晶界等进行力学描述。细观损伤力学方法与连续介质力学方法的一个重要差别在于：在细观损伤力学方法中，必须采用一种平均化方法，以把细观结构损伤机制研究的结果反映到材料的宏观力学行为的描述中去[23-25]，然后，再通过细观尺度上的平均化方法将细观研究的结果反映到宏观本构关系、损伤演化方程、断裂行为等宏观性质中去，得到宏观应力与代表性体积单元总体应变的关系及损伤特征量的演化关系。

1.3.2 混凝土细观损伤模型

1. 微平面模型

美国西北大学 Bazant 教授[26]于 1985 年提出了微平面模型。该模型的实质是认为在细观尺度下裂纹的开裂方向是任意的，对于混凝土而言，裂纹经常穿过骨料周围的界面，裂纹穿过的路径称为微平面，而微平面上的应变与总应变动态相关。因此，可以用微平面上的正应变或者剪应变作为表征损伤的内变量。该模型在概念上是非常明确的，表征了混凝土的损伤与裂纹扩展路径有关。Bazant 在该模型的基础上，提出了描述混凝土动态行为时考虑断裂速率和裂缝影响的微平面模型[27]。加载速率变化对混凝土应力—应变关系的影响可通过以下两方面进行：（1）混凝土微裂缝的扩展速率；（2）混凝土材料现有裂缝之间的蠕变（粘塑性）。杜成斌和苏擎柱[28]分析了该模型，认为其适合于冲击荷载作用下的侵彻问题，但是，该模型比较复杂，待标定的参数较多，其精确度有待验证，在实施和应用中往往比较繁琐。

2. 二维格构模型

格构模型的使用已经有 40 多年的历史，最初它被用来求解经典的弹性力学问题，由于当时的计算速度难以满足要求，格构模型仅仅是作为一个理论模型。直到 20 世纪 90 年代，Schlangen 和 Van Mier[29]最先应用格构模型来模拟混凝土的逐渐破坏过程。在格构模型中，连续介质在细观尺度上被离散成由弹性杆或梁单元联结而成的格构系统[30,31]，每个单元代表材料的一小部分（如岩石、混凝土的固体基质）。网格一般为规则三角形或四边形，也可是随机形态的不规则网格，如图 1-1 所示。

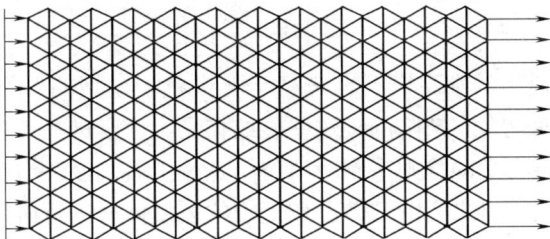

图 1-1 规则三角形格构模型[31]

单元采用简单的本构关系和破坏准则（如弹脆性本构关系），并通过一定的方式描述材料的细观非均质性，如单元参数（弹模或强度）按某种统计规律分析计算时，在外载作用下对整体网格进行线弹性分析，计算出格构模型中各单元的局部应力，超过破坏阈值的单元将从系统中除去，材料的破坏过程和路径通过单元的依次破坏来模拟，单元的破坏为不可逆过程。单元破坏后，荷载将重新分配，再次计算以得出下个破坏单元，不断重复该计算过程，直至整个系统完全破坏。单元的渐进破坏即可用于模拟材料的宏观破坏过程。对于混凝土材料，该模型在模拟由于受拉破坏所引起的断裂过程非常有效，而模拟压缩荷载作用下的宏观响应时不理想[30]。

3. 随机粒子模型

随机粒子模型最早由 Cundall 等[32] 于 1971 年提出，主要用于模拟颗粒固体材料。该模型假定材料是由一些随机分布的圆形颗粒组成，如图 1-2 所示。该模型考虑了粒子分布的随机性，以模拟混凝土的骨料，但忽略了相邻颗粒之间接触层的剪切和弯曲作用力。认为骨料颗粒是弹性的，可以因受力而变形，而不是刚性的。这些粒子随机地分布在基体中，基体也被认为是弹性的。颗粒的周围是与基体的接触层，假设具有应变软化特性。当单元卸载时，仍然保持原有的刚度。Bazant[33] 用该模型对混凝土试样单轴受拉或三点弯曲受力状态下裂纹的扩展过程进行了模拟，并研究了试样的尺寸效应问题。然而在该种模型中，颗粒之间只有轴向接触力，即相当于由轴力杆相连，通过单元的张拉破坏模式模拟开裂问题。

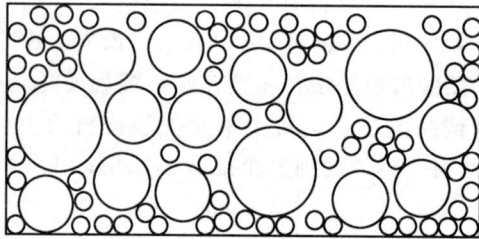

图 1-2　随机粒子模型[32]

Zhong 等[34] 提出的细观模型也是基于随机粒子模型的假设，但是更进一步地认为基体本身就是含有缺陷的，这些裂纹在受力后会进一步扩展和贯通。该模型采用线弹性断裂力学的准则来判断该裂纹是否扩展。该模型在细观层次上应用线弹性断裂力学把骨料之间的基体看作理想的裂纹体来进行研究，可以分析混凝土试样在单轴拉伸和压缩应力状态下的应力—应变响应，所得的结果与一些试验结果具有相似性。该模型的模拟除需要骨料的弹性力学参数和几何参数以外，骨料之间基体的参数选取非常重要，需要给定其内聚力、摩擦角、Ⅰ型断裂韧度、Ⅱ型断裂韧度等。这些参数一般根据砂浆基质和混凝土之间粘结面的性质来选取，试验资料较少，很难选取。与随机粒子模型类似，该模型实际上假定混凝土骨料是弹性的并且不会发生破坏，不适合于研究一些软骨料混凝土。

4. 细观结构模型

Mohamed 和 Hansen[35] 在深入研究混凝土细观结构及破坏机制的基础上，提出了细观结构模型。它从混凝土的细观结构出发，假定混凝土是砂浆基质、骨料和两者之间的界面组成的三相复合材料。模型中考虑了骨料在基质中分布的随机性以及各相组分的力学性质的随机本质，各单元的性质是基于虚拟裂纹模型的概念，借用了混凝土断裂能的概念，按分布型裂纹模型的方法来描述单元受拉破坏的本构关系。同时，该模型认为拉裂是产生裂纹扩展的主要原因，所以假定单元只发生受拉破坏，没有剪切破坏。该模型在模拟一些以受拉破坏为主要原因的试验（如单轴拉伸、单轴压缩、四点剪切等）时，取得了许多令人满意的结果。但未看到该模型模拟混凝土在双轴载荷作用下断裂的文献报道。基于此模型，国内外许多学者做了大量工作，刘斌、黎保琨等[36-38]用该模型对碾压混凝土在各种受力状态下的裂纹扩展过程以及碾压混凝土单轴抗拉、抗压及劈裂抗拉的力学性能进行了数值模拟，并与试验结果进行了对比，取得了与试验结果较为一致的结果，建立了混凝土的细观结构与宏观性能的关系。与以往试验方法相比，该数值模拟可节省大量人力、物力，且不受试验条件、环境条件限制，克服了试验结果离散性较大的缺点，具有较好的经济效益。

5. 考虑裂纹相互作用的细观损伤模型

李广平[39]建立了拉伸荷载作用下的混凝土二维细观损伤本构模型，该模型认为在考虑微裂纹的相互作用时，自洽方法只能考虑微裂纹间的弱相互作用，仅适用于裂纹密度较小的材料，而对于裂纹密度较大的混凝土，必须采用有效场方法考虑混凝土的微裂纹间的相互作用。在此基础上，分析了混凝土随外加应力场的损伤演化过程，建立了混凝土的细观损伤本构关系。该模型的优点是摒弃了 Taylor 方法和自洽方法，而采用有效场方法考虑微裂纹间的相互作用，计算结果与试验结果较为一致，尤其是当裂纹密度较大时能很好地模拟试验结果。

冯西桥[40]提出了微裂纹扩展区概念，建立了拉伸、压缩荷载作用下的准脆性材料三维细观损伤本构模型及损伤演化方程。

6. 基于弹性损伤本构关系的细观数值模型

唐春安和朱万成[41,42]从混凝土的细观结构入手，认为混凝土为三相复合材料，利用细观力学的研究方法，借助统计力学和数值计算方法，建立本构模型，进行了混凝土损伤断裂过程的数值模拟。该模型考虑了混凝土材料及其力学性质的非均匀性，使组成材料的细观单元的力学性质满足 Weibull 分布。采用弹性损伤本构关系来表达细观单元的力学性质，认为混凝土的应力—应变曲线是由于其受力后的不断损伤引起微裂纹的萌生、扩展、汇合而造成的，而不是塑性变形。尤其是拉伸应力作用下，其脆性更为明显。按照应变等价原理，受损材料的本构关系可通过无损材料的名义应力得到。

7. Gurson 细观损伤模型

Gurson[20]于 1977 年建立了描述含微孔材料力学行为的损伤模型，建立了一套比较完善的本构方程，用以描述微孔洞损伤对材料塑性变形行为的影响。Gurson 体胞模型的一个突出特点在于摒弃了无限大基体的概念而将有限尺度的孔洞嵌套在有限尺度的基体中。Gurson 模型使得采用数值方法处理孔洞间交互作用成为可能，这就为细观损伤力学方法走向实用开辟了一条道路。李笃权等[43]将 Gurson 模型运用到混凝土材料的损伤研究中，在变形梯度和乘法分解的基础上，推导和建立了细观力学分析的混凝土材料弹塑性有限变形计算方法。Gurson 模型的损伤变量即孔洞百分比有清晰的几何意义和明确的物理内涵。Gurson 模型认为损伤主要与材料的塑性变形有关，提供了一套完善的韧性损伤的本构方程，并能较好地反映材料的细观结构。可以同时考虑微孔洞的形核和扩展过程。但是 Gurson 模型中的单纯的孔洞体积分数表征不了孔洞的几何构形，这一缺点在处理相邻孔洞间的近程作用时显得十分突出[20]。Gurson 模型最初是针对韧性金属的损伤破坏提出的，金属的断裂过程会经过明显的塑性变形，混凝土虽然也具有塑性力学性质，但其破坏过程不会经历一个明显的塑性变形，而是表现出类似脆性材料的准脆性破坏。

1.3.3　混凝土细观损伤研究在结构应用中存在的问题

混凝土材料是具有复杂非均匀性的复合材料，混凝土损伤机理的研究是混凝土结构损伤分析的基础，虽然关心的是混凝土的宏观力学性质，但要真正、全面地分析、研究混凝土的力学性能，尤其是损伤后的性能，应该从细观损伤入手，将细观与宏观分析结合起来，以解决在结构中应用这一难题。在基于细观损伤的混凝土力学研究中存在以下问题：

（1）基于细观损伤的混凝土材料本构模型，国内外学者进行的研究主要集中在材料的准静态特征方面，而损伤演化却是一种典型的动力学过程，因此，基于细观损伤的动态本构模型的研究将会成为下一步研究的重点。

（2）尽管研究者已提出了各种不同的材料损伤描述方法，进而建立了多种微裂纹损伤的本构模型，但直到目前为止，仍没有一套比较完整的损伤模型，可以较好地解决在拉伸、压缩以及复杂的加载情况下脆性材料从线弹性变形，经过非线性强化阶段和应变软化阶段，直到宏观裂纹形成这一复杂过程中的损伤演化和本构行为。因此，针对混凝土材料，在实际使用中常采用简单的张拉破坏准则进行研究。

（3）基于细观力学方法的数值模拟往往需要较多的细观材料参数，在有限的细观试验研究基础上，难以直接进行混凝土结构力学分析。细观力学方法往往只能用在对材料性能的分析和设计中，但是依据混凝土材料细观物理机理，将细观和宏观的方法结合起来，进行基于细观损伤的混凝土力学性能的研究是可行的，它可以弥补试验的不足，为进一步分析混凝土结构的工作性态和破坏机理提供坚实的基础。

（4）荷载作用下混凝土的损伤发展有明确的方向性和自组织性。李广平[39]、冯西桥等[40]的研究表明混凝土内的裂纹扩展有很强的方向性，往往与主拉应力方向接近垂直；谢和平[44]认为混凝土内的裂纹扩展具有自组织性，并用分形几何的方法处理了混凝土单轴受压情况。因此，在进行基于细观损伤的混凝土结构研究中，不同方向的裂纹对混凝土结构力学性能的影响应加以注意。

1.4 混凝土材料层次的累积损伤理论研究现状

1.4.1 混凝土疲劳损伤物理机理

混凝土材料的最大特点就是它的多相性质。混凝土的主要材料是粗骨料、细骨料和水泥浆，细骨料和水泥浆又组成了砂浆，将粗骨料粘结起来。水泥水化形成水化胶体，水化胶体是中空的纤维，把骨料包围，形成交织的空间。水化胶体在硬化前虽然可以把骨料牢固粘在一起，但是凝胶体的结构仍然存在天然缺陷，其一是胶体结构抗拉能力低，从而导致混凝土的抗拉能力低；其二是胶体结构的微孔隙是天然存在的（管状体的中空性质和管状体之间的空隙）。另外凝胶体和结晶体的混合空间中还夹杂有毛细孔隙，它主要是由没有和水泥水化的游离水蒸发后形成的。因此，由于凝胶体的特点以及施工质量不到位而共同引起混凝土内部有着大量的微裂缝和微孔隙等，这些缺陷即为混凝土的初始损伤。

在循环荷载作用下，微裂纹将会改变、扩展、连接并依据荷载的大小情况而稳定在一定的开裂水准上或者最终破坏。当循环荷载幅值很小时，微裂纹仅产生一些小的变化，此时可认为混凝土处于弹性状态。当循环荷载超过一定水准后，原有裂纹会发展增大，并产生新的微裂纹。微裂纹连接贯通到一定程度就会形成宏观裂纹。此时，若循环荷载继续作用，新的裂纹继续出现、发展，形成新的宏观裂纹，同时已形成的宏观裂纹继续扩展。当循环次数增大至某一数值，宏观裂纹扩展速率加快，进入不稳定阶段，导致混凝土迅速破坏。对混凝土材料而言，其破坏过程首先是粗骨料与砂浆之间的粘结破坏，然后是骨料以及水泥浆体中各种缺陷的发展演化。整个疲劳过程是一个损伤逐步累积的过程。

1.4.2 混凝土应力—应变包络损伤原理

Karsan 等学者[45]根据试验结果，认为混凝土单轴受压低周反复循环加载的应力—应变曲线的包络线和一次加载所得的应力—应变曲线基本相同。清华大学过镇海等人[46]的试验结果也认为混凝土单轴受压低周反复循环加载的应力—应变曲线的包络线与单调加载应力—应变全曲线相接近，包络线在单调加载应力—应变曲线的上下较小范围内变动。

Sinha 等[47]在 1964 年首先提出了混凝土应力—应变包络损伤原理。Sinha 认为，混凝土在循环荷载作用下，最大可能的加载应力—应变曲线以混凝土包络曲线为上限；那么混凝土疲劳加载过程中，若荷载应力幅大于混凝土包络曲线的应力，混凝土将产生疲劳破坏。

可见，混凝土包络损伤原理可从本质上反映疲劳累积损伤对混凝土力学性能劣化的影响。Yankelevsky[48]、Otter 和 Naaman 等学者[49]在混凝土材料大量试验基础上对加、卸载曲线以及包络曲线线型进行了详细研究后亦提出了混凝土应力—应变包络损伤原理，认为可适用于任意路径加载。

1.4.3 混凝土疲劳的累积损伤理论

对如何描述混凝土的疲劳损伤，国内外大批学者及工程人员用不同的工具及手段提出了一些以不同参量为衡量指标的损伤演变方程来描述损伤的变化规律。

应用于混凝土疲劳的累积损伤理论有：

（1）Palmgren—Miner 线性累积损伤准则

1924 年，Palmgren 在估算滚动轴承的寿命时，假设损伤累积与转动次数呈线性关系，首先提出疲劳损伤的累积为线性的假设。1945 年，Miner 结合铝合金的疲劳累积损伤问题，提出了相同的假设并将其公式化，形成著名的Palmgren—Miner 线性累积损伤准则[50]。简单表达为：

$$\sum_i \frac{n_i}{N_i} = 1 \tag{1-1}$$

式中，n_i 是在应力水平 S_i 等幅疲劳作用的循环数，N_i 是在应力水平 S_i 作用下的疲劳寿命。

（2）Lemaitre 的经典损伤公式

Lemaitre 基于应变等效性假说，以弹性模量的衰减来度量损伤的发展[5]：

$$D = 1 - \frac{E_{\text{eff}}}{E} \tag{1-2}$$

式中，E 为无损材料的弹性模量，E_{eff} 为受损材料的有效弹性模量。

（3）修正 Lemaitre 经典损伤公式

针对 Lemaitre 经典损伤定义公式，谢和平等[51]修正了 Lemaitre 经典损伤公式：

$$D=1-\frac{\varepsilon-\varepsilon'}{\varepsilon}\left|\frac{E'}{E}\right| \tag{1-3}$$

式中，E'、E 分别为弹塑性损伤材料的卸载刚度和初始弹性模量；ε' 为卸载后的残余塑性变形。该式以卸载刚度作为损伤变量。

（4）两级疲劳非线性累积损伤理论

两级疲劳荷载时，Manson 提出了混凝土等幅疲劳剩余寿命计算公式[52]：

$$\frac{n_2}{N_{2F}}=1-\left(\frac{n_1}{N_{1F}}\right)^{\left(\frac{N_{1F}}{N_{2F}}\right)^{0.4}}=1-D \tag{1-4}$$

式中，n_1、n_2 分别为两级疲劳荷载作用的循环数，N_{1F}、N_{2F} 分别为两级疲劳荷载作用的疲劳寿命。

（5）非线性累积损伤理论

混凝土多级等幅疲劳作用时，Corten 和 Dolan[53]提出的混凝土累积损伤准则表达式为：

$$\sum_i \frac{n_i}{N_l}\left(\frac{S_i}{S_l}\right)^d = 1 \tag{1-5}$$

式中，d 为材料参数，由试验确定；N_l 是最高应力水平 S_l 作用下的疲劳寿命。对于混凝土材料，Oh[54]进行了混凝土两级和三级等幅疲劳累积损伤试验，确定了混凝土材料参数为 $d=18.21$。

（6）内时损伤理论

内时损伤理论由 Valanis[55]于 1971 年提出。内时理论以取决于变形程度和材料特征的内时标度 Z 来描述其变形历史，其基本概念是：塑性和粘弹性材料内任一点的现实应力状态是该点邻域内整个变形和温度历史的泛函；该历史是用一个取决于变形中材料特征和变形程度的内蕴时间来量度的。内时理论能够描述混凝土的剪胀行为、体积变形等复杂的本构特性。此后，许多学者将内时理论和损伤力学结合起来研究混凝土的本构关系[46,56]。这些内时损伤本构模型中以 Valanis[55]的工作最具有代表性。

通过引入损伤变量 D，Valanis 将名义应力 σ_{ij} 表示为：

$$\sigma_{ij}=(1-D)\sigma_{ij}^n \tag{1-6}$$

式中，σ_{ij}^n 为有效应力，对于静水应力 $\sigma_{kk}\geq 0$ 的情况，混凝土将发生拉裂型破坏，静水应力将引起裂缝的扩展，可由上式来描述相应的损伤。

对于混凝土材料，通过引入一些假设，文献［55］给出了弹塑性内时损伤演化方程为：

当 $\sigma_{kk} \geqslant 0$ 时，$\qquad D = 1 - \exp(-3a\varepsilon_m - b\xi^x)$ $\qquad$ (1-7a)

当 $\sigma_{kk} < 0$ 时，$\qquad D' = [1 - \exp(-c\xi^x)]D_u$ $\qquad$ (1-7b)

式中，D' 为损伤变量，其定义与 D 相同；$\boldsymbol{\varepsilon}_m$ 为球应变张量；$\xi = \sqrt{e_{ij}e_{ij}}$，其中 e_{ij} 为偏应变张量，$e_{ij} = \boldsymbol{\varepsilon}_{ij} - \boldsymbol{\varepsilon}_m\boldsymbol{\delta}_{ij}$，$\boldsymbol{\varepsilon}_{ij}$ 为应变张量；a、b、c、x 和 D_u 为试验参数，可通过试验确定。

(7) Aas-Jakobsen 混凝土材料疲劳寿命公式

Aas-Jakobsen[57] 以荷载循环特征和循环次数为参数，提出了最大荷载与材料的极限承载能力之比的计算公式：

$$R = 1 - (1 - \rho)\beta \lg(N) \qquad (1-8)$$

式中，R 为应力比，定义为作用在试件上的最大荷载与材料的极限承载能力之比；ρ 是荷载循环特征值，即循环荷载的最小值与最大值之比，一般取 0.1 或 0.2；β 为试验参数，对于某一特定混凝土材料，β 为定值，Aas-Jakobsen 建议 $\beta = 0.0640$；N 为混凝土的疲劳寿命，即在应力比 R 作用下混凝土所能承受的最大疲劳次数。该式给出了疲劳寿命与荷载性质及材料性质的关系，但不能够描述材料损伤的衰减过程。赵永利等[58] 基于 Aas-Jakobsen 公式，将疲劳损伤定义为混凝土材料实际应力比 R 与初始应力比 R_0 的相对差值：

$$D(n) = 1 - \frac{R_0}{R(n)} \qquad (1-9)$$

给出的疲劳损伤方程为：

$$D(n) = 1 - \frac{1}{\left[1 - \dfrac{K}{R_0}\lg\left(1 - \dfrac{n}{N}\right)\right]^2} \qquad (1-10)$$

式中，$K = (1 - \rho)\beta$。

(8) 非线性疲劳累积损伤公式

Oh[54] 基于 Holmen 试验结果中混凝土总变形随荷载重复次数变化的三阶段规律，提出了混凝土累积损伤的曲线多项式形式：

$$D = ax^3 + bx^2 + cx \qquad (1-11)$$

式中，D 为累积损伤值；x 为给定应力水平下实际循环次数与达到破坏时的循环次数之比；a、b、c 为系数，由损伤条件：破坏点 $D = 1$，反弯点 $\dfrac{dD}{dx} = \lambda$、$\dfrac{d^2D}{dx^2} = 0$ 确定（其中 λ 为曲线斜率）。

上述对混凝土疲劳损伤的描述从疲劳现象中表现出的不同特征出发，各以不同的参量来表示混凝土的损伤与疲劳，并与特定的试验结论相吻合，对于揭示混凝土的疲劳损伤规律具有十分积极的意义。但迄今为止仍没有得到一个较好的方法来为工程实际所应用，工程实际应用仍然停留在对 Palmgren-Miner 线性累积损伤准则进行经验修正的水平上。以上混凝土疲劳累积损伤理论模型中，以应力比为参数的模型不适用于大应变的低周疲劳分析，而且较多的模型需要特定的试验为基础，才能得到相应的参数，不方便应用于结构分析中。Lemaitre 的经典损伤公式[5]以弹性模量的衰减来度量损伤的发展，适合于理论解析分析，并可将静力损伤与疲劳累积损伤问题相统一。而且弹性模量是可测的参量，适用于混凝土结构疲劳损伤后的性能评估。

1.5　混凝土构件疲劳损伤后性能评估

桥梁损伤性能的评估一直是国内外学者的研究重点，研究的趋势是将评价工作从耗时费钱的荷载试验中解脱出来，通过无损检测、试验统计及计算分析桥梁的承载能力。

1.5.1　混凝土疲劳损伤评估

虽然各国学者通过试验和理论研究，建立了 Miner 准则、Corten-Dolan 模型、P-M 准则、Shah 模型等疲劳累积损伤准则，为有效预测混凝土累积损伤程度与疲劳寿命奠定了基础。然而目前的疲劳损伤研究有优点也有局限性，局限性主要体现在以下特征中的一个或多个[59]：（1）按混凝土的应力幅来计算疲劳损伤度，没有从本质上考虑混凝土疲劳损伤；（2）准则中的参数值较多，其取值不仅与材料特性有关，而且与荷载特性有关；（3）没有考虑荷载加载次序的影响，所以很难通过疲劳累积损伤准则准确判断既有结构混凝土的累积损伤程度。近年来，一些学者通过疲劳试验统计[60-64]或数值分析的方法[65-66]研究混凝土的疲劳累积损伤问题，根据明确的荷载作用历程，获取了混凝土总应变、残余应变、刚度和强度与加载应力幅、疲劳次数等相关参量的关系，得出了混凝土弹性模量退化、残余应变增大及强度衰减规律，大大推进了混凝土累积损伤分析和寿命预测问题的研究。但是，实际混凝土结构的作用历程往往不知，损伤后的应力重分布，以及在服役过程中受疲劳、徐变、温度和收缩等多种时变效应的非线性耦合影响，使得既有结构混凝土的累积损伤程度评估更为复杂，采用简化的疲劳累积损伤分析方法预测结果往往与实际相差很大。因此，亟需一种能够直接判明既有结构混凝土累积损伤程度的原位评估方法。

许多疲劳试验结果表明[60-63]，混凝土的损伤和破坏是内部微裂纹的扩展直至产生宏观裂缝，当裂纹长度达到某一临界长度后，将发生不稳定扩展直至破坏。而且在各种时变效应下，混凝土损伤的统一内因也是混凝土内部微裂纹的扩展造成混凝土力学性能的劣化[67]。笔者[68]曾提出了基于微裂纹扩展机理的损伤混凝土强度和临界裂纹长度实用评估方法，但是由于混凝土材料组成不均匀，除微裂纹外还存在随机分布的微空隙等初始缺陷，单从微裂纹扩展机理评估混凝土损伤过于复杂且难以达到高的精度。弹性模量和残余应变能够宏观反映混凝土的细观损伤机制，而且与加载历程无关，是混凝土原位评估很好的选择，然而混凝土残余应变在现场还无法直接测试，弹性模量虽然是可测试的参量，但其应用范围还有一定局限性[51]，导致结构混凝土累积损伤原位评估始终是一个难题，使得既有混凝土桥梁结构损伤预后和安全预后技术[69]失去了基础。

1.5.2　混凝土梁疲劳损伤后承载性能评估

大量的混凝土梁试验研究表明[70-73]，疲劳荷载作用下混凝土梁的破坏特征一般为一根或部分受拉主筋疲劳断裂，钢筋失效后混凝土梁的承载力会明显下降。而对于未发生疲劳破坏的混凝土梁，受弯截面的平均应变仍符合平截面假定，跨中截面的受压区高度基本保持不变（与上限荷载有关）；受压区混凝土仍处于弹性阶段，混凝土疲劳弹性模量不断衰减；受拉区混凝土的裂缝宽度增大，造成了混凝土梁的受弯刚度降低，残余变形增大，受拉钢筋应力增大。因此，未发生疲劳破坏的混凝土桥梁，其疲劳损伤后的工作状态、剩余承载能力等问题成为桥梁界关注的焦点。

在混凝土桥梁承载能力评定方面，我国已形成较为完善的规范体系，一般通过结构检测结合检算分析。《城市桥梁检测与评定技术规范》CJJ/T 233—2015采用基于桥梁材料、外观的检测结果直接计算承载能力的方法，但损伤较严重结构的承载能力计算对现在而言依旧是个难题；《公路桥梁承载能力检测评定规程》JTG/T J21—2011采用"评分"方法，主要依赖于桥梁破损程度分类和评分标准的细化、准确程度以及检测人员的经验和技术水平，受主观因素影响较大。在检算困难时，往往采用普遍认为较为可靠的荷载试验进行验证。但是，传统的静力荷载试验其实只能评定"试验荷载"下的桥梁性能，其实质是根据结构刚度或截面刚度的变化评定正常使用的承载能力，然后由弹性行为间接反映承载能力，理论基础牵强。于是出现了按传统的静力荷载试验评定为承载力下降或不满足要求的桥梁，而实际桥梁破坏试验得出承载力未下降的矛盾结果。例如，张建仁等[74]对一座服役43年的长期超限车载作用的钢筋混凝土简支梁实施了现场破坏试验，结果表明疲劳累积损伤对桥梁静力承载力降低影响不显著，结构反应分析显示了超载致使结构力学行为由弹性向塑性转变。余志武[75]和孙晓燕[76]也通过试验研究发现，混凝土梁未发生疲劳破坏时，相应的疲劳剩余承载力几乎没有变化。所以上述学者认为疲劳累积损伤主要降低了结构的变形性能，对结构的承载力影响极小，但未对其中的原因进一步分析和深入研究。

在结构评估方面，现在的研究主要集中于基于材料损伤的结构累积损伤程度分析和寿命预测问题。王春生[77]提出了基于钢筋 S-N 曲线和断裂力学的混凝土桥梁疲劳寿命评估方法，朱劲松[65]和王青[66]建立了混凝土桥梁疲劳失效全过程分析方法。这些方法从初始状态研究了混凝土结构的疲劳累积损伤过程，在一定条件下揭示了混凝土结构累积损伤的机理，但是考虑实际混凝土结构加载历程不明确、应力重分布和时变效应的影响，这些方法显然不适用于混凝土结构的现场评估。梁鹏和崔青海等[78-79]提出了基于裂缝特征的混凝土梁桥承载能力评估方法，但未考虑反复荷载、收缩徐变等对裂缝特征的影响。因此，鉴于工程界对既有混凝土桥梁累积损伤评估的迫切需求，本书初步探索了能够直接判明结构累积损伤程度和剩余承载能力的评估方法与指标。

1.5.3　混凝土梁动力参数评估方法

直接利用动测参数对桥梁结构进行评估，不涉及复杂的模型修正，可操作性相对较高，有利于工程推广。孙晓燕[80]通过对超载作用下 RC 小梁破损前后的实测频率进行回归分析，建立其与承载力之间的关系，并以此来评定结构承载力。黄萍[81]对预应力混凝土简支梁的一阶频率与对应的动刚度和静刚度的关系进行了试验研究。贺拴海、宋一凡等[82-83]通过室内 RC 小梁试验，建立了结构一阶频率对应的动刚度与跨中挠度对应的静刚度之间的关系，提出了结构名义配筋率计算公式，并据此提出了由实测频率计算结构承载力的相关方法。邹兰林等[84]针对 RC 简支板桥，通过实测数据库的回归分析、修正，提出了一套板桥动力综合评定系统。Kenneth[85]对多片 RC 简支梁进行了动力特性测试，由实测频率反推结构的动刚度，建立了动刚度与承载力的回归公式，并应用于结构的承载力评定；Maeck[86]等也针对 RC 梁进行试验，对基于实测频率评定结构承载力的相关方法进行了研究。以上研究工作的实质也是根据结构动刚度（频率）的变化评定正常使用的承载能力，并没有考虑桥梁结构的损伤机理及其发展对极限承载能力的影响。

《铁路桥梁检定规范》（铁运函［2004］120 号）[87]以固有频率以及振幅、加速度限值来评定结构的动力性能是否满足要求。《公路桥梁承载能力检测评定规程》JTG/T J21—2011[88]和《城市桥梁检测与评定技术规范》CJJ/T 233—2015[89]，在动力试验结果的评定与分析中没有明确的限值要求。

根据交通运输部专题情报资料文献"各国桥梁荷载试验标准和规程简介"中对国外 34 个国家的资料介绍，尚未见明确的文字规定直接用动测法测定桥梁承载力。

可以看出，国内外规范对桥梁结构的动力特性、动力响应尚未形成统一的评价尺度，有些动测参数直接用于桥梁承载能力的评定也尚不成熟，用动测参数进行承载能力评定的研究方法离工程应用还有一段距离。

1.6　钢筋混凝土构件地震损伤评估方法

在基于性态的抗震设计研究中，越来越多的研究者倾向于采用损伤指标对结构性态目标进行量化[90-93]，提出了多个损伤评估模型反映钢筋混凝土结构的地震损伤[94-97]。在这些损伤评估模型中，以构件层次最多，综述如下。

1.6.1　钢筋混凝土构件地震损伤评估模型

1. 变形损伤评估模型

（1）结构延性

目前，在结构抗震设计中已普遍采用延性指标来评价构件的地震损伤。即：

转角：
$$\mu_\theta = \frac{\theta_m}{\theta_y} \tag{1-12}$$

曲率：
$$\mu_\phi = \frac{\phi_m}{\phi_y} \tag{1-13}$$

位移：
$$\mu_\delta = \frac{\delta_m}{\delta_y} \tag{1-14}$$

式中，θ_m、ϕ_m、δ_m分别为构件低周循环中所经历的最大转角、最大曲率和最大位移；θ_y、ϕ_y、δ_y分别为所经历的屈服转角、屈服曲率和屈服位移。

（2）刚度退化

Banon 等[98]于1981年提出了弯曲损伤模型：

$$FDR = \frac{K_0}{K_m} \tag{1-15}$$

式中，K_0为构件初始刚度；K_m为构件所经历的最大位移对应的割线刚度。

Banon 模型和延性指标均无法给出恒定的破坏指标，Ronfaiel 和 Meyer[99]对上式进行了修正：

$$FDR = \frac{K_f(K_m - K_0)}{K_m(K_f - K_0)} \tag{1-16}$$

式中，K_f为结构的极限位移。

（3）最大位移与永久残余位移

Toussi 和 Yao[100]于1983年通过震后调查和分析，根据建筑物的可修复性，试图建立损伤与最大位移和永久残余位移的关系，日本震后建筑物调查中也采用了永久残余位移这项指标，但尚无深入的理论研究和结论。

对结构延性与刚度退化的分析是延性抗震设计中使用最广泛的损伤评价方法，但这一理论只强调了结构延性反应幅值对结构损伤的影响，无法揭示工程震害的发生机理。大量震害实例和试验研究均表明结构的破坏不仅与最大延性位移有关，而且与结构的低周循环耗能有关。

2. 变形累积损伤评估模型

1981 年 Banon 等[98]提出了考虑塑性变形线性累积的损伤模型：

$$NCR = \frac{\sum |\theta_m - \theta_y|}{\theta_y} \tag{1-17}$$

1987 年 Stephens 和 Yao[101]在试验的基础上，提出了位移累积损伤模型：

$$D = \sum \left(\frac{\Delta\delta^+}{\Delta\delta_f}\right)^{1-br} \tag{1-18}$$

式中，b 为试验参数；$r = \Delta\delta^+/\Delta\delta^-$，$\Delta\delta^+$、$\Delta\delta^-$ 分别为所有循环位移中最大正向和反向振幅；$\Delta\delta_f$ 为试验中一次循环破坏的 $\Delta\delta^+$ 值。

Wang 和 Shah[102]假定损伤程度的发展依赖于每一循环过程中的最大变形，并且损伤累积的比率与已经发生的损伤成比例，提出了如下损伤模型：

$$D = \frac{\exp(sb) - 1}{\exp(s) - 1} \tag{1-19}$$

$$b = c\sum_i \frac{\delta_m}{\delta_f} \tag{1-20}$$

式中，s、c 为作者定义的常量；b 为位移延性累积比率。

Chung 等[103]在 Miner 线性累积损伤准则的基础上，提出了低周疲劳线性模型：

$$D = \sum_i a_i^+ \frac{n_i^+}{N_{f,i}^+} + \sum_i a_i^- \frac{n_i^-}{N_{f,i}^-} \tag{1-21}$$

式中，$N_{f,i}^+$、$N_{f,i}^-$ 是位移水平 δ_i 对应的疲劳寿命，n_i^+、n_i^- 是实际施加的荷载循环数，a_i^+、a_i^- 分别表示考虑荷载历程影响的损伤修正系数，正负号表示加载方向。

3. 变形和能量双重指标损伤评估模型

1985 年 Park 和 Ang[104]基于试验结果，提出了钢筋混凝土构件的双参数地震损伤模型，采用规格化最大位移和规格化滞回耗能线性组合的表达式：

$$D = \frac{\delta_m}{\delta_u} + \beta \frac{\int dE}{F_y \delta_u} \tag{1-22}$$

式中，δ_m 为地震作用下构件的最大变形；δ_u 为单调荷载作用下构件的极限变形；F_y 为构件屈服强度；$\int dE$ 为累积塑性耗能；β 为组合参数，Williams 和 Sexsmith[94]、Fajfar[105]对 β 进行了分析，认为 β 较离散，一般在 $0 \sim 0.85$ 之间变化，均值在

0.10～0.15 左右。Park-Ang 模型是根据压弯滞回试验得出的，对于剪弯混合的构件并不合适，而且根据试验给出的参数 β 值很小，即对低周循环次数的影响考虑较少，对于高应变、大位移的循环破坏情况，损伤分析指标偏低。

1992 年 Kunnath 等[106] 对 Park-Ang 公式进行了改进，如式（1-23）所示，认为弹性阶段低周疲劳对构件损伤无影响，以循环最大塑性曲率与塑性曲率限值的比表示变形损伤，但变形与能量损伤仍采用线性组合的方式，低周循环的影响系数 β_c 也很难确定。

$$D = \frac{\phi_m - \phi_y}{\phi_u - \phi_y} + \beta_c \frac{\int dE}{M_y \phi_u} \tag{1-23}$$

4. 综合考虑能量、延性和低周疲劳的损伤模型

2001 年，Hindi 和 Sexmith[107] 假定循环位移小于屈服位移时无损伤，基于低周疲劳荷载作用后，损伤构件在单调荷载作用下的变形能降低，定义了一个可以综合考虑能量、延性和低周疲劳的损伤模型：

$$D_n = \frac{A_0 - A_n}{A_0} \tag{1-24}$$

式中，A_0 为无损结构推倒所需的变形能；A_n 为 n 次循环后损伤结构推倒所需的变形能。

1.6.2　钢筋混凝土构件地震损伤评估中存在的问题

基于结构构件层次的地震损伤评估，一般用不考虑材料损伤的弹（塑）性动力分析方法得到构件的内力和变形时程，然后通过建立对结构构件的损伤评估表达式，得到构件的损伤指标。迄今为止的大部分研究工作都集中在建立一个真正反映构件地震损伤程度的定量表达式上。

现有的损伤评价模型在应用上都有不足之处，以延性指标和刚度退化为代表的变形损伤模型[98-100] 不能体现低周疲劳的影响；而变形累积模型[98,101-103] 虽然考虑了多次循环的影响，但所确定的损伤指标只能反映构件的变形损伤程度，不能表明构件的抗力损伤量。从能量的角度考虑构件塑性累积损伤具有很多优点，最具代表性的地震评估模型是 Park-Ang 模型，式（1-22）从概念上反映了最大位移与循环荷载作用下滞回耗能对构件损伤的贡献，但由于构件的塑性累积损伤与滞回耗能并不具有完全的对应关系，而且它并不能反映构件低周疲劳累积幅值对累积损伤的影响，即不能正确反映构件极限耗能随幅值的变化情况。另外低周疲劳影响系数 β 离散性较大，目前的做法大多是从试验或震害出发确定该系数的值

或经验表达式，这往往不能反映或只能部分反映构件位移时程对累积损伤的影响。Hindi 和 Sexmith[107] 提出的损伤模型综合考虑了能量、延性和低周疲劳的影响，此模型的关键是确定构件损伤后的变形能 A_n，即需要分析累积损伤后构件的承载能力和变形能力[108]，而关于这两个方面的研究尚不足。

地震损伤评估模型都有各自的适用范围，常只适用于柱的评估。1997 年 Kunnath[109] 在试验基础上详细比较了各类损伤指数及影响参数，认为只有疲劳损伤评估模型较适合于钢筋混凝土桥墩的地震损伤评估。同年 Williams 等[110] 研究了在剪切变形占主导地位条件下钢筋混凝土短柱构件的地震损伤评估问题，指出各类损伤评估模型不是很适用。Hindi 和 Sexmith 损伤模型对弯曲破坏和剪切破坏构件都有较强的适用性。

而且，现有的构件地震损伤评估方法是作为破坏准则来应用的，反映的是构件的地震损伤程度，并不能直接表明震后结构的损伤性能，如剩余承载能力、变形能力还有多少等，而这恰恰是钢筋混凝土桥梁在震后评估、加固分析中所迫切需要的。因此，为了更真实地反映震后结构的损伤性能，研究既考虑低周疲劳的影响，又与震后结构性能相联系的损伤评估方法是非常必要的，而其中的关键问题是，能综合反映构件强度、刚度损伤与最大位移和低周循环的关系，及与材料损伤的关系的研究。

尽管现在所建立的种种损伤评估表达式都有相应试验结果的支持，但人们普遍接受的还应该是既在理论上满足完备性，又能真正反映试验与震害实际状况的评估方法。在这一方面，直接从材料损伤本构关系出发，得到构件的损伤程度指标，应该是一条有效途径。

目前基于材料损伤本构关系对结构地震损伤评估的研究还处于初步阶段，研究的对象也仅限于框架结构。今后的研究重点应是如何针对不同结构材料的损伤机制，定义合理的损伤变量，并将导出的损伤本构关系简化到适于工程计算的水平。另外，还应进行有效的损伤试验测试，观察不同应力或变形状态下损伤的发展条件和发展规律，发展损伤研究的统计方法，将结构在地震作用下的微观、细观、宏观反应进一步结合起来。还有，考虑到地震作用下结构损伤场和应力场的相互作用，会得到一种不均匀的非线性本构关系，在这种条件下，如何进行结构分析，如何处理局部性损伤区域和结构整体应力场之间的联系，也都是研究材料层次的地震损伤所必须解决的问题。

随着结构低周疲劳作用下损伤程度的加大，结构的刚度下降，累积阻尼耗能增大，结构的阻尼应该也是不断变化的物理量。结构的刚度、阻尼特性与结构损伤有着深刻的联系，在现有研究文献中，关于钢筋混凝土构件低周疲劳刚度损伤与阻尼关系的试验研究很少，对于震后结构动力分析和评价将失去指导。因此，损伤后钢筋混凝土构件动力特性的研究是一个关键问题。

1.7　本书主要内容

通过钢筋混凝土受弯构件、剪弯构件的疲劳试验研究，探讨了钢筋混凝土构件的疲劳损伤机理、构件性能衰减规律和损伤后承载性能；从混凝土材料的损伤本质出发，研究混凝土累积损伤与有效弹性模量、强度的关系。在此基础上，研究了钢筋混凝土构件低周疲劳全过程分析方法和既有混凝土桥梁累积损伤程度评估技术；进一步提出考虑材质累积损伤的结构工作状态、承载性能原位评估方法，为既有混凝土桥梁安全性评估和震后鉴定奠定基础。主要内容如下：

（1）通过 9 根配有 HRB400 级钢的高强混凝土梁和 4 根配有 HRB335 级钢的混凝土梁的静载和等幅疲劳荷载试验，分析研究了钢筋混凝土梁的变形性能和疲劳特性。试验结果表明，在高强混凝土梁中应用高强钢筋，可以使两者的性能得以充分发挥，不仅承载力大幅度提高，而且能较好地满足正常使用极限状态的要求。高强混凝土受弯构件在疲劳荷载作用下刚度降低，裂缝宽度增大，其变化规律和受压区混凝土应变的增加规律基本一致。疲劳荷载作用 N 次后构件的裂缝宽度，可根据初始裂缝宽度和受压区混凝土应变增长系数来计算。根据试验分析，得到了高强混凝土梁在疲劳荷载作用下的截面应力、裂缝宽度及高强钢筋 S-N 曲线试验回归公式。

（2）进行了 10 根钢筋混凝土梁的超载试验研究，主要针对不同的预加荷载幅值和不同超载次数对不同配筋率的钢筋混凝土梁承载力性能的影响进行研究，分析超载对钢筋混凝土梁承载性能的影响规律。试验结果表明，桥梁构件超载损伤后的受弯承载力降低作用不显著，但是超载作用后的桥梁构件裂缝和挠度明显增大，从而导致正常使用性能降低，后期失效风险增大。而超载作用下梁的抗剪承载力则明显下降，发生超载疲劳破坏的梁均为斜截面破坏。

（3）钢筋混凝土剪弯构件低周疲劳累积损伤变形性能计算方法。依据试验结果统计分析了剪弯构件的残余变形与循环位移的关系，以及残余变形与割线刚度损伤的关系。基于残余变形建立了剪弯构件的低周疲劳变形计算公式。在此基础上，探讨了剪弯构件的刚度、抗力衰减规律，分析了剪跨比、轴压比和纵筋、箍筋配筋率等参数对构件残余变形的影响，提出了考虑低周疲劳效应的剪弯构件极限变形折减系数计算公式。这样，通过对构件割线刚度的累积损伤计算，可统一分析剪弯构件低周疲劳作用下的刚度、抗力及极限变形。

（4）基于裂纹扩展机理的损伤混凝土强度和模量计算方法研究。在混凝土双 K 断裂准则的基础上，统计分析裂纹特征长度与断裂韧度的关系，得到混凝土 R 曲线，即混凝土裂纹演化方程。在此基础上，根据裂纹失稳扩展时的临界状态，得出损伤混凝土的临界裂纹尺寸和临界强度，并给出混凝土裂纹特征尺寸随应力变化的显式表达式，由此得到含裂纹的混凝土材料损伤本构关系。讨论不同裂纹角度对损伤混凝土强度和模量的影响。

（5）钢筋混凝土柱低周疲劳损伤全过程分析方法。提出了一种基于单调荷载—位移关系并考虑低周疲劳效应的钢筋混凝土柱损伤后承载能力简化分析方法。首先，根据自洽方法并假设裂纹扩展符合 Weibull 分布，提出了混凝土细、宏观相结合的损伤模型，给出混凝土损伤指标与有效模量、应变的定量表达式，得到钢筋混凝土柱的单调荷载—变形关系；然后，通过分析纵筋的塑性低周疲劳损伤，建立了基于割线刚度的钢筋混凝土柱低周疲劳变形性能损伤计算模型，根据试验研究，得到了柱割线刚度和抗力的衰减规律计算公式；最后，基于塑性铰理论分析低周疲劳造成的柱底截面混凝土和纵筋应变的增大，以此来反映累积损伤，编制非线性损伤分析程序，对损伤后钢筋混凝土柱进行了剩余承载能力分析。

（6）试验研究了低周循环损伤对钢筋混凝土柱动力特性的影响。通过自由衰减法，测试并分析了钢筋混凝土柱刚度、阻尼随损伤发展的变化趋势。通过回归分析，建立了与动刚度损伤相联系的阻尼比试验统计公式。根据损伤柱等效截面静刚度与等效截面动刚度之间的统计关系，进一步建立了阻尼比与静刚度损伤的试验统计公式。

（7）钢筋混凝土梁损伤后识别方法研究。基于结构损伤时单元的应变发生变化，来实现结构的损伤识别、定位与损伤程度定性估计；采用模态应变能变化率方法进行结构损伤程度评估，并提出了一种只需低阶模态即可精确求解损伤程度的解析解方法；通过数值算例证明了该方法的有效性，并研究了其抗噪性。

（8）基于实测弹性模量的结构混凝土累积损伤原位评估方法。首先根据损伤力学的定义讨论了混凝土变形模量的取值问题，建议混凝土的初始无损弹性模量采用静力弹性模量，损伤后混凝土的变形模量取为从原点出发的割线模量；然后根据混凝土应力—应变曲线和残余应变与累积应变的统计关系，提出混凝土静力等效应变和残余应变计算方法，以及损伤后混凝土的强度估算方法，给出了混凝土结构现场测试与分析的详细步骤。在以上研究基础上，比较分析了混凝土变形模量、静力等效应变和残余应变损伤指标的应用效果，结果表明残余应变损伤指标适用性最好；将混凝土损伤程度划分为 4 个等级，给出了各等级的残余应变损伤指标、静力等效应变和残余应变范围。最后，为了简化评估过程，提出了一种根据混凝土实测强度和弹模比的快速查表评估方法，直接得出混凝土的残余应变和损伤等级，并通过混凝土疲劳试验进行了验证。

（9）基于实测弹性模量的混凝土结构累积损伤后承载性能评估方法。首先，根据提出的基于卸载弹性模量的混凝土静力等效应变和残余应变计算方法，以及残余应变实用损伤指标，给出钢筋混凝土桥梁永久荷载下的现存应力、应变状态评估方法，提出"等效恒载弯矩"的概念和分析方法。然后，分析了疲劳损伤后钢筋混凝土桥梁"承载力下降"的根本原因，指出由于疲劳作用产生的结构混凝土等效应变或残余应变增大，导致了桥梁能够承受的实际活载弯矩水平下降，变形性能降低，但是疲劳极限承载力基本不变或下降极少。基于以上研究，给出了结构疲劳损伤后的剩余承载力评估方法以及应力相关裂缝宽度的分离技术。

参 考 文 献

[1] 周建庭. 我国公路桥梁长寿命安全保障的思考 [R]. 北京：首届世界交通峰会，2016.

[2] Priestly M J N and Seible F. Seismic assessment of existing bridges [A]. Proc. of the 2nd International Workshop on Seismic Design and Retrofitting of reinforced Concrete Bridges [C]. Queenstown, New Zealand, August 1994：447-471.

[3] Kachanov L M. Time of the rupture process under creep conditions [J]. Izvestiya Akademii Nauk SSSR, Otdelenie Technicheskich Nauk, 1958, 8：26-31.

[4] Robotnov Y N. Creep problems in structural members [M]. Amsterdam：North-Holland, 1969.

[5] Lemaitre J, Chaboche J L. Mechanics and solids materials [M]. Cambridge：Cambridge University Press, 1988.

[6] Krajcinovic D, Lemaitre J. Continuum damage mechanics：theory and application [M]. Wien：Springer-Verlag, 1987：1-36.

[7] Leckie F A, Hayhurst D. Creep rupture of structures [J]. Proceedings of the Royal Society, 1974, 340：323-347.

[8] Krajcinovic D. Continuum damage mechanics [J]. Applied Mechanics Review, 1984, 37 (1)：1-6.

[9] Krajcinovic D. Damage mechanics [J]. Mechanics of Materials, 1989, 8 (2-3)：117-197.

[10] Cordebois J P, Sidoroff F. Damage induced elastic anisotropy [A]. Mechanical behavior of anisotropy solids [C]. Hague：Martinus Nijhoff, 1982：761-774.

[11] Dougill J W. On stable progressively fracturing solids [J]. Zeitschrift For Angewandte Mathematik and Physics, 1976, 27 (4)：423-437.

[12] Lemaitre J, Cheboche J L. A non-linear model of creep-fatigue damage culmination and interaction [A]. Mechanics of visco-elastic media and bodies [C]. Proc. IUTAM Symposium. New York：Springer-Verlag, 1975：291-292.

[13] 村上澄男，大野信忠. 材料微观的裂纹尺度和分布的损伤变数 [A]. 日本机械学会论文集（A编）[C]. 1980, No. 409：940-946.

[14] Loland K E. Continuous damage models for load-response estimation of concrete [J]. Cement and Concrete Research, 1980, 10 (3)：392-492.

[15] Mazars J. Application de la mecanique de lendommagement ar comportement non lineaire et a la rupture du befor de structrre [D]. Pris：These de Doctorat detat, Universite Pris VI, 1984.

[16] 余天庆. 混凝土的分段线性损伤模型 [J]. 岩石、混凝土断裂与强度，1985，(2)：14-16.

[17] 钱济成，周建方. 混凝土的两种损伤模型及其应用 [J]. 河海大学学报，1989，17 (3)：40-47.

[18] Sidoroff F，Dogui A. Some issues about anisotropic elastic-plastic models at finite strain [J]. International Journal of Solids and Structures，2001，38 (52)：9569-9578.

[19] Krajcinovic D，Fonseka G U. Continuous damage theory of brittle materials (Part I and II) [J]. Journal of Applied Mechanics，1981，(48)：809-824.

[20] Gurson A L. Continuum theory of ductile rupture by void nucleation and growth I：Yield criteria and flow rules for porous ductile media [J]. Journal of Engineering Materials Technique. 1977，99：2-15.

[21] Budiansky B，O'connell R J. Elastic moduli of a cracked solid [J]. International Journal of Solids and Structures，1976，12 (2)：81-95.

[22] Kaplan M F. Crack propagation and the fracture of concrete [J]. ACI Materials Journal，1961，58 (5)：591-610.

[23] 余寿文，冯西桥. 损伤力学 [M]. 北京：清华大学出版社，1997：4-105.

[24] 董聪，杨庆雄. 细观损伤力学新进展 [J]. 强度与环境，1993，(4)：1-10.

[25] 杨卫. 细观力学和细观损伤力学 [J]. 力学进展，1992，25 (1)：1-9.

[26] Bazant Z P，Oh B H. Microplane model for progressive fracture of concrete and rock [J]. Journal of Enigeering Mechanics，1985，111 (4)：559-582.

[27] Bazant Z P，Caner F C，Adley M D. Fracturing rate effect and creep in Microplane model for dynamics [J]. Journal of Enigeering Mechanics，2000，126 (9)：962-970.

[28] 杜成斌，苏擎柱. 混凝土材料动力本构模型研究进展 [J]. 世界地震工程，2002，18 (2)：94-98.

[29] Schlangen E，Van Mier J G M. Simple lattice model for numerical simulation of fracture of concrete materials and structures [J]. Materials and Structures，1992，25 (9)：534-542.

[30] Schlangen E，Garbocai E J. Fracture simulations of concrete using lattice models：computational aspects [J]. Engineering Fracture Mechanics，1997，57 (2/3)：319-332.

[31] 杨强，张浩，周维恒. 基于格构模型的岩石类材料破坏过程的数值模拟 [J]. 水利学报，2002，34 (4)：46-50.

[32] Cundall P A. A computer model for simulating progressive large scale movement in blocky rock systems [A]. Proceeding of International Symposium on Rock Fracture [C]. ISRM，Nancy，France，1971：2-8.

[33] Bazant Z P，Tabbara M R. Random particle models for fracture of aggregate or fiber composites [J]. Journal of Engineering Mechanics，1990，116 (8)：1686-1705.

[34] Zhong X X，Chang C S. Micromechanical modeling for behavior of cementitious granular materials [J]. Journal of Engineering Mechanics，1999，125 (11)：1280-1288.

[35]　Mohamed A R，Hansen W. Micromechanical modeling of concrete response under static loading-Part II：Model development and validation [J]. ACI Materials Journal，1999，96（2）：196-203.

[36]　刘斌. 碾压混凝土细观损伤断裂的仿真模拟 [D]. 北京：北京工业大学，2000.

[37]　黎保琨，彭一江. 碾压混凝土试件细观损伤断裂的强度与尺寸效应 [J]. 华北水利水电学院学报，2001，22（3）：50-53.

[38]　彭一江，黎保琨，刘斌. 碾压混凝土细观结构力学性能的数值模拟 [J]. 水利学报，2001，33（6）：19-22.

[39]　李广平. 混凝土的细观损伤理论及其数值模拟 [J]. 五邑大学学报（自然科学版），1994，8（4）：26-37.

[40]　冯西桥，余寿文. 准脆性材料细观损伤力学 [M]. 北京：清华大学出版社，2002.

[41]　唐春安，朱万成. 混凝土损伤与断裂—数值试验 [M]. 北京：科学出版社，2003.

[42]　岩石破裂过程分析（RFPA2D）系统的细观单元本构关系及验证 [J]. 岩石力学与工程学报，2003，22（1）：24-29.

[43]　李笃权，张克实. 细观尺度的混凝土材料损伤 [J]. 西北水资源与水工程，2002，13（1）：7-9.

[44]　谢和平. 岩石、混凝土损伤力学 [M]. 北京：中国矿业大学出版社，1990.

[45]　Karsan I D，Jirsa J O. Behavior of concrete under compressive loading [J]. Journal of Structure Engineering，1969，95（12）：2543-2563.

[46]　过镇海，张秀琴. 混凝土的应力—应变全曲线的试验研究 [J]. 建筑结构学报，1982，3（1）：14-18.

[47]　Sinha B P，Gerstle K H，Tulin L G. Stress—strain relations for concrete under cyclic loading [J]. ACI Materials Journal，1964，61（2）：195-211.

[48]　Yankelevsky D Z，Reinhardt H W. Model for cyclic compressive behavior of concrete [J]. Journal of Structure Engineering，1987，113（2）：228-240.

[49]　Otter D E，Naaman A E. Model for response of concrete to random compressive loads [J]. Journal of Structure Engineering，1989，115（11）：2794-2809.

[50]　Miner M A. Cumulative Damage in Fatigue [J]. Journal of Applied Mechanics，1945，12（3）：159-164.

[51]　谢和平，鞠扬，董毓利. 经典损伤定义中的"弹性模量法"探讨 [J]. 力学与实践，1997，19（2）：1-5.

[52]　Manson S S，Halford G R. Practical implementation of the double linear damage rule and damage curve approach to treating cumulative fatigue [J]. Int J Fract，1981，17（1）：69-92.

[53]　Corten H T and Dolan T L. Comulative fatigue damage [A]. Proceeding of the Intermational Conference On Fatigue of Materials [C]. 1956：235-246.

[54]　Oh B H. Cumulative damage theory of concrete under variable-amplitude fatigue loadings [J]. ACI Materials Journal，1991，88（1）：41-48.

[55] Valanis K C. A theory of viscoplasticity without yield surface，Part II：Application to mechanical behaviour of metals [J]. Archives of Mechanics，1971，23：535-551.

[56] 宋玉普. 钢筋混凝土有限元分析中的力学模型研究 [D]. 辽宁：大连理工大学，1988.

[57] Aas-Jakobsen K，Lenschow R. Behavior of reinforced columns subjected to fatigue loading [J]. ACI structural Journal，1973，70 (20)：199-206.

[58] 赵永利，孙伟. 混凝土材料疲劳损伤方程的建立 [J]. 重庆交通学院学报，1999，18 (1)：17-22.

[59] 刘国军，杨永清. 一种基于残余应变的混凝土疲劳损伤模型 [J]. 材料导报 B：研究篇，2014，28 (3)：141-144.

[60] Holmen J. Fatigue of concrete by constant and variable amplitude loading [J]. ACI Special Publication，Fatigue of Concrete Structures，1982，75 (4)：71-110.

[61] 李朝阳，宋玉普，赵国藩. 混凝土疲劳残余应变性能研究 [J]. 大连理工大学学报，2001，41 (3)：355-358.

[62] 王时越，张立翔，徐人平，等. 混凝土疲劳刚度衰减规律试验研究 [J]. 力学与实践，2003，25 (5)：55-57.

[63] 王瑞敏，赵国藩，宋玉普. 混凝土的受压疲劳性能研究 [J]. 土木工程学报，1991，24 (4)：38-47.

[64] 孟宪宏. 混凝土疲劳剩余强度试验及理论研究 [D]. 大连：大连理工大学，2006.

[65] 朱劲松，朱先存. 钢筋混凝土桥梁疲劳累计损伤失效过程简化分析方法 [J]. 工程力学，2012，29 (5)：107-121.

[66] 王青，卫军，刘晓春，等. 钢筋混凝土梁疲劳损伤过程的等效静力分析方法 [J]. 中南大学学报（自然科学版），2016，47 (1)：247-253.

[67] 刘国军，杨永清，魏召兰. 时变效应导致的混凝土损伤研究进展 [J]. 材料导报 A：综述篇，2014，28 (5)：92-96.

[68] 钟铭，徐骋. 基于裂纹扩展机理的损伤混凝土强度预测方法研究 [J]. 建筑科学，2015，31 (7)：6-11.

[69] 宗周红，钟儒勉，郑沛娟，等. 基于健康监测的桥梁结构损伤预后和安全预后研究进展及挑战 [J]. 中国公路学报，2014，27 (12)：46-57.

[70] Naaman A E，Founas M. Partially prestressed beams under random-amplitude fatigue loading [J]. Journal of Structural Engineering，1991，117 (12)：3742-3761.

[71] 混凝土疲劳专题组. 混凝土受弯构件疲劳可靠性验算方法的研究 [M]. 北京：中国建筑工业出版社，1994.

[72] 钟铭，王海龙，刘仲波，等. 高强钢筋高强混凝土梁静力和疲劳性能试验研究 [J]. 建筑结构学报，2005，26 (2)：94-100.

[73] 余志武，李进洲，宋力. 重载铁路桥梁疲劳试验研究 [J]. 土木工程学报，2012，45 (12)：115-126.

[74] 张建仁，彭晖，张克波，等. 锈蚀钢筋混凝土旧桥超限及极限荷载作用的现场破坏性试验研究 [J]. 工程力学，2009，26 (增刊 II)：213-224.

[75]　余志武，李进洲，宋力. 疲劳荷载后重载铁路桥梁剩余静载承载力试验研究 [J]. 铁道学报，2014，36（4）：76-85.

[76]　孙晓燕，王海龙，黄承逵. 超载运营对服役桥梁受弯性能影响的试验研究 [J]. 浙江大学学报（工学版），2008，42（1）：152-156，163.

[77]　王春生，周江，吴全有，等. 既有混凝土桥梁疲劳寿命与使用安全评估 [J]. 中国公路学报，2012，85（6）：101-107.

[78]　梁鹏，王秀兰，楼灿鸿，等. 基于裂缝特征库的混凝土梁桥承载能力快速评定 [J]. 中国公路学报，2014，27（8）：32-41.

[79]　崔青海. 基于裂缝状况对梁桥快速评价方法研究 [D]. 重庆：重庆交通大学，2010.

[80]　孙晓燕. 服役期及加固后的钢筋混凝土桥梁可靠性研究 [D]. 大连：大连理工大学，2004.

[81]　黄萍. 预应力混凝土简支梁动力特性退化的试验研究 [J]. 公路交通科技，2014，31（3）：84-89.

[82]　贺拴海，宋一凡，赵小星，等. 钢筋混凝土梁式结构裂缝特征与损伤评估方法试验研究 [J]. 土木工程学报，2003，36（2）：6-9.

[83]　贺拴海，郭琦，宋一凡，等. RC桥梁健康状况及承载能力的动力评估试验 [J]. 长安大学学报（自然科学版），2003，23（6）：36-39.

[84]　邹兰林，彭冬. 基于频率校验系数快速评定桥梁结构承载力 [J]. 山东交通学院学报，2010，18（3）：31-35.

[85]　Johns K C. Dynamic stiffness of concrete beams [J]. ACI Journal，1981，（3）：201-205.

[86]　Maeck J，Wahab M A，Peeters B，et al. Damage identification in reinforced concrete structures by dynamic stiffness determination [J]. Engineering structures，22，1339-1349.

[87]　中华人民共和国铁道部. 铁路桥梁检定规范（铁运函 [2004] 120 号）[S]. 北京：中国铁道出版社，2004.

[88]　中华人民共和国交通部. JTG/T J21—2011. 公路桥梁承载能力检测评定规程 [S]. 北京：人民交通出版社，2011.

[89]　中华人民共和国住房和城乡建设部. CJJ/T 233—2015. 城市桥梁检测与评定技术规范 [S]. 北京：中国建筑工业出版社，2015.

[90]　Lehman D E，Moehle J P. Performance-based seismic design of RC bridge columns [A]. 12WCEE，New Zealand，2000，No. 2065.

[91]　Williams M S，Sexsmith R G. Seismic assessment of concrete bridge using inelastic damage analysis [J]. Engineering Structure，1997，19（3）：208-216.

[92]　潘龙. 基于推倒分析方法的桥梁结构地震损伤分析与性能设计 [D]. 上海：同济大学，2001.

[93]　何政. 钢筋混凝土结构非线性分析及地震损伤性能设计与控制 [D]. 黑龙江：哈尔滨工业大学，2000.

[94]　Williams M S，Sexsmith R G. Seismic damage indices for concrete structures：a state-of-

art review [J]. Earthquake Spectra，1995，11（3）：320-349.

[95] 王立明，顾祥林，沈祖炎，等. 钢筋混凝土结构的损伤累积模型 [J]. 工程力学，1997，14（增刊）：44-49.

[96] 沈祖炎，董宝，曹文贤. 结构损伤累积分析的研究现状和存在的问题 [J]. 同济大学学报，1997，25（2）：135-140.

[97] 王振宇，刘晶波. 建筑结构地震损伤评估的研究进展 [J]. 世界地震工程，2001，17（3）：43-48.

[98] Banon H，Biggs J M，Irvine H M. Seismic damage in reinforced concrete frames [J]. Journal of Structure Engineering，1981，107（9）：1713-1729.

[99] Roufaiel M S L，Meyer C. Analytical modeling of hysteretic behavior of RC frames [J]. Journal of Structure Engineering，1987，113（3）：429-444.

[100] Toussi S，Yao J T P. Hysteresis identification of existing structures [J]. Journal of Engineering Mechanics，1983，109（5）：1189-1203.

[101] Stephens J E，Yao J T P. Damage assessment using response measurement [J]. Journal of Structural Engineering，1987，113（4）：787-801.

[102] Wang M L，Shah S P. Reinforced concrete hyteresis model based on the damage concept [J]. Earthquake Engineering and Structural Dynamics，1987，15（8）：993-1003.

[103] Chung Y S，Meyer C，Shinozuka M. Seismic damage assessment of RC members [R]. NCEER，State University of New York at Buffalo，1987，No. 0022.

[104] Park Y J，Ang A H. Mechanistic seismic damage model for reinforce concrete [J]. Journal of Structural Engineering，1985，111（4）：722-739.

[105] Fajfar P. Capacity spectrum method based on inelastic demand spectra [J]. Earthquake Engineering & Structural Dynamics，1999，28：979-993.

[106] Kunnath S K，Reinhorn A M，Lobo R F. IDARC version 3.0: A program for the inelastic damage analysis of RC structures [R]. NCEER，State University of New York at Buffalo，1992，No. 0022.

[107] Hindi R A，Sexmith R G. A proposed damage model RC bridge columns under cyclic loading [J]. Earthquake Spectra，2001，17（2）：320-349.

[108] Hindi R A，Sexmith R G. A proposed damage model for RC bridge elements under cyclic loading [D]. The University of British Columbia，August，2001.

[109] Kunnath S K. Cumulative seismic damage of reinforced concrete bridge piers [R]. NCEER，University at Bufalo，State University of New York，1997，No. 0006.

[110] Williams M S，Mllemure I，Sexsmith R G. Evaluation of seismic damage indices for concrete element loaded in combined shear and flexure [J]. ACI Structural Journal，1997，94（3）：315-322.

第2章 钢筋混凝土梁常幅疲劳性能试验研究

2.1 引 言

在实际工程中有许多结构，如海洋平台、高耸结构、飞机跑道、公路和铁路桥梁等，经常承受荷载的多次重复作用，但是以前混凝土结构是按容许应力法进行设计的而且采用的容许应力值比较低，使得疲劳问题不是很突出。近年来，由于土建事业的发展，高强混凝土的研制、开发和应用已取得较大进展。随着高强混凝土和高强钢筋在工程中的应用，一些混凝土结构经常处于高应力状态下工作，高强混凝土结构的疲劳问题成为一个不容忽视的课题。本章以高强混凝土梁的静载和疲劳试验为基础，探讨其静力性能和疲劳衰减规律，并提出了高强混凝土梁的裂缝宽度、正截面应力计算方法和疲劳强度的建议公式，为高强混凝土结构设计提供参考依据。

2.2 试 验 概 况

2.2.1 试件设计

本章主要以受拉钢筋配筋率和循环特性为参数，设计制作了 13 根梁。9 根梁的混凝土强度等级为 C70（$f_c=60.2\text{N/mm}^2$，$f_t=6.68\sim7.16\text{N/mm}^2$，$E_c=43000\text{N/mm}^2$），纵向钢筋采用直径为 12mm 的 HRB500 级钢筋（$f_y=660\text{N/mm}^2$，$E_s=201.1\text{kN/mm}^2$）；4 根梁混凝土强度等级为 C40（$f_c=36.8\sim39.4\text{N/mm}^2$，$f_t=3.6\sim3.8\text{N/mm}^2$，$E_c=37000\text{N/mm}^2$），纵向钢筋采用直径为 12mm 的 HRB335 级钢筋（$f_y=445\text{N/mm}^2$，$E_s=199.1\text{kN/mm}^2$）。试件的加荷位置示意图见图 2-1，试件详细尺寸、配筋及试验规划如表 2-1 所示。

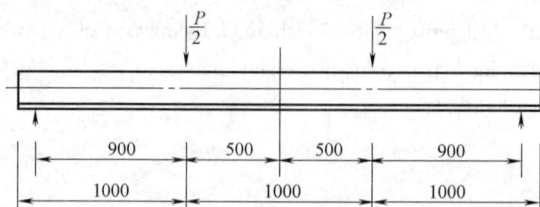

图 2-1 试件加载示意图

2.2.2　试验方法

试验采用三分点加载，在跨中形成纯弯段。

试验中，普通钢筋混凝土试件中取一片配有 3Φ12 主筋的试件（CB2），高强钢筋高强混凝土试件在低、中配筋率（2Φ12、3Φ12）的两组中，每组各抽出一片梁（HB11、HB21）做静载破坏试验，确定其极限承载力 M_u，其余的试件进行高周重复荷载试验。考虑桥梁的正常使用状态，高强混凝土试件所施加的重复荷载最大值为 $0.3 \sim 0.4 M_u$（M_u 为试件的破坏弯矩），循环特征 $\rho^f = M_{min}/M_{max}$ 分别为 0.3、0.4、0.5 三种。高配筋率（4Φ12）的一片梁，做重复荷载试验，最大值为 $0.4 M_u$（M_u 为配筋 3Φ12 的高强钢筋高强混凝土试件的破坏弯矩）。

试件详细尺寸、配筋及试验规划表　　　　　　表 2-1

试件编号	类型	$b \times h$（mm）	保护层 c（mm）	主筋 A_s	配筋率 ρ（%）	$S_{max} = M_{max}/M_u$	$\rho^f = M_{min}/M_{max}$
CB1	Ⅱ	184×214	30	Ⅱ-2Φ12	0.691	0.4*	0.4
CB2	Ⅰ	178×210	30	Ⅱ-3Φ12	1.095	1	1
CB3	Ⅱ	181×210	30	Ⅱ-3Φ12	1.077	0.4	0.4
CB4	Ⅱ	184×212	30	Ⅱ-4Φ12	1.397	0.4*	0.4
HB11	Ⅰ	181×212	30	Ⅲ-2Φ12	0.710	1	1
HB12	Ⅱ	180×215	30	Ⅲ-2Φ12	0.702	0.3	0.3
HB13	Ⅱ	179×214	30	Ⅲ-2Φ12	0.710	0.3	0.4
HB14	Ⅱ	181×212	30	Ⅲ-2Φ12	0.710	0.3	0.5
HB21	Ⅰ	181×214	30	Ⅲ-3Φ12	1.053	1	1
HB22	Ⅱ	181×213	30	Ⅲ-3Φ12	1.059	0.4	0.3
HB23	Ⅱ	179×213	30	Ⅲ-3Φ12	1.071	0.4	0.4
HB24	Ⅱ	182×212	30	Ⅲ-3Φ12	1.059	0.4	0.5
HB3	Ⅱ	185×212	30	Ⅲ-4Φ12	1.389	0.4*	0.4

注：① 0.4* 表示该试件疲劳上限取配筋为 3Φ12 的同类型截面破坏弯矩的 0.4 倍。

② 试验类型中，Ⅰ 为静载试验，Ⅱ 为疲劳试验。

静载试验时，一般分五级加载，在估计开裂前和破坏前适当加密，主要量测混凝土应变、钢筋应变、开裂荷载、裂缝宽度、挠度以及破坏时的极限荷载。对承受高周重复荷载的梁，在施加荷载之前，共分六级左右加载至疲劳荷载上限，然后卸载，再施加静载至疲劳荷载上限，每一级均量测混凝土应变、钢筋应变、梁的挠度和裂缝宽度。重复加卸载两次后，以 5Hz 的频率进行重复荷载试验，当荷载重复次数分别达到 1 万、5 万、10 万、20 万、50 万、100 万、200 万时，停止重复荷载，卸载至零，量测构件的残余变形、残余裂缝宽度，然后加载至疲劳荷载上限，量测变形、混凝土应变以及裂缝宽度等。对于疲劳循环 200 万次后未破坏的梁，静力加载直至破坏，获取其疲劳损伤后的极限承载力。

2.2.3　钢筋混凝土梁试验结果

该试验的疲劳循环次数以 200 万次为上限，试验结果如表 2-2 所示。从表 2-2 可以看出，在 200 万次内疲劳破坏的高强混凝土梁与普通混凝土梁的破坏形态均为：纵向受拉钢筋首先疲劳断裂而导致试件的破坏。

混凝土梁试验结果

表 2-2

试件编号	N^f (10^4)	P_{cr} (kN)	P_u (kN)	M_u (kN·m)	P_{max}	$\rho^f = M_{min}/M_{max}$	破坏特征
CB1	123	9.9	53.2	23.94	20.9	0.4	钢筋首先疲断
CB2	静载	11.2	53.2	23.94	1	1	钢筋屈服、混凝土压碎
CB3	200	9.9	65.3	29.39	26.9	0.4	疲劳 200 万次后，静载压坏
CB4	200	13.9	79.9	35.96	26.9	0.4	疲劳 200 万次后，静载压坏
HB11	静载	11.9	76.8	34.56	1	1	钢筋屈服、混凝土压碎
HB12	200	9.9	80.9	36.41	22.9	0.3	疲劳 200 万次后，静载压坏
HB13	200	11.9	76.9	34.61	22.9	0.4	疲劳 200 万次后，静载压坏
HB14	200	10.9	80.9	36.41	22.9	0.5	疲劳 200 万次后，静载压坏
HB21	静载	15.9	105.9	47.66	1	1	钢筋屈服、混凝土压碎
HB22	69.7	13.9	105.9	47.66	42.9	0.3	钢筋首先疲断
HB23	108	16.9	105.9	47.66	42.9	0.4	钢筋首先疲断
HB24	126	14.9	105.9	47.66	42.9	0.5	钢筋首先疲断
HB3	200	14.9	128.7	57.92	42.9	0.4	疲劳 200 万次后，静载压坏

注：表中疲劳试验的 P_u 值为疲劳 200 万次后，静载压坏的数值。

2.3　钢筋混凝土梁的静载试验分析

高强钢筋混凝土梁在静载作用下，加荷到 $0.2P_u$（P_u 为极限荷载）左右出现第一批裂缝。与普通混凝土梁相比，开裂时的裂缝宽度要比普通钢筋混凝土梁稍大，但开裂荷载明显大于同等截面和配筋率的普通钢筋混凝土梁。随着荷载的加大，裂缝宽度和挠度增大的幅度明显小于普通钢筋混凝土梁，裂缝数量增加相对较快，当荷载增到 $0.6P_u \sim 0.7P_u$ 左右，裂缝基本出齐。此时，高强钢筋混凝土梁的平均裂缝间距和裂缝宽度都要小于普通钢筋混凝土梁。另外，两种梁随着配筋率的提高，裂缝宽度和平均裂缝间距都明显减小，沿梁高方向的平均应变都可以较好地符合平截面假定。

总之，在相同配筋率下，高强钢筋混凝土构件抗裂性能明显优于普通钢筋混凝土构件，开裂时裂缝宽度稍大，变形较小。随着荷载的加大，裂缝宽度和挠度增大的幅度要小于普通钢筋混凝土梁，表明高强钢筋与高强混凝土之间粘结情况更好，刚度较大。与普通钢筋混凝土梁相比，在相同裂缝限值下，高强钢筋混凝土可大幅度提高承载力。

2.3.1　关于平均裂缝间距 l_m 计算的建议

按第二版《高强混凝土结构设计与施工指南》（以下简称《指南》）[1]对《混凝土结构设计规范》GB 50010—2002（以下简称《规范》）[2]的补充说明，平均裂缝间距计算公式为：

$$l_m = \left(2.7c + 0.08\frac{d}{\rho_{te}}\right)\upsilon \tag{2-1}$$

式中，c 为保护层厚度；d 为主筋直径；ρ_{te} 为以有效受拉混凝土截面面积计算的纵向受拉钢筋配筋率。

由上式可以看出，该公式主要考虑了构件尺寸以及部分材料本身性能对裂缝间距的影响，但没有反映荷载变化对平均裂缝的影响。结合本章试验以及文献［3］的相关试验数据，令荷载比 P/P_u 或 $M/M_u = \beta$，经回归分析可得考虑荷载比的平均裂缝间距 l_m^p 与式（2-1）l_m 的关系：

$$l_m^p = (0.82 - 0.252\ln\beta)\,l_m \tag{2-2}$$

考虑荷载比的平均裂缝间距计算　　　　　　　表 2-3

试件编号	$\beta(M/M_u)$	实测平均裂缝间距 l_m(mm)	按式(2-1)算得 l_m(mm)	按式(2-2)算得 l_m^p(mm)	裂缝条数（两面）
HB13	0.495	85.9	84.1	83.8	19
	0.617	81.6	84.1	79.2	20
	0.734	77.7	84.1	75.5	21
HB22	0.548	88.9	94.3	91.6	20
	0.657	84.6	94.3	87.3	21
	0.764	80.8	94.3	83.7	22

表 2-3 列出了部分分析结果，显然，考虑荷载变化对平均裂缝间距的影响后，结果更加符合实际情况。由于高强钢筋混凝土材料力学性质复杂，且试验数据有限，目前还不能给出考虑荷载变化后的通用算式。为更好地全面认识高强钢筋混凝土的变形性质，除规范中考虑的因素外，对荷载变化、混凝土等级等影响裂缝间距的因素加以重视是十分必要的。

2.3.2　钢筋混凝土梁裂缝宽度计算

在第二版《指南》[1]中指出，对于高强混凝土构件，"当允许出现裂缝，并考虑裂缝宽度分布的不均匀性和荷载长期效应组合的影响时，其最大裂缝宽度 ω_{max} 按《规范》[2]中的公式计算"。

《规范》给出的最大裂缝宽度计算公式为：

$$\omega_{max} = \alpha_{cr}\psi\frac{\sigma_{ss}}{E_s}\left(2.7c + 0.1\frac{d}{\rho_{te}}\right)\upsilon \tag{2-3}$$

式中，α_{cr} 为考虑荷载短期和长期效应组合下的裂缝宽度扩大系数；ψ 为裂缝间纵向钢筋应变不均匀系数；σ_{ss} 为裂缝截面纵向受拉钢筋应力；ρ_{te} 为以有效受拉混凝土截面面积计算的纵向受拉钢筋配筋率；υ 为纵向受拉钢筋表明特征系数，变形钢筋取 0.7。另外，在高强混凝土受弯构件计算中，《指南》指出考虑裂缝宽度分布的不均匀性和荷载长期效应组合的影响，式中常数 0.1 用 0.08 代替。

将 ω_{max} 与平均裂缝宽度 ω_m 建立起联系，式（2-3）可描述为[4]：

$$\omega_{max} = \tau_l\tau_s\omega_m \tag{2-4}$$

式中，τ_l、τ_s 分别为荷载长期效应组合、短期效应组合下的裂缝宽度扩大系数。

平均裂缝宽度 ω_m 的计算公式为：

$$\omega_m = \alpha_c\psi(\sigma_{ss}/E_s)l_m \tag{2-5}$$

式中，α_c 取 0.85；l_m 为平均裂缝间距。

文献 [4] 认为，高强混凝土梁在荷载短期效应组合下的裂缝扩大系数 τ_s 可以取为 1.55。结合试验数据结果以及文献 [4] 的试验数据，统计分析得到 $\tau_s = 1.59$，故笔者建议 τ_s 可放大为 1.60（目前普通混凝土梁 τ_s 为 1.66）。在《指南》中提到，"为适应国家经济发展及新的需要，正在修订中的国家标准将适当提高结构的设计安全度。"所以从使用安全的角度来看，适当的放大验算公式中的裂缝扩大系数也是可行的，符合《指南》的发展要求。结合此方面考虑，则考虑荷载短期组合下的裂缝宽度扩大系数 $\alpha_{cr} = 0.85 \times 1.6 = 1.36$；考虑荷载长期效应组合下的裂缝宽度扩大系数 $\alpha_{cr} = 0.85 \times 1.6 \times 1.5 = 2.04$。另外，《规范》给出的 ω_{max} 考虑了荷载变化的影响，故在最大裂缝宽度的计算中平均裂缝间距仍采用规范推荐的公式（2-1）进行求值。

2.4　钢筋混凝土梁疲劳试验分析

2.4.1　正截面疲劳性能

在多次疲劳荷载作用后量测试件不同高度处混凝土和钢筋的应变，经分析可知：混凝土应变呈线性分布，即试件混凝土开裂后虽经多次重复荷载作用，截面平均应变仍符合平截面假定；中和轴位置基本不变，在多次重复荷载作用下，略微下降；受压区混凝土边缘的应力远小于静载强度，基本处于线性阶段，试件截面高度的应力分布为三角形。

疲劳荷载作用下钢筋混凝土梁的破坏特征为一根或部分受拉主筋疲劳断裂，钢筋失效后钢筋混凝土梁的承载力会明显下降，造成结构"突然死亡"；而对于未发生疲劳破坏的钢筋混凝土梁，其损伤后的破坏承载力与无损伤状态相比较基本没有变化或变化量极小。

2.4.2 混凝土弯曲受压的变形模量 E_w 和疲劳变形模量 E_w^N

根据受压区应力为三角形分布和其他已知条件进行计算，可求得梁受压边缘的混凝土弯曲受压的变形模量 E_w 和疲劳变形模量 E_w^N。从计算结果可知，随疲劳荷载作用次数的增加，梁的挠度和混凝土应变增大，疲劳变形模量降低。

混凝土弯曲受压的变形模量 E_w 受许多因素的影响而变动，如受压区的边缘应力、纵向钢筋配筋率、混凝土等级等。该批高强混凝土梁的配筋率为 0.7% ~ 1.4%，受压边缘应力为 15 ~ 30MPa，但 E_w/E_c（E_c 为轴心受压弹性模量）的变化幅度不大，其变化范围是 0.720 ~ 0.865，平均比值（折减系数）为 0.787，因此可取 $E_w/E_c=0.787$，即

$$E_w=0.787E_c \tag{2-6}$$

配筋率越高，E_w/E_c 越大，文献 [5] 中高强混凝土梁的配筋率为 1.05% ~ 4.11%，$E_w=0.875E_c$，也反映了这种趋势。

令 $\gamma^f=E_w^N/E_w$，则

$$E_w^N=\gamma^f E_w=0.787\gamma^f E_c \tag{2-7}$$

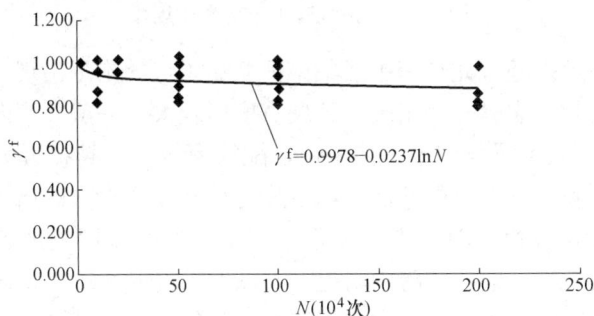

图 2-2 疲劳变形模量降低系数回归曲线

疲劳变形模量 E_w^N 降低系数 γ^f 的回归曲线见图 2-2，其回归方程为：

$$\gamma^f=0.9978-0.0237\ln N \tag{2-8}$$

式中，γ^{f}——疲劳变形模量降低系数，$\gamma^{f}=E_{w}^{N}/E_{w}$；

       E_{w}^{N}——疲劳变形模量；

       N——疲劳荷载作用次数（10^{4} 次）。

则疲劳变形模量 E_{w}^{N} 与混凝土轴心受压弹性模量 E_{c} 的关系可表示为：

$$E_{w}^{N}=\gamma^{f}E_{w}=0.787\gamma^{f}E_{c}=(0.7853-0.187\ln N)\,E_{c} \tag{2-9}$$

2.4.3　疲劳荷载作用下的裂缝宽度和挠度发展规律

1. 高强混凝土梁裂缝发展一般规律

在疲劳荷载作用下，高强混凝土梁受压区混凝土应变随重复作用次数的增多而增大。实测梁顶混凝土应变的变化规律如图 2-3 所示（图中，ε_{t} 为疲劳荷载达上限值时的混凝土应变），在开始 10 万次内，发展变化较显著，随着荷载重复次数的增加，应变增长速率逐渐减缓，进入一个相对稳定的发展阶段，这与普通钢筋混凝土梁疲劳性能的结论相近[6-7]，都存在一个快速发展段和稳定发展段，但高强混凝土梁初期的发展速度远比普通钢筋混凝土梁快，在高应力水平循环下，2～3 万次即进入稳定发展阶段。

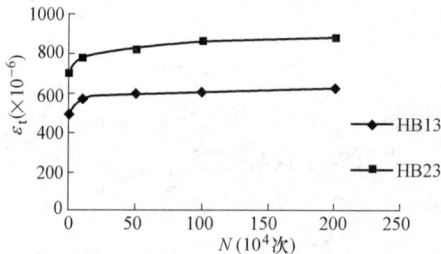

图 2-3　梁顶混凝土应变变化规律

一般情况下，裂缝首先在跨中或集中荷载作用点的附近出现。高强混凝土梁裂缝出现的特点是：裂缝一经出现，开展宽度即较大，一般开裂时裂缝宽度可达0.04～0.08mm，且在梁侧向上延伸很快，配筋率越低，越接近大值。这反映了高强混凝土材质脆、延性差的性能。随着疲劳荷载循环次数的增加，在 1～10 万次内裂缝宽度变化较快，随后则基本稳定下来。裂缝宽度发展趋势如图 2-4 所示，其最终最大裂缝一般在梁跨中附近。与图 2-3 比较可知，裂缝宽度的增长规律基本上和受压区混凝土应变的增加规律是一致的。

由于高强混凝土梁经有限次循环，裂缝开展宽度急剧变化，所以在研究高强混凝土梁在疲劳荷载作用下的裂缝开展问题时，必须考虑梁一旦开裂（即便在循环次数不很大的情况下），裂缝宽度的变化也很快这一特点。

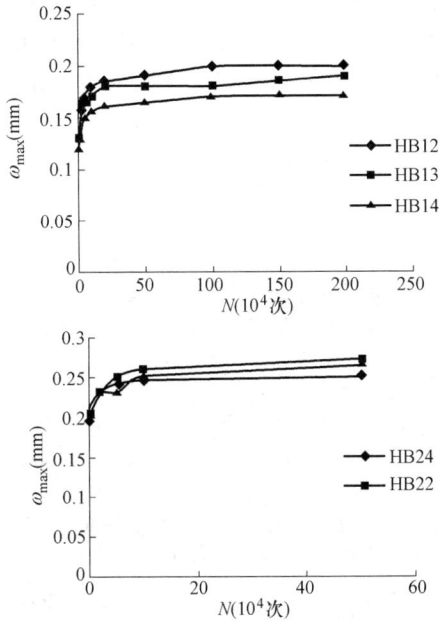

图 2-4　高强混凝土梁裂缝宽度发展曲线

2. 裂缝宽度增大的原因及影响因素

在高周疲劳荷载作用下，裂缝宽度将增大，其原因有如下几个方面：

（1）疲劳荷载作用下，受压区混凝土内部损伤增加，应变随荷载循环次数的增加而增大；

（2）钢筋和混凝土之间的粘结力在疲劳荷载作用下发生变化，钢筋和混凝土之间的滑移量不断增大；

（3）钢筋在疲劳荷载作用下残余变形将不断增加。

本次试验仅做了等跨、等截面高强混凝土梁的疲劳性能研究，根据裂缝宽度实测数据，重复荷载作用下，影响裂缝宽度的主要因素为：

（1）在相同应力水平下，随循环次数的增加，裂缝宽度逐渐增大；

（2）当循环次数相同时，随着应力水平的提高，裂缝宽度逐渐增大；

（3）在相同荷载幅作用下，随着配筋率的提高，裂缝宽度逐渐减小；

（4）在配筋率及荷载上限相同时，随应力幅的增大（或应力比的减小），裂缝宽度逐渐增大。

3. 挠度发展规律

在重复荷载作用下梁的挠度有所增加，刚度降低，特别是经过很少荷载循环后，试件挠度的增大较快，而在此后，挠度的增大则非常缓慢，如图 2-5 所示。本次试验在荷载循环达 2 万次时，平均挠度比静载挠度增大了 1.12 倍，而总的平均挠度比静载挠度增大 1.17 倍，这与受压区混凝土的残余应变和纵向钢筋的初应变发展规律基本相同，说明高强混凝土性能脆、延性差，已有相当大的初应变在较少荷载循环中完成了。因此，高强混凝土梁要特别注意前期荷载循环所造成的疲劳刚度降低。

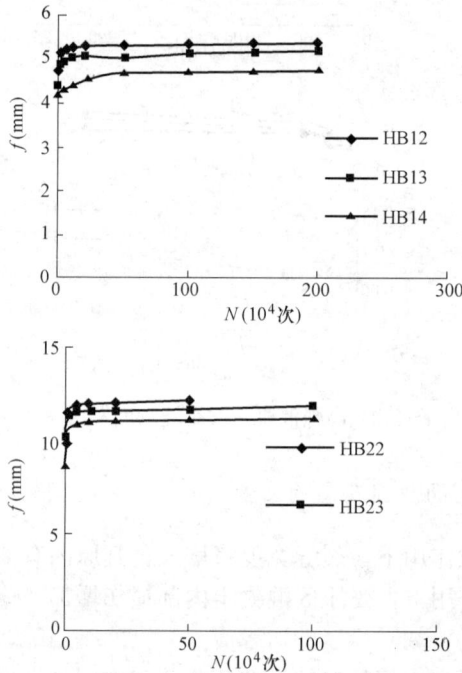

图 2-5　疲劳荷载作用下高强混凝土试验梁挠度曲线

2.5　基于试验统计的钢筋混凝土梁变形性能计算方法

2.5.1　疲劳荷载作用下裂缝宽度的计算

在疲劳荷载作用下，由于钢筋残余变形增加，钢筋和混凝土之间滑移量增大，导致构件的裂缝宽度随荷载重复次数的增加而增大。根据试验分析，在重复荷载作用一定次数后，高强混凝土梁纯弯段的中和轴高度基本不变化，截面应变符合平截面假定（图 2-6）。钢筋残余应变的增加可以通过混凝土压应变增加而反映出来。

根据图 2-6 所示应变图形，可以计算出钢筋名义总应变 ε_{sN}（包含钢筋与混

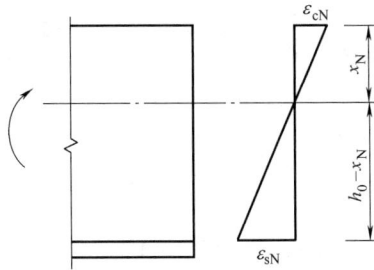

图 2-6　正截面应变分布图

凝土之间的滑移等效钢筋名义应变），即：

$$\varepsilon_{sN} = \frac{h_0 - x_N}{x_N} \varepsilon_{cN} \tag{2-10}$$

式中，x_N——重复荷载作用 N 次后的中和轴高度；

ε_{cN}——重复荷载作用 N 次后，荷载上限作用下的混凝土应变。

在施加疲劳荷载之前，在静荷载作用下，钢筋的应变为：

$$\varepsilon_s = \frac{h_0 - x}{x} \varepsilon_c \tag{2-11}$$

式中，x——静载作用下的中和轴高度；

ε_c——静载作用下的混凝土应变。

令 $\psi_{Ns} = \varepsilon_{sN}/\varepsilon_s$，并假定 $x_N = x$，则有：

$$\psi_{Ns} = \varepsilon_{sN}/\varepsilon_s = \varepsilon_{cN}/\varepsilon_c = \psi_N \tag{2-12}$$

在式（2-12）中，ψ_N 为在疲劳荷载作用下的混凝土压应变增大系数，ψ_N 受许多因素的影响而变动，如受压区的边缘应力、纵向钢筋配筋率、混凝土标号、疲劳荷载作用次数及振幅比等。本次试验仅做了 ρ^f 为 0.3、0.4、0.5 等三种情况，试验表明，ρ^f 越小，即应力变化幅值越大，混凝土压应变增大越快。ρ^f 的影响可近似采用 $1/(k_1 + k_2 \rho^f)$ 的形式，k_1、k_2 由试验定出。本次试验回归分析表明 ρ^f 的影响要小于循环次数的影响，为简化起见，根据表 2-4 中试验数据进行统计分析（将其中过大的数据舍掉），以 $\ln N$ 为变量，可求得回归方程式（2-13），其回归曲线如图 2-7 所示。

$$\psi_N = 0.984 + 0.0478 \ln N \tag{2-13}$$

式中，N——重复荷载作用次数（10^4 次）。

钢筋混凝土梁平均裂缝宽度 w_m 的计算公式[8-9]为：

$$\omega_m = \int_0^{l_{cr}} \varepsilon_{sx} \mathrm{d}x \tag{2-14}$$

式中，l_{cr}——平均裂缝间距；

ε_{sx}——钢筋应变。

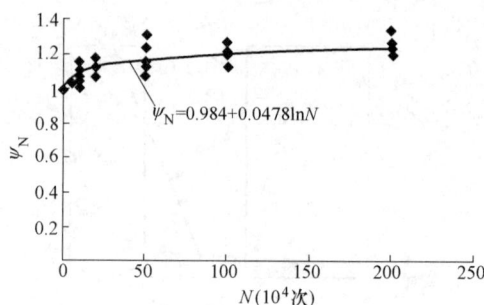

图 2-7　试验梁的 $\psi_N - \ln N$ 回归曲线

由于经有限次荷载重复循环后，裂缝的开展进入一个相对稳定阶段，纯弯段几乎没有新的裂缝产生，可以假设裂缝间距 l_{cr} 不变，同时假定裂缝之间各区段钢筋应变分布形式不改变，则有下式：

$$\omega_N = \alpha \int_0^{l_{cr}} \varepsilon_{sN} \mathrm{d}x = \alpha \int_0^{l_{cr}} \psi_{Ns} \varepsilon_s \mathrm{d}x \qquad (2\text{-}15)$$

即

$$\omega_N = \alpha \psi_N \omega_m \qquad (2\text{-}16)$$

式中，ω_N——重复荷载作用 N 次后的平均裂缝宽度；

　　α——考虑钢筋与混凝土间的滑移影响而引入的参数，根据试验数据确定（暂取 $\alpha = 1$）；

ψ_N、ψ_{Ns}——分别为疲劳荷载作用下混凝土压应变和钢筋拉应变的增大系数；

ε_s、ε_{sN}——分别为静载和疲劳荷载作用下的钢筋应变。

最大裂缝宽度可按下式计算：

$$\omega_{N\max} = \alpha \psi_N \omega_{\max} \qquad (2\text{-}17)$$

梁底的最大裂缝宽度和纵向钢筋重心处最大裂缝宽度之间的关系为：

$$\omega_{\max,b} / \omega_{\max} = \frac{h - x}{h_0 - x} \qquad (2\text{-}18)$$

根据以上分析可以看出，高强混凝土梁在重复荷载作用下的裂缝宽度可以根据受压区混凝土应变的增加及静载作用下的裂缝宽度来计算。按式（2-16）～式（2-18）计算的高强混凝土梁的裂缝宽度与试验值的比较列于表 2-4。由表中可见，两者吻合较好，这表明建议的方法是可行的。

另外，根据本次试验裂缝宽度数据的统计，可将式（2-17）写成：

$$\omega_{N\max} = \beta \omega_{\max} \qquad (2\text{-}19)$$

其中

$$\beta = f(N, \rho^f) \qquad (2\text{-}20)$$

式中，β——与循环次数相对应的最大裂缝宽度增大系数；

N——重复荷载作用次数（10^4 次）。

根据 β—N 的统计曲线（见图 2-8），得到 β 的试验公式为：

$$\beta = 1.0555 + 0.0902 \ln N \qquad (2\text{-}21)$$

于是

$$w_{N\max} = w_{\max}(1.0555 + 0.0902 \ln N) \qquad (2\text{-}22)$$

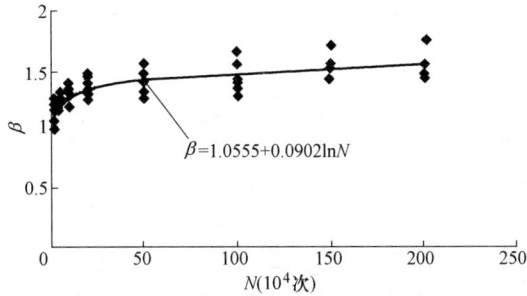

图 2-8　β—N 统计曲线

表 2-4 中列出了按式（2-22）计算出的梁底裂缝宽度与试验值的比较，可见式（2-22）作为近似表达式，也能够很好地反映疲劳荷载作用下裂缝宽度的变化规律。

梁底裂缝宽度实测值与计算值的比较　　　　　　　表 2-4

荷载重复次数 (10^4 次)	梁编号	实测平均值 w_m^l(mm)	计算平均值 w_m^c(mm)	$\dfrac{w_m^l}{w_m^c}$	实测最大值 $w_{\max}^l$(mm)	计算最大值 $w_{\max}^c$(mm) [按式(2-17)、式(2-18)]	$\dfrac{w_{\max}^l}{w_{\max}^c}$ [按式(2-17)、式(2-18)]	计算最大值 $w_{\max}^c$(mm) [按式(2-22)]	$\dfrac{w_{\max}^l}{w_{\max}^c}$ [按式(2-22)]
2	HB12	0.120	0.127	0.948	0.160	0.165	0.972	0.145	1.101
	HB13	0.140	0.139	1.005	0.165	0.165	1.003	0.145	1.135
	HB14	0.100	0.108	0.929	0.130	0.152	0.856	0.134	0.969
	HB22	0.157	0.171	0.919	0.230	0.260	0.886	0.229	1.004
	HB23	0.160	0.177	0.903	0.230	0.266	0.865	0.235	0.980
	HB24	0.168	0.184	0.915	0.247	0.265	0.932	0.218	1.055
	HB3	0.110	0.114	0.965	0.130	0.152	0.856	0.134	0.969
5	HB12	0.135	0.132	1.023	0.170	0.172	0.991	0.156	1.089
	HB13	0.150	0.145	1.033	0.165	0.172	0.962	0.156	1.057
	HB14	0.110	0.112	0.980	0.150	0.158	0.947	0.144	1.041
	HB22	0.170	0.178	0.954	0.250	0.271	0.924	0.246	1.016
	HB23	0.165	0.185	0.893	0.240	0.277	0.866	0.252	0.952
	HB24	0.170	0.191	0.888	0.230	0.257	0.894	0.234	0.982
	HB3	0.130	0.119	1.094	0.140	0.158	0.884	0.144	0.972

续表

荷载重复次数 (10⁴ 次)	梁编号	实测平均值 w_m^l (mm)	计算平均值 w_m^c (mm)	w_m^l/w_m^c	实测最大值 w_{max}^l (mm)	计算最大值 w_{max}^c (mm) [按式(2-17)、式(2-18)]	$\dfrac{w_{max}^l}{w_{max}^c}$ [按式(2-17)、式(2-18)]	计算最大值 w_{max}^c (mm) [按式(2-22)]	$\dfrac{w_{max}^l}{w_{max}^c}$ [按式(2-22)]
10	HB12	0.160	0.136	1.176	0.180	0.177	1.018	0.164	1.096
	HB13	0.160	0.150	1.070	0.170	0.177	0.962	0.164	1.035
	HB14	0.130	0.116	1.125	0.155	0.163	0.950	0.152	1.023
	HB22	0.174	0.184	0.948	0.260	0.279	0.933	0.259	1.004
	HB23	0.175	0.190	0.919	0.250	0.286	0.875	0.265	0.942
	HB24	0.195	0.197	0.989	0.245	0.265	0.924	0.246	0.995
	HB3	0.140	0.122	1.144	0.160	0.163	0.980	0.152	1.056
20	HB12	0.170	0.140	1.214	0.185	0.182	1.016	0.172	1.073
	HB13	0.170	0.154	1.104	0.180	0.182	0.989	0.172	1.044
	HB14	0.140	0.119	1.176	0.160	0.168	0.952	0.159	1.006
	HB22	0.171	0.189	0.905	0.265	0.287	0.923	0.272	0.975
	HB23	0.190	0.196	0.969	0.260	0.294	0.884	0.278	0.934
	HB24	0.200	0.203	0.985	0.250	0.273	0.916	0.259	0.967
	HB3	0.145	0.126	1.151	0.175	0.168	1.042	0.159	1.100
50	HB12	0.175	0.145	1.207	0.190	0.189	1.008	0.183	1.038
	HB13	0.170	0.160	1.066	0.180	0.189	0.955	0.183	0.983
	HB14	0.135	0.123	1.095	0.170	0.174	0.977	0.169	1.006
	HB22	0.184	0.196	0.940	0.270	0.297	0.908	0.289	0.935
	HB23	0.200	0.203	0.985	0.265	0.305	0.870	0.296	0.896
	HB24	0.193	0.210	0.918	0.250	0.283	0.884	0.275	0.910
	HB3	0.150	0.131	1.149	0.185	0.174	1.063	0.169	1.095
100	HB12	0.185	0.149	1.242	0.200	0.194	1.033	0.191	1.046
	HB13	0.175	0.164	1.068	0.180	0.194	0.929	0.191	0.941
	HB14	0.140	0.127	1.105	0.170	0.179	0.951	0.177	0.963
	HB23	0.215	0.209	1.031	0.265	0.313	0.847	0.309	0.858
	HB24	0.205	0.216	0.949	0.265	0.291	0.912	0.287	0.924
	HB3	0.158	0.134	1.178	0.200	0.179	1.119	0.177	1.133
150	HB12	0.185	0.152	1.217	0.200	0.198	1.012	0.196	1.021
	HB13	0.175	0.167	1.047	0.185	0.198	0.936	0.196	0.944
	HB14	0.150	0.129	1.161	0.170	0.182	0.932	0.181	0.940

续表

荷载重复次数 $(10^4$ 次)	梁编号	实测平均值 w_{m}^{l}(mm)	计算平均值 $w_{\mathrm{m}}^{\mathrm{c}}$(mm)	$\dfrac{w_{\mathrm{m}}^{l}}{w_{\mathrm{m}}^{\mathrm{c}}}$	实测最大值 $w_{\max}^{l}$(mm)	计算最大值 $w_{\max}^{\mathrm{c}}$(mm) [按式(2-17)、式(2-18)]	$\dfrac{w_{\max}^{l}}{w_{\max}^{\mathrm{c}}}$ [按式(2-17)、式(2-18)]	计算最大值 $w_{\max}^{\mathrm{c}}$(mm) [按式(2-22)]	$\dfrac{w_{\max}^{l}}{w_{\max}^{\mathrm{c}}}$ [按式(2-22)]
150	HB3	0.157	0.137	1.148	0.205	0.182	1.124	0.181	1.133
200	HB12	0.185	0.154	1.201	0.200	0.200	0.999	0.199	1.003
	HB13	0.180	0.169	1.063	0.190	0.200	0.949	0.199	0.953
	HB14	0.150	0.131	1.146	0.170	0.185	0.920	0.184	0.924
	HB3	0.160	0.139	1.154	0.210	0.185	1.136	0.184	1.141
μ				1.049			0.952		1.007
σ				0.106			0.070		0.069

2.5.2　基于换算截面的疲劳刚度计算

1. 短期刚度

高强混凝土梁短期刚度可采用与《混凝土结构设计规范》GB 50010—2010 相同的计算模式。本章根据实测数据，采用近似计算公式[4]：

$$B_{\mathrm{d}} = E_{\mathrm{w}} I_0 \tag{2-23}$$

式中，I_0——换算截面惯性矩，其中纵筋换算成混凝土的换算系数 $n = E_{\mathrm{s}}/E_{\mathrm{w}}$。

这一公式，物理概念明确，计算简便，而且在开裂前、后及疲劳刚度验算都可以用统一的表达形式。其中 E_{w} 可采用式（2-6）计算，则

$$B_{\mathrm{d}} = 0.787 E_{\mathrm{c}} I_0 \tag{2-24}$$

2. 疲劳刚度

根据实测资料，多次重复荷载作用下的刚度降低系数：

$$\theta^{\mathrm{p}} = \frac{B^{\mathrm{p}}}{B_{\mathrm{d}}} = \frac{f_{\mathrm{d}}}{f^{\mathrm{p}}} \tag{2-25}$$

式中，B^{p}——多次重复荷载作用后的刚度；

　　　f^{p}——多次重复荷载作用后的挠度；

　　　B_{d}——静载作用下的刚度；

　　　f_{d}——静载作用下的挠度。

由实测数据可得 θ^p 的回归方程为（见图2-9）：

$$\theta^p = 0.8944 - 0.0046\ln N \tag{2-26}$$

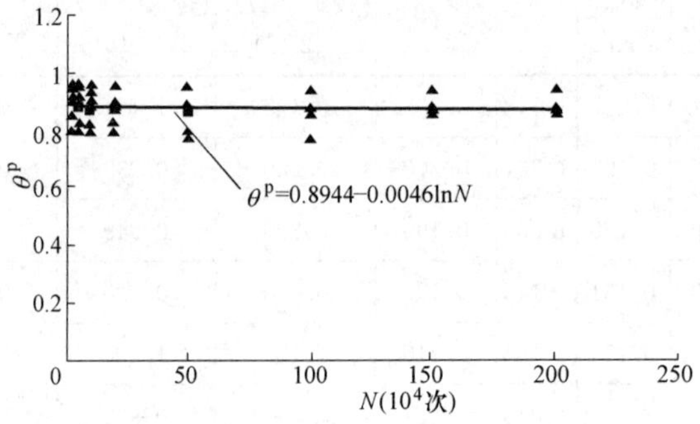

图 2-9　$\theta^p - \ln N$ 回归曲线

所以，在多次重复荷载作用下，梁的刚度为：

$$B^p = \theta^p B_d = 0.787\theta^p E_c I_0 \tag{2-27}$$

式中，I_0——换算截面惯性矩，纵筋换算成混凝土的换算系数 $n^p = E_s / E_w^N$。

疲劳刚度也可采用疲劳变形模量来计算。根据式（2-7），有

$$B^p = E_w^N I_0 = 0.787\gamma^f E_c I_0 \tag{2-28}$$

按式（2-24）、式（2-27）和式（2-28）计算的短期刚度、疲劳刚度与实测值的比较见表2-5和表2-6，其结果是理想的。从表2-5可知，用式（2-27）与式（2-28）计算结果是等效的。这进一步说明了用疲劳变形模量描述刚度随疲劳次数的变化规律是合理的。

试验梁的短期刚度　　　　　　　　　　　　　　　　　　　　**表 2-5**

荷载	梁号	静载挠度 f_d (mm)	实测刚度 B_d^s $(10^{12} N \cdot mm^2)$	计算刚度 B_d $(10^{12} N \cdot mm^2)$	$\dfrac{B_d^s}{B_d}$
静载	HB12	4.75	1.036	1.052	0.985
	HB13	4.42	1.039	1.042	0.997
	HB14	4.145	1.042	0.989	1.053
	HB22	9.89	1.52	1.47	1.034
	HB23	8.75	1.537	1.533	1.002
	HB24	10.26	1.507	1.391	1.083
	HB3	7.575	1.672	1.666	1.004

试验梁在多次重复荷载作用下的刚度　　　　表 2-6

荷载重复次数 (10⁴ 次)	梁号	实测挠度 f^p(mm)	实测刚度 B^{ps} (10¹²N · mm²)	计算刚度 B^p (10¹²N · mm²) [按式(2-27)]	$\dfrac{B^{ps}}{B^p}$ [按式(2-27)]	计算刚度 B^p (10¹²N · mm²) [按式(2-28)]	$\dfrac{B^{ps}}{B^p}$ [按式(2-28)]
50	HB12	5.340	0.976	0.908	1.075	0.933	1.046
	HB13	5.055	0.965	0.911	1.060	0.930	1.038
	HB14	4.725	0.949	0.913	1.039	0.945	1.004
	HB22	12.255	1.209	1.332	0.908	1.371	0.882
	HB23	11.745	1.298	1.347	0.964	1.327	0.978
	HB24	11.205	1.340	1.321	1.015	1.394	0.961
	HB3	7.960	1.566	1.465	1.069	1.743	0.898
100	HB12	5.360	0.924	0.905	1.021	0.925	0.999
	HB13	5.160	0.921	0.907	1.015	0.926	0.995
	HB14	4.725	0.909	0.910	0.999	0.941	0.966
	HB23	12.000	1.228	1.342	0.915	1.323	0.928
	HB24	11.290	1.275	1.316	0.969	1.391	0.917
	HB3	8.015	1.529	1.460	1.047	1.732	0.883
200	HB12	5.405	0.862	0.901	0.956	0.923	0.934
	HB13	5.200	0.901	0.904	0.997	0.936	0.963
	HB14	4.780	0.885	0.907	0.976	0.939	0.942
	HB3	8.045	1.403	1.455	0.964	1.719	0.816

2.6　受弯试件正截面压区混凝土及受拉钢筋的应力计算

梁正截面疲劳性能的试验结果表明：对于适筋梁，当受拉钢筋疲断时，梁受压区混凝土的压应力还相当低，基本上属于使用荷载下的内力状态，所以受弯构件正截面压区混凝土及受拉钢筋在疲劳荷载作用下的应力可采用容许应力法计算，即计算假定为：（1）截面应变符合平截面假定；（2）受压区混凝土应力图形为三角形；（3）受拉区混凝土不参加工作。采用换算截面的特性，考虑混凝土疲劳变形模量随疲劳次数的增加而降低，则钢筋弹性模量与混凝土疲劳变形模量的比为：

$$\alpha_E^f = \frac{E_s}{E_w^N} = \frac{E_s}{[0.7853 - 0.187\ln(N/10^4)]E_c} \tag{2-29}$$

混凝土压区的边缘应力为：

$$\sigma_{c,max} = \frac{M_{max}^f X_0}{I_0} \tag{2-30}$$

钢筋的应力为：

$$\sigma_{s,max} = \frac{\alpha_E^f M_{max}^f (h_i - X_0)}{I_0} \tag{2-31}$$

由于疲劳荷载作用，混凝土不可恢复的变形和裂缝不能完全闭合而产生钢筋初应力，对钢筋的疲劳性能有较大影响，为考虑这一影响因素，在利用上式计算钢筋应力时乘以一个应力增大系数 K 值，根据试验结果统计可取 $K =$ 1.201，即：

$$\sigma_{s,max} = \frac{K\alpha_E^f M_{max}^f (h_i - X_0)}{I_0} \tag{2-32}$$

式中，M_{max}^f——疲劳验算的上限弯矩（N·mm）；

X_0——中和轴距梁顶高度（mm）；

I_0——换算截面惯性矩（mm⁴）；

h_i——验算钢筋距梁顶高度（mm）。

2.7　基于解析刚度法的钢筋混凝土梁疲劳刚度分析

2.7.1　循环次数—挠度（N-f）曲线

试验梁随荷载循环次数增加的挠度曲线见图 2-10。可以看出，随着疲劳荷载循环次数及受压区混凝土和受拉区钢筋的应变不断增加，各试验梁疲劳荷载上限值和下限值的挠度都在增加，疲劳荷载上限值对应的挠度增加趋势较为平缓，而疲劳荷载下限挠度增加的幅度较大。挠度的发展可分为 2 个阶段，开始阶段

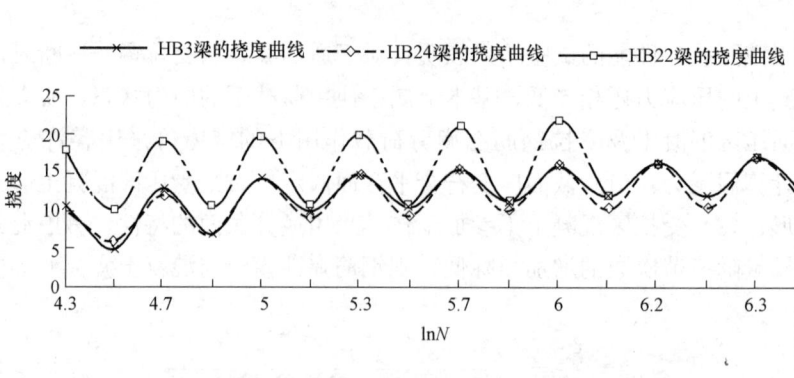

图 2-10　部分试验梁随荷载循环次数增加的挠度曲线

（疲劳荷载循环 10 万次以内）增加幅度比较大，第二阶段指疲劳荷载作用 10 万次以后，挠度的增加逐渐趋于平缓。在相同疲劳荷载上限作用时，配筋率较高的梁（HB3）挠度明显小于低配筋率的梁（HB24），所以高强钢筋混凝土梁采用较高的配筋率不仅可以增大承载力，而且对减小裂缝宽度和提高截面刚度都是有利的。

2.7.2　疲劳刚度计算

1. 计算模式

试验证明了，在疲劳荷载作用下，平截面假定仍然成立，则截面的平均曲率可用下式计算：

$$\varphi_{m}^{f}=(\varepsilon_{cm}^{f}+\varepsilon_{sm}^{f})/h_0 \tag{2-33}$$

其中，ε_{cm}^{f} 为混凝土的平均应变；ε_{sm}^{f} 为钢筋的平均拉应变；φ_{m}^{f} 为平均曲率。则截面的平均抗弯刚度为（为了与换算截面法区别，此处用 B_{m}^{f} 表示）：

$$B_{m}^{f}=M/\varphi_{m}^{f}=Mh_0/(\varepsilon_{cm}^{f}+\varepsilon_{sm}^{f}) \tag{2-34}$$

疲劳荷载作用下，梁内钢筋远低于其屈服强度，受压区混凝土采用三角形应力分布，并且忽略截面上拉区混凝土的应力。根据式（2-33）、式（2-34），由裂缝截面上的力矩平衡可以得到

$$M=0.5\sigma_c bx_0\eta h_0=0.5E_{w}^{N}\varepsilon_{c}^{f}bx_0\eta h_0 \tag{2-35}$$

$$M=\sigma_s A_s\eta h_0=E_s\varepsilon_{s}^{f}A_s\eta h_0 \tag{2-36}$$

$$\varepsilon_{s}^{f}=(h_0-x_0)\times\varepsilon_{c}^{f}/x_0 \tag{2-37}$$

由于在疲劳荷载作用下，顶面混凝土应变的变化幅度较小，故可取 $\varepsilon_{cm}^{f}=\varepsilon_{c}^{f}$。钢筋应力仍低于屈服强度，故钢筋疲劳应变可表示为 $\varepsilon_{s}^{f}=\sigma_{s}^{f}/E_s$，则 $\varepsilon_{sm}^{f}=\phi_H\varepsilon_{s}^{f}$，$\phi_H$ 为受拉钢筋应变不均匀系数。可得

$$\varepsilon_{sm}^{f}=\phi_H\varepsilon_{s}^{f}=\phi_H\psi_N\varepsilon_s \tag{2-38}$$

$$\varepsilon_{cm}^{f}=\varepsilon_{c}^{f}=\psi_N\varepsilon_c \tag{2-39}$$

把式（2-38）、式（2-39）代入式（2-34）得到疲劳刚度的计算式：

$$B_{m}^{f}=E_s A_s\eta h_0^2/\psi_N(\phi_H+2\alpha_E^{f}\beta_{cr}) \tag{2-40}$$

2. 计算系数的确定

疲劳刚度计算式中 E_s、A_s、h_0 均为确定值；其余的系数均随荷载作用变化，需另行赋值。

（a）裂缝截面的内力臂系数 η：影响内力臂系数的主要因素有截面换算配筋率、混凝土的受压应力—应变曲线与受拉应力—应变曲线形状。梁在使用阶段裂

缝的发展已趋于稳定，内力臂变化不大，本次试验计算得内力臂系数，其值在 0.89～0.91 之间，配筋率高者其值偏低一些，计算时可近似取平均值为 0.9。该值与普通混凝土梁的一致，因此可以采用文献［10］中的建议公式，只是用 α_E^f 代替 α_E。

$$\eta = 1 - 0.4\sqrt{\alpha_E^f \rho}/(1+2\gamma') \qquad (2-41)$$

式中，ρ 为纵筋配筋率（A_s/bh_0）；γ' 为受压翼缘截面面积与腹板有效截面面积的比值，本次试验梁为矩形截面，所以 $\gamma' = 0$。

（b）受拉钢筋应变不均匀系数 ϕ_H：由文献［11-12］，ε_{sm}、ε_s 之间存在着近似平行关系，钢筋应变不均匀系数可用下式计算：

$$\phi_H = S_1(1 - M_{cr}/M) = 1.1 - 0.55 f_{tk}/\sigma_{ss}\rho_{te} \qquad (2-42)$$

式中各系数的意义和计算方法参见文献［2］。

（c）混凝土应变增大系数 ϕ_N：ϕ_N 可按文献［13］所给的计算式求得，如下式：

$$\phi_N = 1 + 0.0016\varepsilon_{max}^{0.98}(1 - \varepsilon_{min}/\varepsilon_{max})^{5.27} \times (N-1)^{0.395}/\varepsilon_0^{1.41} \qquad (2-43)$$

式中，ε_0 为混凝土受压边缘峰值应力所对应的应变，可近似取为 0.003；ε_{min}、ε_{max} 分别为混凝土受压边缘在第一周重复荷载作用时产生的最大应变和最小应变。本章对试验数据进行回归分析得到适合高强混凝土结构的计算公式为：

$$\phi_N = 0.53 + 0.1163\ln N \qquad (2-44)$$

（d）裂缝截面的弹性模量比 α_E：由试验结果统计得出，E_w/E_c 变化范围为 0.73～0.87，平均值为 0.787，E_w 为静压弯曲变形模量，计算得 $\alpha_E = E_s/0.787E_c$。

（e）裂缝截面钢筋面积和受压区面积比 β_{cr}：假定静载作用时裂缝截面上受拉区混凝土完全退出工作而只有钢筋承受拉力，则受压区高度 x_{cr} 可由拉、压区对中性轴的面积矩相等求得，如下式：

$$0.5bx_{cr}^2 = nA_s(h_0 - x_{cr}) \qquad (2-45)$$

其中

$$x_{cr} = (\sqrt{(n\rho)^2 + 2n\rho} - n\rho) \times h_0 \qquad (2-46)$$

施加疲劳荷载后，裂缝随着荷载重复次数的增加向上延伸，因此需要对上式计算的 x_{cr} 进行修正，本次试验量测了钢筋和混凝土应变，对梁的平均受压区高度 $\bar{x}$ 进行了计算，因此本文假定：

$$x_{cr} = \lambda \bar{x} \qquad (2-47)$$

式中，λ 为裂缝截面受压区高度修正系数，受配筋率（A_s/bh_0）的影响，由试验结果回归得：$\lambda = 34.63\rho + 0.36$，则可计算出裂缝截面钢筋和混凝土的面积比 β_{cr}。

3. 计算值与试验值的比较

表 2-7 列出了本次部分试验梁按式（2-40）所计算的疲劳刚度值与试验值的比较，可看出计算结果与试验值符合良好。

疲劳荷载作用下解析刚度计算值与试验值比较　　　　表 2-7

梁号	比较项	荷载重复次数（10^4 次）					
		2	5	10	50	100	200
HB12	试验值	0.938	0.921	0.914	0.908	0.905	0.901
	计算值	1.03	0.987	0.956	0.89	0.865	0.84
HB14	试验值	0.989	0.974	0.957	0.949	0.909	0.885
	计算值	1.052	1.007	0.975	0.909	0.883	0.858
HB22	试验值	1.401	1.382	1.363	1.209	1.092	—
	计算值	1.366	1.281	1.252	1.136	1.104	
HB24	试验值	1.415	1.403	1.388	1.340	1.275	
	计算值	1.26	1.203	1.166	1.085	1.054	
BH3	试验值	1.603	1.588	1.572	1.566	1.529	1.403
	计算值	1.681	1.66	1.61	1.498	1.455	1.415

2.8　梁内受拉钢筋的疲劳强度分析

由于极限状态设计法和高强度材料的使用，许多钢筋混凝土梁都在较高的应力水平下工作，钢筋混凝土梁的疲劳问题日益受到重视。目前，由于疲劳荷载作用而造成梁破坏的通常都是由于钢筋的疲劳断裂，所以研究钢筋的疲劳是解决钢筋混凝土构件疲劳问题的关键。在疲劳荷载作用下，钢筋的疲劳是由于裂纹的萌生和扩展的结果，当裂纹尖端的应力强度因子达到临界值时，钢筋就会断裂，而影响钢筋疲劳强度的因素很多，如应力幅度、最小应力水平、钢筋外形、直径和强度等，其中以应力幅度的影响最为重要。国内外的疲劳研究也多以应力幅度为参数，其中，文献 [14-15] 对可能影响变形钢筋疲劳强度的因素进行了综合分析，结果也表明，最小应力、梁的类型、钢筋的屈服和抗拉强度、钢筋的表面形状对钢筋的疲劳强度影响不大，所以本章也以应力幅度为疲劳参数。

对本次试验中疲劳断裂的高强混凝土梁（HB22、HB23、HB24）的应力幅度及对应的循环次数进行线性回归统计得到：

$$\lg N = 26.46 - 9.0399 \lg \sigma_r \qquad (2-48)$$

式中，σ_r 为应力幅，$\sigma_r = \sigma_{\max} - \sigma_{\min}$。

　　将上式和国内外变形钢筋的疲劳强度方程比较，如表 2-8 所示。可以看出，本章所建议的曲线与 JREA 的曲线比较接近。

国内外变形钢筋疲劳 *S-N* 曲线的比较　　　　　　　　　表 2-8

编号	资料来源	疲劳 *S-N* 曲线	10^6 时 σ_r (MPa)	2×10^6 时 σ_r (MPa)	10^7 时 σ_r (MPa)
①	铁科院[16]	$\lg N = 15.1348 - 4.3827 \lg \sigma_r \ (N < 10^7)$ $\lg N = 18.8471 - 6.3827 \lg \sigma_r \ (N \geqslant 10^7)$	121.423	103.7	71.8
②	ECCS	$\lg N = 12.3010 - 3 \lg \sigma_r \ (N < 5 \times 10^6)$ $\lg N = 16.0451 - 4 \lg \sigma_r \ (5 \times 10^6 \leqslant N < 10^7)$	125.893	100.4	64.4
③	JSCE	$\lg N = 16.83 - 5 \lg \sigma_r \ (N < 10^6)$ $\lg N = 27.66 - 10 \lg \sigma_r \ (N \geqslant 10^6)$	146.555	136.7	116.4
④	JREA ($\phi = 32$)	$\lg N = 24.9639 - 8.3333 \lg \sigma_r$	188.66	173.6	143.1
⑤	本书	$\lg N = 26.46 - 9.0399 \lg \sigma_r$	183.358	169.82	142.13

2.9　结　　论

　　通过对常用配筋率的高强混凝土梁静载和疲劳性能的试验研究，得出以下结论与建议：

　　(1) 高强混凝土梁在疲劳荷载作用下，正截面平均应变仍符合平截面假定。压区混凝土的应变分布可采用三角形分布。中和轴位置基本不变，在多次重复荷载作用下，略微下降。

　　(2) 对于配筋率为 $0.7\% \sim 1.4\%$ 的高强混凝土梁，找出了混凝土弯曲受压的变形模量 E_w 与轴心受压弹性模量 E_c 的平均关系，即 $E_w = 0.787 E_c$；而且配筋率越高，E_w / E_c 越大。

　　(3) 以疲劳荷载作用次数 N（10^4 次）为主要影响因素，根据试验数据回归得到了疲劳变形模量 E_w^N 与混凝土轴心受压弹性模量 E_c 的关系为：

$$E_w^N = 0.787 \gamma^t E_c = (0.7853 - 0.187 \ln N) E_c \qquad (2\text{-}49)$$

　　(4) 高强混凝土受弯构件在疲劳荷载作用下刚度降低，裂缝宽度增大。疲劳荷载作用 N 次后构件的裂缝宽度，可根据初始裂缝宽度和受压区混凝土应变增长系数来计算，并提出了与现行规范相统一的高强钢筋混凝土梁疲劳刚度的实用计算公式(2-40)。

　　(5) 高周疲劳荷载作用下混凝土梁的破坏受主要纵筋的疲劳强度控制，可通过钢筋疲劳 *S-N* 曲线和断裂力学的方法评估混凝土桥梁疲劳寿命。根据本次试

验中疲劳破坏的 3 片高强混凝土梁的统计分析，梁内纵向受拉钢筋的疲劳强度计
算公式（2-48）。

参 考 文 献

[1]　中国土木工程学会高强混凝土委员会. 高强混凝土结构设计与施工指南（HSCC—99）
　　　[M]. 北京：中国建筑工业出版社，2001.

[2]　中国建筑科学研究院. GB 50010—2010 混凝土结构设计规范 [S]. 北京：中国建筑工
　　　业出版社，2002.

[3]　蒋永生，梁书亭，陈德文，等. 高强钢筋高强混凝土受弯构件的变形性能试验研究
　　　[J]. 建筑结构学报，1998，19（2）：37-43.

[4]　梁书亭，蒋永生，姜宁辉. 高强钢筋高强混凝土梁裂缝宽度验算方法的研究 [J]. 南京
　　　建筑工程学院学报，1998，（2）：10-15.

[5]　李秀芬，吴佩刚，赵光仪. 高强混凝土梁抗弯疲劳性能的试验研究 [J]. 土木工程学
　　　报，1997，30（5）：37-42.

[6]　混凝土结构疲劳性能专题组. 钢筋混凝土受弯构件疲劳可靠性研究 [A]. 钢筋混凝土
　　　结构研究报告选集（3）[M]. 北京：中国建筑工业出版社，1994：538-592.

[7]　钢筋混凝土板疲劳性能专题组. 钢筋混凝土板在疲劳荷载作用下裂缝宽度计算 [A].
　　　钢筋混凝土结构研究报告选集（3）[M]. 北京：中国建筑工业出版社，1994：113-122.

[8]　Loregrove J M，Salah E D. Deflection and cracking of RC under repeated loading and fa-
　　　tigue of concrete Structure [J]. ACI，1982，75（6）：133-152.

[9]　赵国藩，王清湘. 钢筋混凝土构件裂缝宽度分析的应力图形和计算模式 [J]. 大连工学
　　　院学报，1984，4：87-95.

[10]　丁大钧，蒋永生，蓝宗建. 钢筋混凝土构件抗裂度、裂缝和刚度 [M]. 南京：南京工
　　　　学院出版社，1985.

[11]　丁大钧. 混凝土构件中受拉钢筋应变分布及相应的不均匀系数 [J]. 特种结构，1990，
　　　　2：39-44.

[12]　卢建峰，蒋永生，梁书亭. 高强钢筋高强混凝土梁刚度的试验研究 [J]. 东南大学学
　　　　报，1996，6：109-114.

[13]　王瑞敏. 混凝土结构的疲劳性能研究 [D]. 大连：大连理工大学，1989.

[14]　ACI Committee215. Considerations for design of concrete structure subjected to fatigue
　　　　loading [J]. J Am Conc Inst，Proc，1974，71（3）：97-121.

[15]　Hanson J M. Design for fatigue, handbook of structural concrete [M]. Piterman Pub-
　　　　lishing INC. ，London，1983.

[16]　曾志斌，李之榕. 普通混凝土梁用钢筋的 S-N 曲线研究 [J]. 土木工程学报，1999，
　　　　32（5）：10-14.

第3章 超载作用下钢筋混凝土梁疲劳性能试验研究

3.1 引 言

我国桥梁超载现象是客观存在的，其原因有二：首先在设计方法的发展和设计标准的不断细化过程中，虽然能保证前后规范在安全性方面的合理衔接，但其中存在差异也是在所难免的；其次，由于近年来运营车辆的快速增长、车型的变化，超载载重可达车辆荷载重量的 100%～400%，导致桥梁出现结构损伤、整体性能下降及承载能力降低等突出问题，即超载运输对桥梁的安全性造成巨大的威胁，甚至时有车辆压垮桥梁事故发生，每年由此带来的经济损失巨大。桥梁结构在使用期限内多次遭受超载作用，造成的损伤对桥梁结构产生多大的影响，是一个亟待解决的问题。

美国公路运输部（AASHO）的规定：正常使用状态下桥梁构件内部应力不应超过钢筋屈服应力的 6%，当超过这一限值则必须考虑车辆荷载带来的疲劳损伤。国内外已经进行了大量钢筋混凝土结构的常幅疲劳试验研究和理论分析，在第 2 章也通过试验分析了高强混凝土高强钢筋受弯构件的常幅疲劳性能，但是对于超载作用对结构构件承载性能的影响和劣化机理研究尚少，国内外也仅进行了少量超载作用对混凝土桥梁构件性能的试验研究。张建仁等[1]对一座服役 43 年的长期超限车载作用的钢筋混凝土简支梁进行了现场破坏试验，结果表明疲劳累积损伤对桥梁静力承载力降低影响不显著，结构反应分析显示了超载致使结构力学行为由弹性向塑性转变。孙晓燕等[2]和余志武等[3]也通过试验研究发现，混凝土桥梁未发生疲劳破坏时，相应的疲劳剩余承载力几乎没有变化。所以上述学者认为疲劳累积损伤主要降低了结构的变形性能，对结构的承载力影响极小，但未对其中的原因进一步分析和深入研究。而陈才生等[4]的试验研究认为超载作用的梁均发生斜截面疲劳破坏，超载对混凝土损伤程度大于钢筋。鉴于以上超载疲劳试验研究存在最大应力幅值偏小或加载次数较少的缺陷，本章的试验研究选取最大应力幅值 0.7、0.8、0.9 倍静载极限承载力，作用次数达到 10000 次，并考虑剪跨比、配筋率的影响，讨论超载作用对钢筋混凝土梁承载性能的影响和劣化特征。

3.2 试 验 设 计

3.2.1 试件设计

1. 材料参数

混凝土设计强度等级为 C40，试件水泥采用 PO42.5 普通硅酸盐水泥，粗骨料为粒径小于 16mm 的碎石，细集料为江砂。混凝土的配合比为水泥∶水∶砂∶碎石∶减水剂＝1∶0.43∶1.80∶3.51∶0.0075（例如：每立方米 C40 混凝土用料：水泥 482kg、水 200kg、中粗砂 0.45m³、碎石 0.79m³）。实测混凝土棱柱体 28 天轴心抗压强度为 33.5kN/mm²。

纵向主筋均采用 HRB335 钢筋，极限抗拉强度实测值为 561MPa，屈服强度为 408 MPa；箍筋采用 HPB300 钢筋，极限抗拉强度实测值为 452MPa，屈服强度为 320MPa。

2. 试件尺寸及配筋

考虑桥梁荷载为移动荷载，不同加载点对桥梁结构的影响有差异，本试验共制作 10 根钢筋混凝土梁（RC 梁），分为两组，每组 5 个。

（1）第一组：编号 CB1～CB5

此组为弯曲破坏试件（剪跨比为 3.5），均为矩形截面简支梁，外观尺寸均为 $b \times h \times L = 200\text{mm} \times 300\text{mm} \times 2900\text{mm}$。其中编号 CB1～CB4 的试验梁，梁底部纵向受拉钢筋为 3 根直径 12mm 的 HRB335 钢筋，顶部架立筋为 2 根直径 10mm 的 HPB300 钢筋，纵筋配筋率为 0.65%（$A_s = 339\text{mm}^2$，$A_s/bh_0 = 0.65\%$），详见图 3-1。纯弯段长 773mm，剪弯段长 913.5mm，保护层厚度取 25mm。

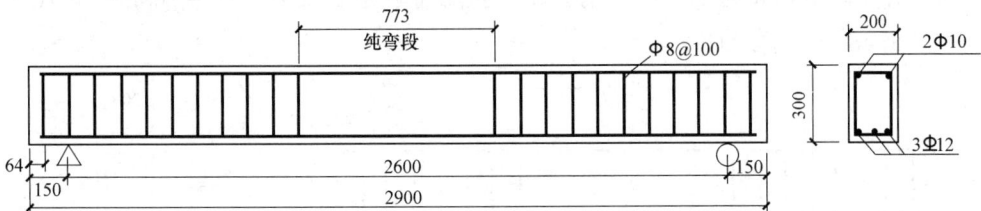

图 3-1 CB1～CB4 试验梁尺寸及配筋图（单位：mm）

CB5 梁底部纵向受拉钢筋为 3 根直径 18mm 的 HRB335 钢筋，顶部架立筋为 2 根直径 10mm 的 HRB235 钢筋，纵筋配筋率为 1.48%（$A_s = 763\text{mm}^2$，$A_s/$

$bh_0 = 1.48\%$），详见图 3-2。纯弯段长 794mm，剪弯段长 903mm，保护层厚度取 25mm。

　　5 根梁的箍筋均为直径 8mm 的 HPB300 钢筋，箍筋间距为 100mm，箍筋末端做成 135°弯钩，弯钩末端平直段不小于 40mm。

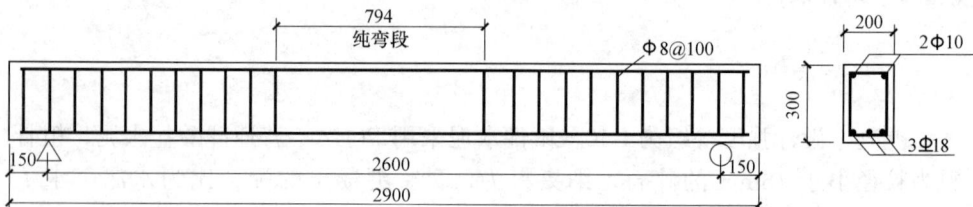

图 3-2　CB5 试验梁尺寸及配筋图（单位：mm）

　　（2）第二组：编号 ZB1～ZB5

　　此组为剪弯混合破坏试件（剪跨比为 2.5），均为矩形截面简支梁，外观尺寸均为 $b \times h \times L = 200mm \times 300mm \times 2400mm$。其中编号 ZB1～ZB4 的试验梁，底部纵向受拉钢筋为 3 根直径 12mm 的 HRB335 钢筋，顶部架立筋为 2 根直径 10mm 的 HPB300 钢筋，纵筋配筋率为 0.65%（$A_s = 339mm^2$，$A_s/bh_0 = 0.65\%$），详见图 3-3。纯弯段长 795mm，剪弯段长 652.5mm，保护层厚度取 25mm。

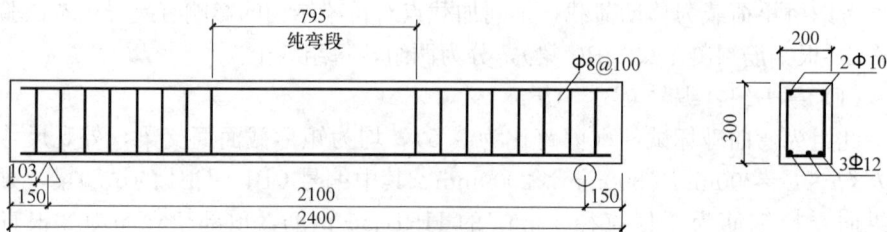

图 3-3　ZB1～ZB4 试验梁尺寸及配筋图（单位：mm）

　　ZB5 梁底部纵向受拉钢筋为 3 根直径 18mm 的 HRB335 钢筋，顶部架立筋为 2 根直径 10mm 的 HPB300 钢筋，纵筋配筋率为 1.48%（$A_s = 763mm^2$，$A_s/bh_0 = 1.48\%$），详见图 3-4。

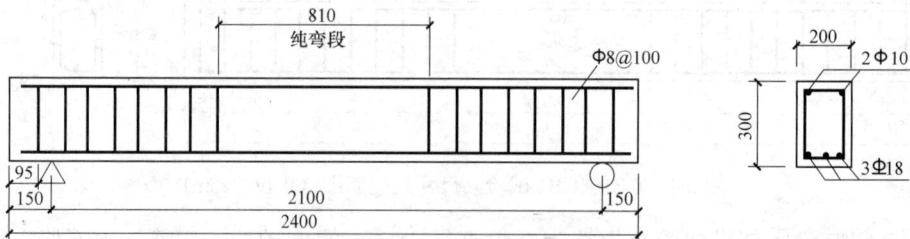

图 3-4　ZB5 试验梁尺寸及配筋图（单位：mm）

5 根梁的箍筋均为直径 8mm 的 HPB300 钢筋，箍筋间距为 100mm，箍筋末端做成 135°弯钩，弯钩末端平直段不小于 40mm。纯弯段长 810mm，剪弯段长 645mm，保护层厚度取 25mm。

3.2.2　加载方式

试验加载方式为三分点处两点对称加载。

静载和疲劳试验都在天津城建大学结构试验室内的 250kN 伺服作动器疲劳试验机上进行，并用动态采集仪采集钢筋应变和混凝土应变。CB 系列梁中参考梁 CB1 静载受弯破坏，得到抗弯极限承载力为 S，按要求变幅疲劳加载时，疲劳荷载上限值分别按 CB2、CB3、CB4、CB5 取 $0.7S$、$0.8S$、$0.9S$ 和 $0.8S$，疲劳荷载下限值取 $0.1S$。ZB 系列梁中参考梁 ZB1 静载破坏，破坏状态仍为受弯控制，抗弯极限承载力为 S'，ZB2~ZB5 疲劳荷载上限值分别取为 $0.7S'$、$0.8S'$、$0.9S'$ 和 $0.8S'$，疲劳荷载下限值取 $0.1S'$。

疲劳加载过程：在疲劳试验开始前先进行预加载，预加荷载值不超过试验梁疲劳荷载上限值的 30%，以消除加载系统各部分的间隙，并检查加载系统及数据采集系统是否正常。预加载后，首先进行 1 次循环加卸载和试验参数量测，即静载加载至疲劳荷载上限值时，量测钢筋、混凝土的应变和梁的挠度，并观测裂缝的开展情况，施加荷载卸载至零（分配梁等未拆除）时，量测钢筋、混凝土的残余应变、残余挠度和裂缝的残余宽度。然后以 3Hz 的正弦波进行疲劳试验，采用力控制，在疲劳循环次数分别达到 10 次、100 次、1000 次、10000 次时进行静力加卸载，试验参数量测与 1 次循环加卸载相同。具体加载方式见表 3-1。

<table>
<tr><td colspan="6" align="center">试验参数</td><td align="right">表 3-1</td></tr>
<tr><td>序号</td><td>试验梁编号</td><td>配筋</td><td>配筋率</td><td>剪跨比</td><td colspan="2">加载方式</td></tr>
<tr><td>1</td><td>CB1</td><td>3 根 12</td><td rowspan="4">0.65</td><td rowspan="5">3.5</td><td colspan="2">单调静力/S</td></tr>
<tr><td>2</td><td>CB2</td><td>3 根 12</td><td colspan="2">0.1S~0.7S 疲劳/3Hz</td></tr>
<tr><td>3</td><td>CB3</td><td>3 根 12</td><td colspan="2">0.1S~0.8S 疲劳/3Hz</td></tr>
<tr><td>4</td><td>CB4</td><td>3 根 12</td><td colspan="2">0.1S~0.9S 疲劳/3Hz</td></tr>
<tr><td>5</td><td>CB5</td><td>3 根 18</td><td>1.48</td><td colspan="2">0.1S~0.8S 疲劳/3Hz</td></tr>
<tr><td>6</td><td>ZB1</td><td>3 根 12</td><td rowspan="4">0.65</td><td rowspan="5">2.5</td><td colspan="2">单调静力/S'</td></tr>
<tr><td>7</td><td>ZB2</td><td>3 根 12</td><td colspan="2">0.1S'~0.7S'疲劳/3Hz</td></tr>
<tr><td>8</td><td>ZB3</td><td>3 根 12</td><td colspan="2">0.1S'~0.8S'疲劳/3Hz</td></tr>
<tr><td>9</td><td>ZB4</td><td>3 根 12</td><td colspan="2">0.1S'~0.9S'疲劳/3Hz</td></tr>
<tr><td>10</td><td>ZB5</td><td>3 根 18</td><td>1.48</td><td colspan="2">0.1S'~0.8S'疲劳/3Hz</td></tr>
</table>

3.2.3　测点布置

本次试验在试验梁的两端支座处各布置 1 个量程为 50mm 的位移计,以观测两端支座处的沉降,在梁跨中处布置 2 个量程为 100mm 的位移计,测量试验梁的跨中挠度,试验结束后跨中挠度减去两端支座处沉降的平均值,即为试验梁的整体变形。

粘贴纵筋应变片:试验梁浇筑前,在试验梁梁底受拉钢筋跨中部位粘贴钢筋应变片,每根钢筋粘贴 1 个,总计 3 根,如图 3-5、图 3-6 所示。电阻应变片标距为 2mm,试验时由导线连接到 DH3816 静态应变测试系统观测数据。

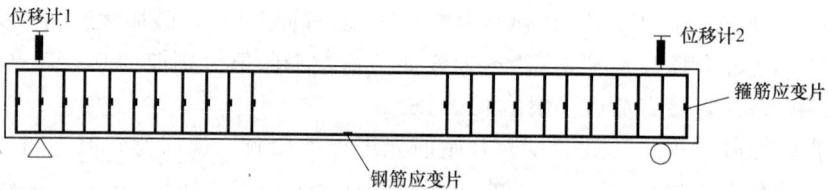

图 3-5　CB 组梁钢筋应变片布置图

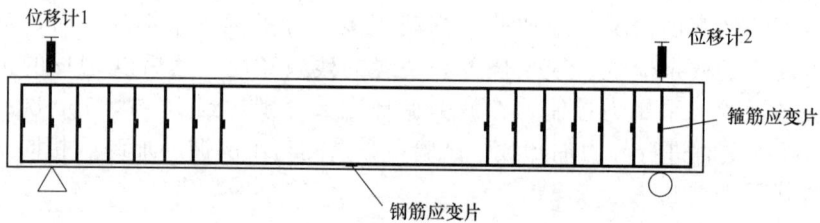

图 3-6　ZB 组梁钢筋应变片布置图

粘贴混凝土应变片:本试验在试验梁跨中部位的梁顶粘贴 4 个(2 个接动态、2 个接静态)80mm 的丝绕式电阻应变片,并同时在梁侧面粘贴 5 个 80mm 的丝绕式电阻应变片,用来观测梁顶受压区混凝土的应变,试验时由导线连接到 DH3816 静态应变测试系统观测数据。梁的混凝土应变片布置见图 3-7。

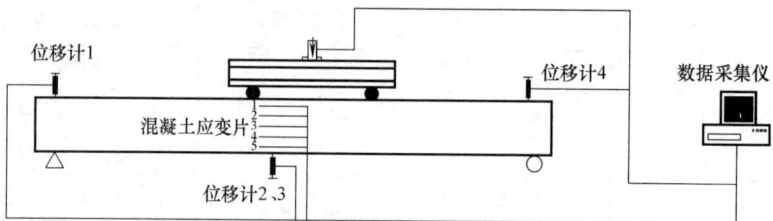

图 3-7　测点布置图

　　裂缝的存在对混凝土梁的耐久性影响巨大，在试验梁进行预加载、试验梁每次疲劳加载都会有新的裂缝产生和裂缝的开展，静载试验时需持续地观测裂缝的开展形态。因此，本试验由专人进行负责，利用精度为 0.02mm 的裂缝观测仪观察裂缝宽度，并且及时标出裂缝出现时的荷载和裂缝开展的走向。

　　疲劳加载先分级加载至疲劳荷载上限，然后卸载，再重复两个加载卸载循环，从而达到消除整个试验系统仪器设备的间隙及系统中的运行、采集等系统能正常运作。

3.3　承载性能试验结果及分析

　　CB 组、ZB 组两组试验梁中，CB1、ZB1 为参考梁，静力加载破坏形态均为正截面破坏，破坏时施加的荷载分别为 130.4kN 和 173.4kN；然后进行疲劳加载，分别取 0.7、0.8、0.9 倍极限承载力作为疲劳荷载上限值，0.1 倍极限承载力为疲劳荷载下限值，加载次数最大为 10000 次，分析超载作用下试验梁性能衰减规律；最后，未疲劳破坏的试验梁静力加载直至破坏，获取其疲劳损伤后的剩余承载力。

3.3.1　超载对挠度的影响分析

　　挠度是钢筋混凝土构件内部损伤累积和裂缝扩展的外观表现，可以宏观地反映梁的受力性能和损伤状况。

　　1. CB 组试验梁（剪跨比为 3.5）

　　以受弯为主的 CB 组梁跨中挠度和残余挠度随加载次数增大的试验结果见表3-2、表 3-3。试验结果表明：同一加载幅值作用下，CB2～CB5 挠度随加载次数增多而稳定增长；不同加载幅值作用下，相同加载次数的梁挠度随加载幅值增高而增大，如图 3-8 所示；残余挠度随加载次数的增大有相同的发展趋势，如图 3-9 所示。

超载作用下 CB 组梁的跨中挠度（单位：mm）　　　　　表 3-2

加载次数	CB2	CB3	CB4	CB5
1	4.21	5.15	7.27	2.64
10	4.50	5.21	8.72	3.26
100	4.50	6.05	16.87	3.14
1000	5.56	6.55	16.91	3.39
10000	11.00	13.56	16.94	3.81

超载作用下 CB 组梁的跨中残余挠度（单位：mm）　　　　表 3-3

加载次数	CB2	CB3	CB4	CB5
1	1.21	1.52	1.8	0.96
10	1.22	1.35	1.94	1.03
100	1.32	1.72	9.11	1.02
1000	1.57	2.18	9.12	1.02
10000	7.04	8.84	9.45	1.05

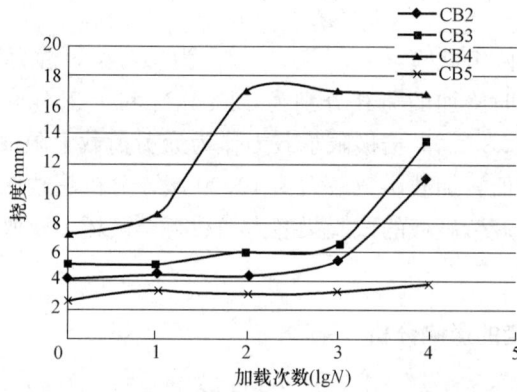

图 3-8　CB 组试验梁挠度随加载幅值、次数的增大趋势

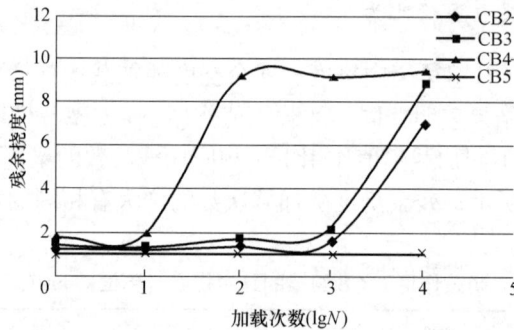

图 3-9　CB 组试验梁残余挠度随加载幅值、次数的增大趋势

　　钢筋混凝土梁的挠度及残余挠度的发展对预加荷载幅值和疲劳次数非常敏感。主要表现为：

　　（1）CB2 和 CB3 在 1000 次疲劳循环前，主筋与受压区混凝土均在弹性范围内，挠度基本为线性平稳发展，跨中挠度增大较小，CB2 和 CB3 分别增大了

1.35mm 和 1.40mm；但超过 1000 次疲劳循环后，主筋累积应变超过屈服应变，受压区混凝土仍在弹性范围内，CB2 和 CB3 的挠度快速发展，反复加载次数达到 1 万次时，CB2 和 CB3 的跨中挠度分别为 11.00mm 和 13.56mm，分别增大了 6.49mm 和 8.41mm。

（2）CB4 的跨中挠度仅经过 10 次疲劳循环后就快速发展，而在 100 次后又逐渐进入了平稳发展期，跨中挠度从初期的 7.27mm 增至 10 次循环的 8.72mm，100 次循环则增大为 16.87mm，循环次数达到 1 万次时的挠度为 16.94mm。CB4 主筋 10 次疲劳循环后累积应变就超过了屈服应变，主筋应变快速增大，发生较大的塑性变形，即主筋进入了屈服后的软化段；100 次疲劳循环后，主筋进入了屈服后的钢筋强化段，从而导致主筋应变增大缓慢，而受压区混凝土始终处于弹性范围。

（3）试验梁在超载后有较明显的不可恢复变形，即残余变形，超载作用下 CB2～CB4 残余变形的发展趋势与总挠度的发展趋势相类似。超载幅值和加载次数越大，残余变形也越大，反复加载次数达到 1 万次时，CB2～CB4 卸载后的残余变形分别为 7.04mm、8.84mm 和 9.45mm；而且残余变形的快速发展阶段与总挠度快速发展阶段相同。

（4）在同一加载幅值下，挠度受配筋率影响较大。配筋率较低（0.65%）的 CB2～CB4 适筋梁挠度发展快，且有明显的残余变形，而对于配筋率较高（1.48%）的适筋梁 CB5 与 CB3 梁加载幅值相同，1 万次时挠度为 3.81mm，残余变形仅为 1.05mm，未发生挠度或残余变形快速发展的阶段，主筋与受压区混凝土均在弹性范围内。

通过以上试验现象的分析可知，超载作用下钢筋混凝土梁在较少的疲劳次数下，主筋即进入屈服后的软化段，发生过大的塑性变形，受弯裂缝扩展显著，从而导致挠度和残余变形快速增大，而超载幅值越高，所需要进入此快速发展阶段的疲劳次数越少，这些特征与常幅疲劳作用下的钢筋混凝土梁不同。常幅疲劳作用下，钢筋混凝土梁的主筋和受压区混凝土通常为弹性工作，主筋累积应变一般不进入塑性软化段，挠度与残余变形基本为线性稳定发展，只有当主筋疲劳断裂时，挠度与残余变形才快速发展，这是现在钢筋混凝土梁桥疲劳寿命和性能评估的基础[5]。而适当地调高钢筋混凝土适筋梁的配筋率，可以大为延缓主筋进入屈服后的软化段，减小钢筋混凝土梁的挠度和残余变形。

CB 组试验梁经历 1 万次加载循环后均未疲劳破坏，这个作用次数远超过现有车辆调查研究的数量[2]，疲劳后的静力破坏特征仍为受弯破坏，按主筋 S-N 曲线估算试验梁的疲劳寿命，由式（3-1）计算 CB2～CB5 的疲劳寿命分别为：87700 次、21778 次、6516 次和 114.5 万次，虽然 CB4 受材料因素和试验环境条件的影响，经历 1 万次疲劳后未发生疲劳断裂破坏，疲劳寿命大于估算值，但其主筋已经充分进入屈服后的强化段，接近强度极限值，过大的残余挠度表明其已经不适用于正常承载。

$$\lg N = 26.46 - 9.0399 \lg \sigma_r \tag{3-1}$$

式中，σ_r 为应力幅度，$\sigma_r = \sigma_{max} - \sigma_{min}$。

值得注意的是，即使经历过超载作用后的 CB2～CB4 梁，再加载时试验梁仍然基本为弹性工作，其弹性挠度与加载次数的曲线如图 3-10 所示，弹性挠度随加载次数增大而逐渐增大，接近线性发展关系，反映了试验梁刚度基本在线性减小。这一现象与上述 CB2～CB4 梁总挠度和残余变形的发展规律是不一致的，事实上 1 万次疲劳加载后 CB2～CB4 梁的主筋均已进入屈服阶段，甚至强化阶段，试验梁损伤程度发展为非线性过程，说明根据刚度评估损伤严重的钢筋混凝土梁有一定的局限性，受弯结构的破坏总是变形承载能力达到极限所导致，而刚度的降低仅能反映弹性工作性能的衰减，所以钢筋混凝土梁累积损伤程度应以总变形（或总应变）和刚度综合评估。

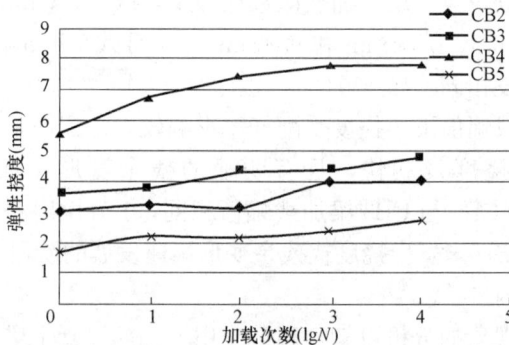

图 3-10　CB 组试验梁的弹性挠度与加载次数曲线

2. ZB 组试验梁（剪跨比为 2.5）

ZB 组试验梁是剪跨比为 2.5 的剪弯受力构件，其中 ZB2、ZB5 未发生疲劳破坏，在静力 1 万次加载循环后的静载试验为正截面破坏；ZB3 在超载疲劳循环 199 次时发生斜截面破坏，ZB4 在疲劳循环 78 次时发生斜截面疲劳破坏，疲劳破坏时的主筋屈服、箍筋应力尚小，为典型的混凝土斜截面脆性破坏，其破坏特征显然与剪弯受力构件常幅疲劳时箍筋的疲劳断裂不同。陈才生等[4] 的超载试验结果也证明，其超载最大幅值比为 0.75 时发生斜截面混凝土疲劳破坏，但疲劳破坏时斜截面箍筋断裂，而幅值比为 0.60 时发生正截面疲劳破坏，所以超载作用引起钢筋混凝土梁疲劳破坏特征的变化与最大幅值比直接相关，应引起重视。ZB 组试验梁在超载作用下的跨中挠度和残余挠度随加载次数增大的结果如

表 3-4、表 3-5 所示。

超载作用下 ZB 组梁的跨中挠度（单位：mm）　　　　表 3-4

加载次数	ZB2	ZB3	ZB4	ZB5
1	4.15	4.53	5.43	2.49
10	4.61	5.00	5.87	2.58
100	5.06	5.48	—	2.62
1000	5.33	—	—	2.82
10000	5.55	—	—	2.98

超载作用下 ZB 组梁的跨中残余挠度（单位：mm）　　　　表 3-5

加载次数	ZB2	ZB3	ZB4	ZB5
1	1.24	1.29	1.37	0.49
10	1.34	1.32	1.50	0.64
100	1.5	1.57	—	0.72
1000	1.65	—	—	0.78
10000	1.89	—	—	0.83

　　试验梁的跨中挠度、残余挠度和弹性挠度随加载幅值、次数的增大趋势分别如图 3-11～图 3-13 所示，随加载次数增大均呈线性增大趋势；在同等加载幅值条件下，ZB 组试验梁超载疲劳斜裂缝损伤快速发展，而受弯裂缝和主筋应变均小于 CB 组试验梁，箍筋应力尚小，疲劳破坏特征为混凝土斜截面脆性破坏，造成跨中挠度试验值均小于 CB 组试验梁，试验梁的受弯变形未得到充分发展。所以从损伤性能评估而言，此类构件的变形性能不宜仅采用刚度的下降或受弯截面应变的变化进行评估，而应结合斜裂缝宽度、长度等特征的发展综合分析评价。

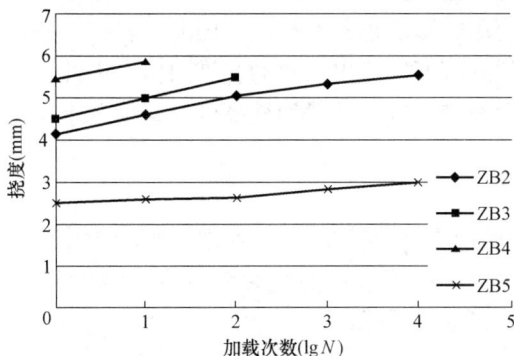

图 3-11　ZB 组试验梁挠度随加载幅值、次数的增大趋势

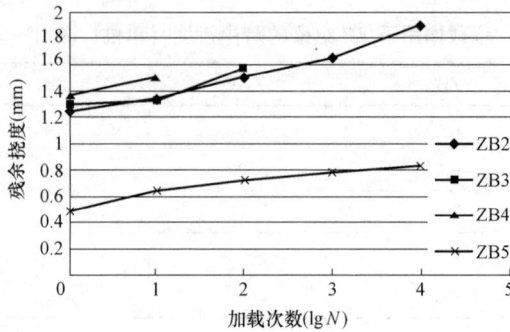

图 3-12 ZB组试验梁残余挠度随加载幅值、次数的增大趋势

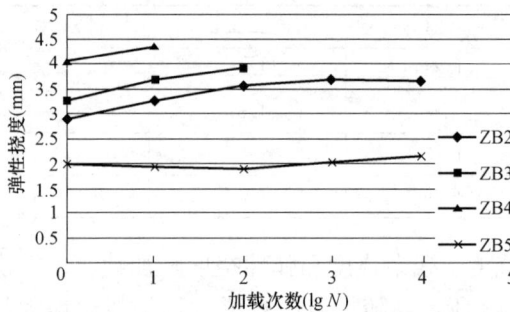

图 3-13 ZB组试验梁的弹性挠度与加载幅值、次数曲线

3.3.2 超载对裂缝特征的影响

钢筋混凝土结构构件裂缝的产生和发展，对结构的性能有很大的影响。因为构件出现裂缝后，其刚度降低，裂缝开展到一定程度，不仅影响到建筑物的观瞻，而且影响结构的"适用性"和"耐久性"。由于裂缝的产生及发展原因是多方面的，其对正常使用的影响也各不相同，因此，目前一些国家规范中只是笼统地对构件的"最大裂缝宽度"给出大致的容许限值。因此，本次试验主要观察纯弯段和剪弯段的最大裂缝宽度，并对裂缝高度增长情况予以记录。

1. CB 组试验梁

CB组试验梁为受弯构件，其受弯裂缝宽度随加载幅值和次数增大而加剧的现象显著，纯弯段最大裂缝宽度和残余裂缝宽度的试验值见表 3-6、表 3-7，其发展趋势如图 3-14、图 3-15 所示。

试验结果表明：

（1）试验梁在静力荷载 $0.3S \sim 0.4S$ 作用下开裂，达到疲劳荷载上限值时，裂缝分布于纯弯段和加载点处，超载对钢筋混凝土构件造成损伤，其损伤程度随着预加荷载幅值的增高和反复加载次数的增加而加剧，宏观表现为最大裂缝宽度增加，裂缝宽度明显超过常幅疲劳情况。

超载作用下 CB 组梁的最大裂缝宽度（单位：mm）　　　　表 3-6

加载次数	CB2	CB3	CB4	CB5
1	0.25	0.25	0.55	0.16
10	0.32	0.3	0.55	0.17
100	0.35	0.28	1.50	0.20
1000	0.35	0.30	1.80	0.25
10000	1.50	2.00	3.00	0.30

超载作用下 CB 组梁的残余裂缝宽度（单位：mm）　　　　表 3-7

加载次数	CB2	CB3	CB4	CB5
1	0.1	0.05	0.15	0.05
10	0.06	0.08	0.2	0.06
100	0.12	0.09	1.00	0.09
1000	0.12	0.12	1.00	0.10
10000	1.00	1.20	1.50	0.15

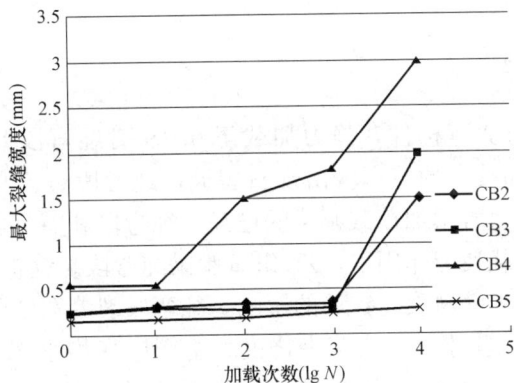

图 3-14　CB 组试验梁纯弯段最大裂缝宽度随加载次数的变化

（2）卸载后裂缝不可闭合，预加荷载幅值为 0.7、0.8、0.9 倍极限承载力的试验梁反复加载 1 万次之后，其残余裂缝宽度（CB5 除外）均远大于一般大气条件下钢筋混凝土梁的受弯裂缝宽度限值 0.25mm。

（3）CB2～CB4 在 1 次加载循环后纯弯段最大裂缝高度在 $0.67h$～$0.83h$（h 为梁高）之间，裂缝高度随着预加荷载幅值的增高而增大，在 10 次加载循环后

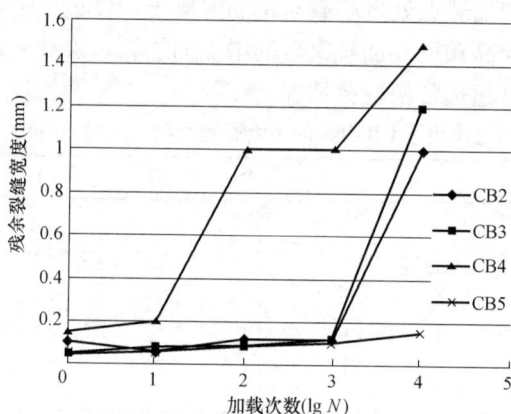

图 3-15　CB组试验梁纯弯段残余裂缝宽度随加载次数的变化

纯弯段裂缝高度稳定在 $0.85h$ 左右不再增长；随着反复加载次数的增加，主要表现为纯弯段裂缝宽度不断增大，在加载点与支点之间的剪弯段产生新的斜裂缝并快速增长，但斜裂缝高度未超过梁中线，使得构件的残余变形逐步加大。

（4）CB2、CB5 为同样的加载幅值，CB5 在超过 100 次加载循环后纯弯段裂缝高度稳定在 $0.67h$ 不再增长，最大裂缝宽度和残余裂缝宽度远小于 CB2，因此，在适筋梁设计中适当增大纵筋配筋率可以减小最大裂缝宽度和残余裂缝宽度。

2. ZB 组试验梁

ZB 组试验梁为剪弯构件，静力加载至 $0.3S'$ 时纯弯段开裂，在加载达到 $0.7S'$ 时，在靠近加载点的剪弯段出现斜裂缝，纯弯段裂缝和斜裂缝均从梁底出现向梁顶延伸；随着预加荷载幅值的增高，纯弯段和剪弯段裂缝的宽度、高度不断增大；在超载疲劳作用下，ZB 组试验梁纯弯段裂缝扩展特征与 CB 组试验梁类似，只是由于受斜裂缝扩展的影响，纯弯段裂缝宽度要小于同等加载幅值条件下的 CB 组试验梁，造成跨中挠度、主筋应变均小于 CB 组试验梁。疲劳过程中剪弯段产生的裂缝为 2～3 条，随疲劳次数增大而快速增长，ZB3、ZB4 疲劳破坏特征为斜截面破坏，试验梁疲劳破坏时的临界斜裂缝均为 1 条，疲劳过程中也是以此斜裂缝的发展最为显著，因此应着重分析试验梁斜裂缝特征的变化。

临界斜裂缝的宽度随加载幅值和次数增大而加剧的试验值见表 3-8、表 3-9，远小于 CB 组裂缝宽度试验值，临界斜裂缝的宽度发展趋势如图 3-16、图 3-17 所示。

超载作用下 **ZB** 组梁的最大斜裂缝宽度（单位：**mm**）　　　表 3-8

加载次数	ZB2	ZB3	ZB4	ZB5
1	0.28	0.43	0.45	0.14
10	0.3	0.45	0.5	0.15
100	0.34	0.45	—	0.15
1000	0.47	—	—	0.15
10000	0.47	—	—	0.25

超载作用下 **ZB** 组梁的残余斜裂缝宽度（单位：**mm**）　　　表 3-9

加载次数	ZB2	ZB3	ZB4	ZB5
1	0.15	0.13	0.2	0.04
10	0.15	0.15	0.2	0.04
100	0.14	0.3	—	0.04
1000	0.3	—	—	0.15
10000	0.35	—	—	0.15

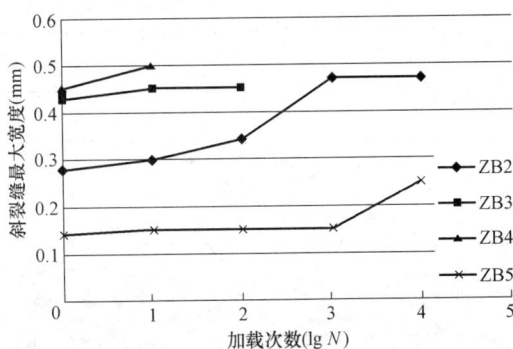

图 3-16　ZB 组试验梁最大斜裂缝宽度随加载次数的变化

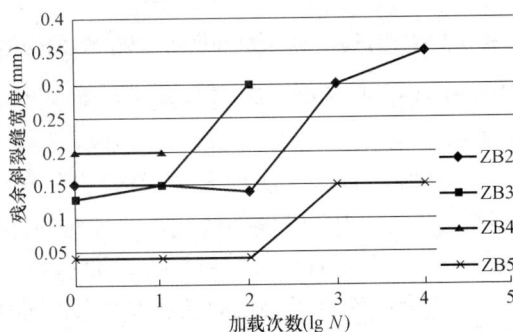

图 3-17　ZB 组试验梁残余斜裂缝宽度随加载次数的变化

文献 [6] 进行了循环加载对钢筋混凝土梁抗剪性能影响的试验研究，剪跨比为 1.0～2.0，并考虑了配箍率、主筋配筋率等的影响，静力加载与疲劳后静载破坏形态为斜截面斜压或剪压破坏，斜裂缝宽度变化显著，给出了基于斜裂缝宽度、剪跨比和配箍率的斜截面承载力折减系数试验统计公式。ZB 组试验梁的剪跨比为 2.5，为弯矩控制的剪弯构件，斜裂缝宽度变化不如文献 [6] 显著，超载疲劳循环过程中主要体现了斜裂缝高度的增长，因此应重点关注斜裂缝高度的变化。临界斜裂缝的高度随加载幅值和次数增大而加剧的试验值见表 3-10，其发展趋势如图 3-18 所示。

超载作用下 ZB 组梁的斜裂缝高度（单位：cm） 表 3-10

加载次数	ZB2	ZB3	ZB4	ZB5
1	2.5	12.5	22.0	6.0
10	17.5	19.0	23.0	6.0
100	17.5	23.0	—	6.0
1000	23.0	—		17.0
10000	25.0			17.0

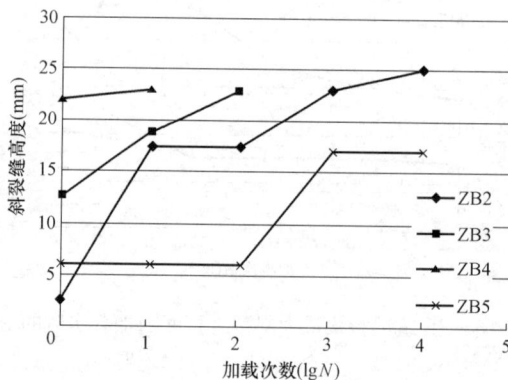

图 3-18 ZB 组试验梁斜裂缝高度随加载次数的变化

可以看出，相比于超载作用下 CB 组、ZB 组试验梁纯弯段裂缝高度的相对稳定性，斜裂缝高度的扩展最为直观、快速，ZB3、ZB4 斜裂缝高度达到 23.0cm（0.766h）后，分别再加载 99 次和 68 次就宣告斜截面疲劳破坏。现在基于裂缝特征评估钢筋混凝土梁承载性能的研究主要针对的是受弯裂缝，研究表明受弯裂缝高度达到 0.7h～0.75h 时接近屈服状态，而达到 0.85h～0.88h 时为破坏时的临界极值[7-10]，这个结论对于斜截面裂缝高度发展也有借鉴意义，由于斜裂缝扩展速度一般要快于受弯裂缝，ZB3、ZB4 试验证明了斜裂缝高度超过 0.75h 后就有斜截面疲劳破坏的风险；ZB2 的斜裂缝高度虽然能够达到 0.83h 而未破坏，但距离 $0.85h \sim 0.88h$ 的界限值已经很近了；ZB5 的斜裂缝高度为 $0.57h$ 尚在安全范围内，ZB5 与 ZB3 的配箍率相同，反映了适当提高主筋配筋率可以减小发生超载斜截面疲劳破坏的风险。总之，为避免钢筋混凝土梁发生超载斜截面混凝土脆性破坏，从偏以安全的角度考虑，钢筋混凝土梁的斜裂缝高度宜控制在 $0.7h$ 以下。遗憾的是由于试验数据很少，尚不能给出斜裂缝高度随加载幅值、循环次数的统计规律。

3.3.3　超载损伤对极限承载力的影响

CB 组、ZB 组两组试验梁静力和疲劳后的承载力试验结果如表 3-11 所示。CB1、ZB1 为参考梁，静力加载破坏形态均为正截面破坏，破坏时施加的荷载分别为 130.4kN 和 173.4kN；对于经过 1 万次疲劳作用且未发生破坏的试验梁，此后的静力破坏仍为受弯破坏，疲劳后的承载力相对于参考梁承载力几乎没有下降，甚至 CB2～CB4 超载试验梁承载力都有轻微的提高。

试验梁疲劳后承载力试验结果　　　　　　　表 3-11

编号	试验值（kN）	下降率（%）	编号	试验值（kN）	下降率（%）
CB1	130.4	—	ZB1	173.4	—
CB2	135.2	-3.68	ZB2	168.7	2.71
CB3	142.1	-8.97	ZB3	136.5	21.28
CB4	132.2	-1.38	ZB4	146.2	15.69
CB5	223.4	0.13	ZB5	—	—

CB2～CB4 为配筋率（0.65%）较低的试验梁，多次超载作用下受拉钢筋已经达到甚至超过屈服强度，钢筋发生较大的塑性变形，从而导致屈服后的钢筋强化；而试验梁虽然开裂、变形损伤严重，但受压区混凝土为边缘局部损伤，使得 CB2～CB4 的极限承载力有轻微提高。随着加载幅值增大和循环次数增多，受拉钢筋发生的塑性变形越大，钢筋强化现象也越明显，同时混凝土截面的损伤也越来越严重，造成疲劳后 CB3 的极限承载力大于 CB2，疲劳后 CB4 的极限承载力反而小于 CB2，这种现象综合反映了超载作用下受拉钢筋累积塑性应变和混凝土截面累积损伤的影响。CB5 为配筋率（1.48%）较高的试验梁，其实际疲劳荷载上限仅为 0.47 倍极限承载力，疲劳过程中受拉钢筋弹性工作，混凝土截面受损轻微，疲劳后承载力仅下降了 0.13%。

ZB 组超载疲劳试验梁剪跨比为 2.5，ZB3 和 ZB4 分别在疲劳 199 次和 78 次时破坏，构件均为斜截面破坏，承载力下降显著，说明超载作用对剪弯构件承载力的影响显著，疲劳寿命随超载幅值的增大而大为减小。ZB2 在经过 1 万次超载疲劳作用下未发生疲劳破坏，此后的静力破坏仍为受弯破坏，其疲劳后承载力下降了 2.71%；ZB5 在加载到 232.0kN 时仍未破坏，受试验加载最大 250.0kN 的条件限制，未得到其实际疲劳后的承载力。

以上分析说明，未发生超载疲劳破坏的试验梁，疲劳后受弯承载力的降低不明显；当受拉钢筋累积应变超过屈服应变后，试验梁的受弯承载力都有轻微的提高，但是在较少的循环次数下超载疲劳可能造成主筋或箍筋尚未疲劳断裂的斜截面脆性破坏，应引起关注。

3.4　超载运营对钢筋混凝土桥梁承载性能的影响讨论

本书第 2 章和大量研究结果表明，受弯构件在常幅疲劳荷载作用下，截面的平均应变仍符合平截面假定，跨中截面的受压区高度基本保持不变（与上限荷载有关）；受压区混凝土仍处于弹性阶段，混凝土疲劳弹性模量不断衰减；受拉区混凝土的裂缝宽度增大，造成了混凝土梁的受弯刚度降低，残余变形增大，受拉钢筋应力增大，钢筋混凝土梁正常使用承载力下降。但是，累积损伤对剩余极限受弯承载力的影响不显著。钢筋混凝土梁的疲劳破坏特征一般为一根或部分受拉主筋疲劳断裂，钢筋失效后混凝土梁的承载力会明显下降，造成结构"突然死亡"，因此，"突然死亡"的时间受受拉纵筋的疲劳强度控制，可通过钢筋疲劳 S-N 曲线和断裂力学的方法评估混凝土桥梁疲劳寿命。

超载作用下钢筋混凝土受弯构件的损伤发展特征与常幅疲劳相类似，只是超载作用大大加速了结构疲劳损伤的进程，损伤程度随施加荷载幅值的增高和反复作用次数的增加而加剧。宏观表现为最大裂缝宽度增加，卸载后裂缝不可闭合，构件存在的残余应力和残余变形逐步增大，最大裂缝宽度和残余变形往往远超过容许限值，裂缝高度随施加荷载幅值的增高和反复作用次数的增加而增长，正常使用承载力下降较多[2]，过大的超载幅值和作用次数会使疲劳寿命显著减小[4]。因此，正常使用极限状态受超载的影响不可忽视。但是对于未发生超载疲劳破坏的钢筋混凝土梁，虽然损伤严重，疲劳后的受弯承载力降低仍不明显，本章试验并结合文献 [2] 的研究表明，受弯承载力降低基本在 5% 以内。

而值得注意的是，超载作用常常改变梁的破坏特征，静力或常幅疲劳作用下受弯破坏的钢筋混凝土梁，在较少的超载循环次数作用下可能造成主筋或箍筋尚未疲劳断裂的斜截面脆性破坏，特征是斜裂缝由梁底出现向梁顶扩展，斜裂缝高度增长快速，而斜裂缝宽度增大往往不够明显。为避免此类破坏，应加强对斜裂缝高度的评估和控制。

另外，已有研究表明[6]，超载疲劳作用后钢筋混凝土梁的抗剪承载力下降明显，降低率为 5%～15%，斜裂缝通常出现在梁腹部位，多次循环加载后，斜裂缝向梁顶和梁底不断延展、加宽，其破坏带有明显的脆性破坏性质。

钢筋混凝土桥梁上作用的是移动荷载，超载作用下虽然桥梁的受弯承载力下降程度较小，但可能出现斜截面脆性破坏或抗剪承载力下降引起的剪切破坏。因此，单纯衡量结构构件的受弯承载力不能反映结构的真实服役状态，超载运营下桥梁构件的疲劳性能，受弯截面应以受拉钢筋或受压混凝土累积应变和刚度为主要控制指标，而对于出现斜裂缝的服役桥梁，应加强对斜裂缝特征和剩余抗剪承载力的评估。

3.5　结　　论

本章得出以下结论：

（1）有限次超载作用对钢筋混凝土梁的受弯承载力影响不显著，基本在 5% 以内。

（2）超载对钢筋混凝土桥梁的裂缝大小、构件截面应力分布有较为显著的影响，它增大了同一荷载水准下结构中的应力和最大裂缝宽度，从而使结构的耐久性降低。

（3）钢筋混凝土梁在超载后产生较明显的不可恢复变形，超载次数越大，残余变形越大。这说明处于高应力状态的钢筋混凝土桥梁，其正常使用极限状态可靠度不可忽视地受到超载的影响。

（4）超载作用常常改变钢筋混凝土梁的破坏特征，在较少的超载循环次数作用下可能造成主筋或箍筋尚未疲劳断裂的斜截面脆性破坏，特征是斜裂缝由梁底出现向梁顶扩展，斜裂缝高度增长快速，而斜裂缝宽度增大往往不够明显。为避免此类破坏，应加强对斜裂缝高度的评估和控制，建议斜裂缝高度宜控制在 $0.7h$ 以下。

总之，超载作用下虽然桥梁的受弯承载力下降程度较小，但是对正常使用状态的承载性能影响显著，还可能出现斜截面脆性破坏或抗剪承载力下降引起的剪切破坏。因此，桥梁受弯控制截面应以受拉钢筋或受压混凝土的累积应变和刚度为主要控制指标，而对于出现斜裂缝的服役桥梁，应加强对斜裂缝特征和剩余抗剪承载力的评估。

参 考 文 献

[1]　张建仁，彭晖，张克波，等. 锈蚀钢筋混凝土旧桥超限及极限荷载作用的现场破坏性试验研究 [J]. 工程力学，2009，26（增刊Ⅱ）：213-224.

[2]　孙晓燕，王海龙，黄承逵. 超载运营对服役桥梁受弯性能影响的试验研究 [J]. 浙江大学学报（工学版），2008，42（1）：152-156，163.

[3]　余志武，李进洲，宋力. 疲劳荷载后重载铁路桥梁剩余静载承载力试验研究 [J]. 铁道

学报，2014，36（4）：76-85.

[4]　陈才生，张军，金伟良，等. 钢筋混凝土梁超载作用下疲劳性能试验研究［J］. 施工技术，2014，44（12）：5-9.

[5]　王春生，周江，吴全有，等. 既有混凝土桥梁疲劳寿命与使用安全评估［J］. 中国公路学报，2012，25（6）：101-107.

[6]　孙晓燕，黄承逵. 循环加载对钢筋混凝土梁抗剪性能影响研究［J］. 大连理工大学学报，2006，46（1）：69-74.

[7]　梁鹏，王秀兰，楼灿洪，等. 基于裂缝特征库的混凝土梁桥承载能力快速评定［J］. 中国公路学报，2014，27（8）：32-41.

[8]　崔青海. 基于裂缝状况对梁桥快速评价方法研究［D］. 重庆：重庆交通大学，2010.

[9]　贺拴海，宋一凡，赵小星，等. 钢筋混凝土梁式结构裂缝特征与损伤评估方法试验研究［J］. 土木工程学报，2003，36（2）：6-9.

[10]　张冠华，马尚. 现役钢筋混凝土梁的受弯区裂缝高度特征试验研究［J］. 辽宁省交通高等专科学校学报，2013，15（4）：62-66.

第 4 章　钢筋混凝土柱低周疲劳
损伤后静力性能试验研究

4.1　引　言

国内外学者进行了大量反复荷载作用下钢筋混凝土墩柱滞回试验[1-8]，分别讨论了低周疲劳作用下柱的损伤发展和滞回特性[1-3]，分析了轴压比[4]、抗力衰减规律[5]、裂面效应[6]、不同截面形状[2,7-8]等的影响，并通过所建立的恢复力计算模型[9-11]反映实际结构强度和刚度退化的力学性能。在反复荷载试验的基础上，形成了多个钢筋约束混凝土滞回模型[12-20]，用于对低周疲劳构件进行分析，并对低周疲劳作用下钢筋混凝土柱的破坏准则[21-22]进行了研究。王敏[21]完成的不同轴压比下钢筋混凝土柱在固定正负位移界限之间的重复水平加载试验证实，在柱的抗侧向力刚度随循环次数的增加而不断退化的同时，柱截面某个混凝土纤维在各个循环中所达到的压应变也随循环次数的增加而逐步有所增大。但上述试验研究对损伤产生后，钢筋混凝土柱静力性能的研究极少，而这恰恰是钢筋混凝土桥梁在地震损伤后评估、加固分析中所迫切需要的。

针对当前公路混凝土桥梁中普遍采用的柱式桥墩的典型情况，本章设计了试验模型，通过低周疲劳试验，以及低周疲劳损伤后的静力推倒和轴心受压破坏试验，分析模型柱在反复荷载作用下的损伤性能及循环完成后的静力性能，为震后桥墩的评估、加固奠定基础。本次试验的全部测试工作均在北京交通大学土木建筑工程学院结构和材料试验室进行。

4.2　试验概况

4.2.1　试验目的

（1）研究钢筋混凝土柱在反复荷载作用下的损伤发展；
（2）研究钢筋混凝土柱水平滞回损伤对柱水平变形性能及承载力的影响；
（3）研究钢筋混凝土柱水平滞回损伤对柱竖向承载力的影响。

4.2.2　试验模型设计

当前公路桥梁中广泛采用的钢筋混凝土柱式桥墩，其截面形式通常为矩形、圆形或矩形带圆端形等，纵向钢筋一般采用Ⅲ级和Ⅱ级（HRB400、HRB335）钢筋，配筋率通常在 0.8%～4% 之间，常用的配筋率为 1%～3%，设计混凝土强度等级通常在 C20～C40 之间，轴压比常在 10%～30% 之间，纵向钢筋混凝土保护层净厚度不小于 25mm。

　　根据实际的典型柱式桥墩情况，同时考虑实际试验条件，把模型截面的形式选为方形，截面尺寸定为 200mm×200mm，墩高定为 950mm 和 450mm 两种，考虑水平加载点的布置，实际墩高分别为 1100mm 和 600mm。以墩高 950mm、配筋 HRB335Φ12 为例（HRB400Φ18 配筋方式与此相同），如图 4-1 所示。试验中墩柱模型的实际剪跨比为 4.75 和 2.25，属于典型的弯曲破坏型和剪弯混合破坏型桥墩。

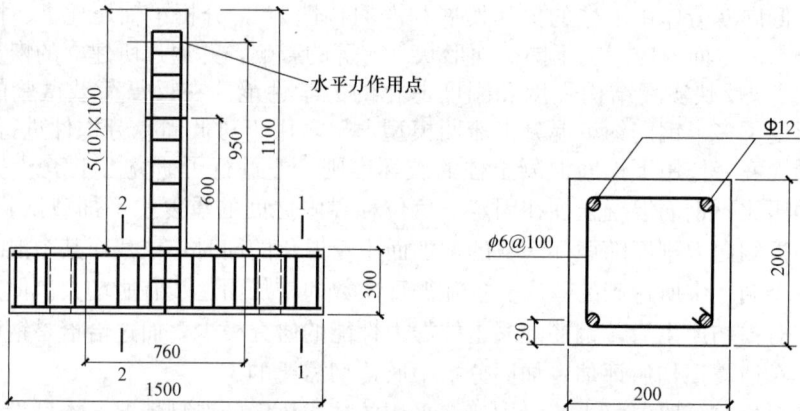

图 4-1　试验模型大样及钢筋布置示意图（单位：mm）

　　本次试验重点研究不同滞回损伤对墩柱承载力和变形性能降低的影响，在固定了混凝土强度和箍筋间距的条件下，选择剪跨比、轴压比、纵筋配筋率和强度作为试验研究的基本参数。

　　根据试验研究要求，制作了编号为 No.1、No.2 的 2 个短柱模型和 No.3～No.12 的 10 个钢筋混凝土墩柱模型，分别用以测试柱的实际轴压破坏荷载和低周疲劳损伤后的静力性能，模型的具体设计参数和试验类型列于表 4-1。10 个钢筋混凝土墩柱模型截面尺寸相同，高为 600mm 的 6 个试件，包括纵筋配筋率 1.356% 的 4 个，纵筋配筋率 2.545% 的 2 个；高为 1100mm 的 4 个试件，包括纵筋配筋率 1.356% 的 3 个，纵筋配筋率 2.545% 的 1 个。

4.2.3　材料参数

1. 混凝土

混凝土强度设计等级为 C30，其配合比如表 4-2 所示。

模型设计参数及试验类型　　　　　表 4-1

编号	尺寸(mm)	纵筋配筋率(%)	剪跨比	轴压比	试验类型
No. 1	200×200×400	1.356	—	—	轴压
No. 2	200×200×400	2.545	—	—	轴压
No. 3	200×200×1100	1.356	4.75	0.15	推倒
No. 4	200×200×1100	1.356	4.75	0.15	滞回、推倒
No. 5	200×200×1100	2.545	4.75	0.3	滞回、推倒
No. 6	200×200×600	1.356	2.25	0	滞回、推倒
No. 7	200×200×600	1.356	2.25	0.15	滞回、推倒
No. 8	200×200×600	2.545	2.25	0.15	滞回、推倒
No. 9	200×200×600	1.356	2.25	0.15	滞回、轴压
No. 10	200×200×600	1.356	2.25	0	滞回、轴压
No. 11	200×200×600	2.545	2.25	0	滞回、轴压
No. 12	200×200×1100	1.356	4.75	0.2	滞回、轴压

混凝土配合比　　　　　表 4-2

材料名称	水泥	水	砂	石	粉煤灰Ⅰ级	外加剂
用量(kg/m³)	290	175	842	988	90	8.0

注：① 水泥品种及强度等级：PO42.5，坍落度：170±10 (mm)。
②　砂产地及品种：河北涿州，河砂。
③　石产地及名称：河北涿州，碎卵石 5～25mm。
④　依据《普通混凝土力学性能试验方法标准》GB/T 50081—2002，标准养护 28 天后，边长 100mm 的立方体平均抗压强度为 44.7MPa，折合 150mm 立方体抗压强度为 42.5MPa。

2. 钢筋

钢筋的力学性能如表 4-3 所示。
纵筋：HRB335Φ12 筋、HRB400Φ18 筋。
箍筋：Q235Φ6 筋，柱箍筋间距 100mm。

钢筋材料力学性能　　　　　表 4-3

牌号	尺寸	屈服强度(MPa)	抗拉强度(MPa)	断后延伸率(%)
HRB400	Φ18	500	675	23.0
HRB335	Φ12	400	612	27.5
Q235	Φ6	325	480	28.0

4.2.4　试验加载

试验首先对纵筋配筋率分别为 1.356%、2.545% 的 2 个无损伤短柱（No. 1、

No. 2 柱），在 3000kN 微机控制自动试验压力机（YW—3000，上海申克试验机有限公司）上逐步加载直至破坏。No. 1、No. 2 短柱的轴压峰值荷载分别为1263. 2kN 和 1467. 6kN，可作为 No. 3～No. 12 模型柱的实际轴压破坏承载力。No. 3 柱为静力推到试验，No. 4～No. 12 柱进行周期性反复加载，横向加载装置为美国 MTS 公司生产的电液伺服加载系统。低周循环情况分为四个阶段，分别为弹性开裂阶段、屈服阶段、两类屈服后阶段。滞回加载参照美国、新西兰试验常用的变力-变位移加载制度，每一阶段循环 3 次。在循环完成后，对损伤后的No. 4～No. 8 柱和 No. 9～No. 12 柱分别进行静力推倒和轴压试验。试验加载及测试仪器布置如图 4-2 所示。

由于试验条件限制，对 No. 9～No. 12 柱的损伤区（包括塑性铰区）进行了切割，切割后试件尺寸均为 200mm×200mm×400mm。然后在 3000kN 试验机上将试件逐步加载直至破坏，得到损伤短柱的强度。

(a)

(b)

图 4-2　试验测试仪器现场布置

(a) 950mm 柱；(b) 450mm 柱

4.3　试验结果分析

4.3.1　钢筋混凝土柱损伤发展特征

1. 压弯构件（950mm 柱）

在加载滞回过程中，首先在柱根部产生 2 条对称水平裂纹，初期循环中发展缓慢；在屈服位移为 9mm 的循环过程中产生 3～4 条水平裂纹，间距约 100mm。裂纹先是向水平方向发展，加载至最后两个循环，裂纹向下倾斜，但倾斜角度很小（小于 10°），根部裂纹完全贯通。

　　长柱的滞回曲线较为饱满，以 No.4 柱在屈服后的不同位移循环为例，如图 4-3 所示，其他柱的试验曲线见本书附录 A。滞回曲线呈斜四边形，在屈服后阶段，水平抗力明显下降，而在各阶段循环中，试验柱加卸载时的强度和刚度没有明显的降低。随着变形的增大，滞回耗能逐渐增大。No.5 柱在屈服时的耗能明显大于 No.4 柱和 No.12 柱，纵筋配筋率和强度的影响较大；No.5 柱在 2 倍屈服位移循环时即破坏，轴压比对模型长柱的损伤发展影响很大。静力推到破坏时，纵筋屈服，受压区混凝土压碎，裂纹与水平方向呈 30°～45°角，图 4-4 和图 4-5 为 No.4、No.5 模型柱破坏时的试验图片。轴压比越大，破坏时裂纹与水平方向的夹角越大，No.5 模型柱的轴压比 No.4 大了一倍，其破坏时裂纹与水平方向的夹角明显大于 No.4 的裂纹夹角。说明 950mm 柱的破坏为弯矩控制的剪弯混合破坏，轴压越大，剪力对裂纹发展方向的影响越明显。

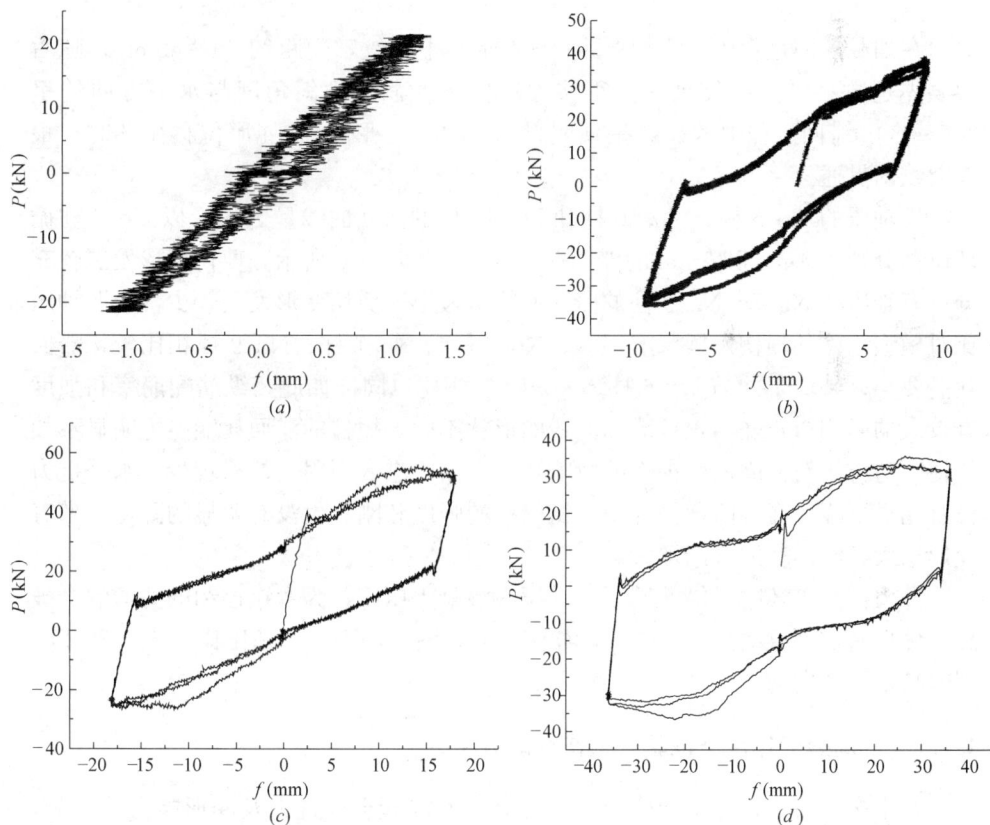

图 4-3　水平荷载作用下 No.4 柱加载点处的滞回曲线

(a) 循环 1（$P=21$kN）；(b) 1 倍屈服位移（9mm）；

(c) 2 倍屈服位移（18mm）；(d) 4 倍屈服位移（36mm）

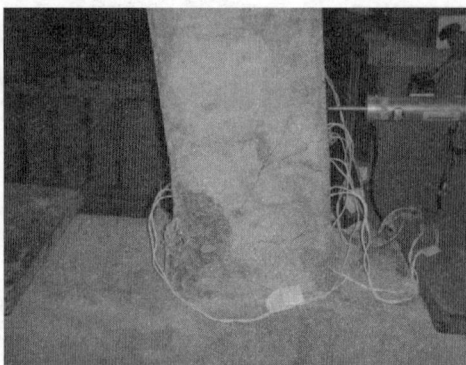

图 4-4　No.4 柱静力推倒破坏

图 4-5　No.5 柱在 2 倍屈服位移时循环破坏

2. 剪弯构件（450mm 柱）

在加载滞回过程中，很快产生 3～4 条水平裂纹，间距约 60～80mm。随后裂纹先是向水平方向发展，但很快裂纹向下倾斜，倾斜角度与水平方向约呈 30°～45°。滞回过程中的裂纹呈现明显的"倒八字形"。在屈服位移循环时，根部裂纹即贯通。

无轴压的 No.6 柱、No.10 柱和 No.11 柱的滞回曲线呈 S 形，以 No.6 柱循环位移分别为 4mm 和 5mm 的滞回曲线为例，如图 4-6 所示，剪切变形发展较充分；有轴压的 No.7～No.9 柱的滞回曲线呈梭形，剪切变形发展较少，说明轴压比对模型短柱的损伤发展影响很大。No.8 柱与 No.7 柱、No.9 柱相比较，滞回耗能要小；No.11 柱与 No.6 柱、No.10 柱相比也同样如此，纵筋配筋率和强度有较大的影响。长柱与短柱滞回曲线的形状不同，短柱的滞回耗能能力明显不如长柱，剪跨比对低周疲劳损伤的影响很大。由于进入屈服后位移较少，水平抗力没有明显下降；在各阶段循环中，试验柱的强度和刚度也没有明显的降低。随着变形增大，滞回耗能逐渐增大。

静力推倒破坏时，纵筋屈服，受压区混凝土压碎，为弯矩控制的剪弯混合破坏。破坏时柱裂纹约呈 45°～60°，如图 4-7 和图 4-8 所示。轴压比越大，破坏时裂纹与水平方向的夹角越大。

4.3.2　低周疲劳作用下试验柱损伤性能分析

在本次试验中，为了明确低周疲劳对钢筋混凝土柱抗力及变形能力的影响，选择相同试验参数的 No.3、No.4 模型柱作为对比对象。试验中，No.3 模型柱静力水平加载直至破坏，No.4 模型柱进行四阶段低周循环后静力推倒，如图 4-9 所示。

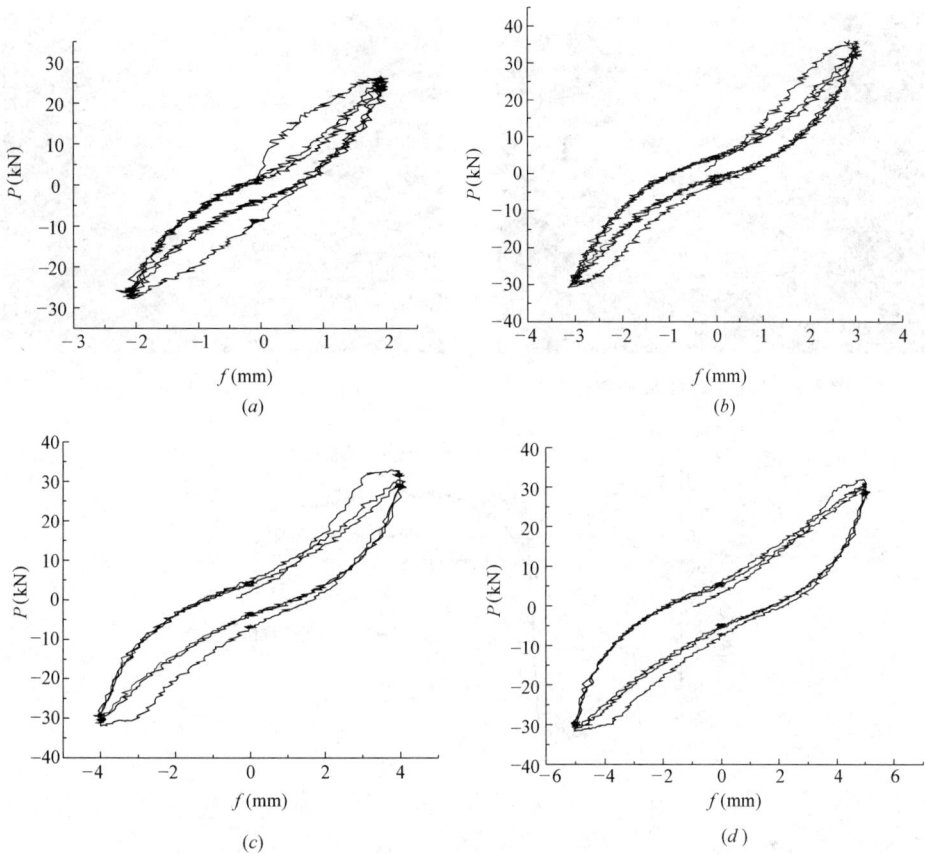

图 4-6 水平荷载作用下 No.6 柱加载点处的滞回曲线

(a) 循环位移 2mm；(b) 循环位移 3mm；(c) 循环位移 4mm；(d) 循环位移 5mm

通过对图 4-9 的分析，可以得出如下结论：

(1) 在构件屈服前，循环加、卸载及反向加、卸载曲线均接近线性，加、卸载刚度与单调加载构件的刚度近似相同。低周循环构件的屈服力为 29.2kN（正、反向平均），而单调加载构件屈服力为 32.9kN。说明在构件屈服之前，低周循环对构件刚度的影响极小，截面损伤有较小的发展，屈服强度降低较小。

(2) 在构件屈服后，低周循环导致构件的损伤增大，峰值强度和变形能力降低。在 2 倍屈服位移低周循环下构件水平力峰值为 40.0kN，单调加载构件水平力峰值为 52.6kN，下降了 23.9%。低周循环下构件水平力峰值处变形为 14.7mm，单调加载构件水平力峰值处变形为 29.1mm，下降了 49.5%。

(3) 在峰值强度之后，低周循环导致构件的强度降低加快，4 倍屈服位移循环后，构件剩余强度为 31.3kN，下降了 40.6%。随着构件损伤的发展，在同等水平力作用下，损伤后构件的变形逐步增大，即构件抵抗变形的能力降低加快。

图 4-7　No.6 短柱水平破坏　　　　　　　图 4-8　No.8 短柱水平破坏

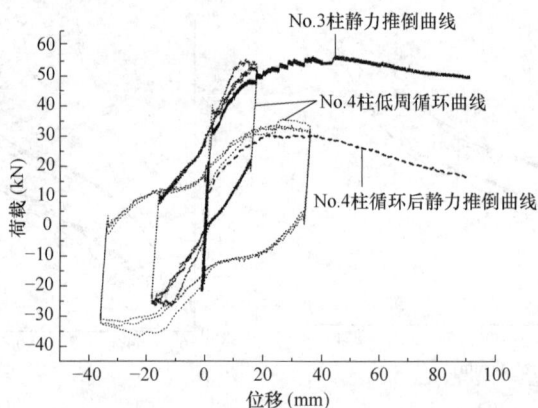

图 4-9　No.3、No.4 柱推倒曲线与循环曲线的比较

总体来看，低周循环造成了构件强度的降低，而对抵抗变形的能力降低影响更大。

4.3.3　低周疲劳循环后模型柱损伤分析

1. 钢筋混凝土柱低周循环损伤对水平承载力的影响

对经过低周疲劳循环后的 No.4～No.8 试验柱（No.5 试验柱除外，其在循环过程中破坏）进行静力推倒，测试试验柱损伤后的剩余承载能力和变形能力，试验柱的剩余水平承载力如表 4-4 所示。

从表 4-4 可以看出，轴压比、剪跨比、纵筋配筋率和强度等参数对试验柱低周疲劳作用后水平剩余承载力有明显的影响，根据试验结果，对各参数的影响分析如下：

（1）纵筋配筋率和强度的影响

循环前、后水平承载力比较   表 4-4

试件编号	循环前(kN)	循环后(kN)	下降率(%)
No. 4	52.6	30.0	42.9
No. 6	87.8	43.4	50.5
No. 7	109.7	84.9	24.8
No. 8	126.9	125.4	1.2

No. 7 柱、No. 8 柱同为 450mm 钢筋混凝土柱，实际轴压均为 180kN，纵筋配筋率分别为 1.356% 和 2.545%，分别采用了 HRB335 级和 HRB400 级钢筋。两柱经过 5mm 位移循环后，水平承载力分别下降了 24.8% 和 1.2%。可以看出，在同等的滞回循环条件下，纵筋配筋率和强度越高，水平承载力下降越少。

（2）轴压比的影响

1）No. 4 柱和 No. 5 柱同为 950mm 钢筋混凝土柱，纵筋配筋率分别为 1.356% 和 2.545%，No. 4 柱实际轴压为 180kN，No. 5 柱实际轴压为 360kN。根据上面的分析，纵筋配筋率的影响应有利于水平承载力，但 No. 4 柱经过 4 倍屈服位移循环后，水平承载力下降了 42.9%，而 No. 5 柱在 2 倍屈服位移循环中即破坏，No. 5 柱的实际轴压比为 0.25，因此钢筋混凝土墩柱的轴压比不宜超过 0.25。

2）No. 6 柱、No. 7 柱同为 450mm 钢筋混凝土柱，纵筋配筋率同为 1.356%，No. 6 柱实际轴压为 0kN，No. 7 柱实际轴压为 180kN。两柱经过 5mm 位移循环后，水平承载力分别下降了 50.5% 和 24.8%。

可以看出，在同等的滞回循环条件下，适当的轴压，水平承载力下降较少；而轴压较小或轴压过大，将会造成柱水平承载力快速下降。

（3）剪跨比的影响

No. 4 柱、No. 7 柱分别为 950mm 和 450mm 钢筋混凝土柱，轴压同为 180kN，剪跨比分别为 4.75、2.25。No. 4 柱在 2 倍屈服位移循环后，水平剩余承载力为 40.0kN，下降了 23.9%；No. 7 柱在 5mm 位移循环后，尚未达到 2 倍屈服位移时水平承载力即下降了 24.8%。可以看出，在相同延性位移比循环条件下，剪跨比越小，水平承载力下降越大。

综合分析，低周疲劳效应对钢筋混凝土柱的水平承载力影响较大，在同等延性位移比循环条件下，钢筋混凝土柱轴压比在 0～0.2 之间时，轴压比越大，水平承载力下降越少；剪跨比越小，水平承载力下降越多；纵筋配筋率和强度越高，水平承载力下降越少。

2. 钢筋混凝土柱低周循环损伤对轴压承载力的影响

对低周循环后的 No. 9～No. 12 柱进行切割形成损伤短柱，短柱应包含钢筋混凝土柱的损伤区域，包括柱根部以上 300mm 和以下底座部分 100mm。4 根损伤短柱的破坏现象均为纵筋屈服、混凝土轴向劈裂破坏。经过多次低周疲劳循环后，损伤短柱的轴压承载力列于表 4-5 中。

循环前、后轴压承载力比较

表 4-5

试件编号	循环前(kN)	循环后(kN)	下降率(%)
No. 9	1263.2	1270.1	0
No. 10	1467.6	1181.2	19.5
No. 11	1263.2	1212.4	2.7
No. 12	1263.2	1264.0	0

值得注意的是，水平循环过程中开展的宏观剪拉裂缝在轴压中并没有发展，对构件的轴向强度不起控制作用。说明在本次试验中，宏观剪拉裂缝在轴压过程中未达到其起裂强度的要求，损伤构件的破坏仍然是由剪压细观裂纹开展、轴向延伸，最终引起的轴向劈裂破坏。

根据上述试验现象及测试结果，可以得出如下结论：

（1）低周疲劳作用后，4 个试件均出现了明显的宏观剪拉裂纹，但这些裂纹在轴向荷载作用下闭合，加载过程中未能克服裂纹间的摩擦和剪切机制，没有达到起裂强度的要求而继续发展，对轴向承载力不起控制作用。

（2）由于低周循环超过屈服位移不多，没有出现明显的剪压裂纹发展或混凝土剥落，混凝土受压损伤区仅在截面外缘，占整个截面的比例小，所以剩余承载力降低不多。

（3）No. 9、No. 12 柱在低周循环中的轴压比分别为 0.15 和 0.20，相应的损伤短柱轴压承载力几乎没有发生改变；无轴压构件都有所降低，No. 10、No. 11 柱分别降低了 19.5% 和 2.7%。

可以看出，在截面无缺失，仅有裂纹损伤的情况下，对于长宽比较大的钢筋混凝土柱（$L/b>4$），由于产生的裂纹角度很小或接近水平，其轴压承载力几乎不减小。而对于以 No. 9、No. 10 和 No. 11 柱为代表的钢筋混凝土柱（$2<L/b<3$），则分不同的情况：No. 9 柱由于有适当的轴压，在水平荷载作用下损伤较轻，轴压承载力几乎没减小；No. 10 和 No. 11 柱无轴压作用，在同等滞回变形条件下，纵筋配筋率和强度较高的 No. 11 柱比 No. 10 柱轴压承载力下降要少，它们的轴压承载力分别下降了 19.5% 和 2.7%。

综合分析，水平低周疲劳效应对钢筋混凝土柱的轴压承载力影响较小，在同等延性位移比循环条件下，适当的轴压对钢筋混凝土柱的轴压承载力有利；剪跨比越小的钢筋混凝土柱，轴压承载力下降越多；纵筋配筋率和强度增大对轴压承载力影响有利。

4.4　结　　论

通过低周疲劳试验和在循环完成后分别进行静力推倒和轴心受压破坏试验，分析了柱式桥墩反复荷载作用下的损伤发展及循环完成后的受弯和轴心受压静力性能，得到以下结论：

(1) 在本次低周循环试验中，模型柱开裂为主要损伤现象，短柱开裂发展明显快于长柱。轴压比、剪跨比、纵筋配筋率和强度等参数，对钢筋混凝土墩柱低周疲劳滞回耗能有明显的影响。长柱的滞回曲线较为饱满，呈斜四边形；在屈服后阶段，水平抗力明显下降，而在各阶段循环中，试验柱加卸载时的强度和刚度没有明显的降低。无轴压短柱的滞回曲线呈 S 形，剪切变形发展较充分；有轴压短柱的滞回曲线呈梭形，剪切变形发展较少。短柱的滞回耗能能力明显不如长柱，剪跨比越大滞回耗能越大；纵筋配筋率越高，滞回耗能越小；轴压比越大，滞回耗能越大。

(2) 低周循环对钢筋混凝土柱性能影响，在屈服前截面损伤有较小的发展，屈服强度降低较少。在构件屈服后，低周循环导致构件的损伤增大，弯曲峰值强度和变形能力降低。此后，低周循环导致构件的弯曲强度降低和变形增大加快。总体来看，低周循环造成了钢筋混凝土柱弯曲强度的降低，而对抵抗变形的能力降低影响更大。

(3) 水平低周疲劳效应对钢筋混凝土柱的水平承载力影响大，对轴压承载力影响较小。在相同延性位移比循环条件下，适当的轴压，对钢筋混凝土柱的水平和轴压承载力都有利；剪跨比越小的钢筋混凝土柱，水平和轴压承载力下降越快；纵筋配筋率和强度增大对水平承载力和轴压承载力的影响均有利。

参 考 文 献

[1] 沈聚敏，翁义军，冯世平. 钢筋混凝土结构的抗震性能 [M]. 北京：清华大学出版社，1981.

[2] 程翔云，邹银生. 在循环荷载作用下钢筋混凝土柱的试验和滞回模型 [J]. 湖南大学学报，1981，8 (1)：15-28.

[3] 刘伯权，白绍良，徐云中，等. 钢筋混凝土柱低周疲劳性能的试验研究 [J]. 地震工程与工程振动，1998，18 (4)：82-88.

[4] 白绍良，张友为，黄宗明. 不同轴压比下钢筋混凝土柱的低周疲劳性能 [J]. 重庆建筑大学学报，1997，19 (3)：1-6.

[5] 李洪泉，雷立宏，吕西林. 钢筋混凝土柱低周疲劳损伤的抗力衰减试验研究 [J]. 南京建筑工程学院学报，1998，46 (3)：10-16.

[6] 朱伯龙，吴明舜，张琨联. 在周期荷载作用下钢筋混凝土构件滞回曲线考虑裂面再接触

效应的试验研究 [J]. 同济大学学报，1980，16（1）：63-75.

[7] Kunnath S K，El-Bahy A，Taylor A，et al. Cumulative seismic damage of circular bridge column：benchmark and low-cycle fatigue tests [J]. ACI Structural Journal，1999，96 (4)：633-641.

[8] EI-Bahy A and Kunnath S K. Cumulative seismic damage of circular bridge columns：variable amplitude tests [J]. ACI Structural Journal，1999，96（5）：711-719.

[9] 成文山，邹银生，程翔云. 钢筋混凝土柱恢复力特性的研究 [J]. 湖南大学学报，1983，10（4）：10-16.

[10] 朱伯龙，张琨联. 矩形及环形截面柱恢复力特性的研究 [J]. 同济大学学报，1981，17 (2)：1-10.

[11] 卫云亭，李德成. 钢筋混凝土柱恢复力特性的试验研究 [J]. 西安冶金建筑学院学报，1980，12（4）：8-15.

[12] Mander J B，Priestley M J，Park R. Observed stress-strain behaviour of confined concrete [J]. Journal of Structural Engineering，1988，114（8）：1804-1826.

[13] 周文峰. 结构地震动力反应分析中的混凝土恢复力模型的适用性研究 [D]. 重庆：重庆大学，2003.

[14] Wang M L，Shan S P. Reinforced concrete hysteresis model based on the damage concept [J]. Earthquake Engineering & Structural Dynamics，1987，15：684-690.

[15] Mander J B，Priestley M J，Park R. Theoretical stress-strain model for confined concrete [J]. Journal of Structural Engineering，1988，114（8）：1804-1825.

[16] 过镇海，张秀琴. 混凝土在反复荷载作用下的应力—应变全曲线方程 [J]. 工业建筑，1981，3（9）：14-17.

[17] Saatcioglu S M，Razvi S R. Strength and ductility of confined concrete [J]. Journal of Structural Engineering，1992，118（6）：1590-1607.

[18] Sheikh S A，Uzumeri S M. Strength and ductility of tied concrete column [J]. Journal of Structural Engineering，1982，108（12）：2703-2722.

[19] Park R，Priestley M J N，Gill W D. Ductility of square-confined concrete columns [J]. Journal of Structural Engineering，1982，108（4）：929-951.

[20] 袁锦根. 方箍约束钢筋混凝土柱延性与其滞回模型 [J]. 铁道学报，1989，11（S1）：12-16.

[21] 王敏. 抗震钢筋混凝土柱的破坏准则及其截面混凝土纤维的损伤性能试验研究 [D]. 重庆：重庆大学，2005.

[22] 张有为. 钢筋混凝土框架柱抗震破坏准则 [D]. 重庆：重庆建筑大学，1996.

第 5 章　钢筋混凝土剪弯构件的低周
疲劳累积损伤性能研究

5.1　引　　言

为了对桥梁结构的损伤程度进行定量分析，需要明确结构的损伤破坏机理。研究表明，地震作用下桥墩损伤累积，导致其刚度不断退化和耗能能力逐渐下降，进而形成塑性铰是钢筋混凝土桥墩损伤破坏的主要原因[1-2]。目前国内外学者针对钢筋混凝土结构构件建立的地震损伤模型通常采用强度、位移及能量耗散等宏观物理参数来表达，现有的损伤模型在应用上都有不足之处。以延性指标和刚度退化为代表的变形损伤模型[3-5]不能体现低周疲劳的影响；而变形累积损伤模型[6-8]虽然考虑了多次循环的影响，但所确定的损伤指标只能反映构件的变形损伤程度，不能表明构件的抗力损伤量。Park 等[9]提出了最大位移和累积耗能线性组合的 Park-Ang 损伤模型，在一定程度上反映了结构破坏是由于较大位移幅值与低周疲劳累积损伤联合造成的这一地震损伤机理，因此在地震工程界得到了普遍的认可，但它并不能反映构件低周疲劳累积幅值对损伤的影响；而且根据试验数据拟合的线性组合系数离散性大，计算精度无法保证。此后，王东升、牛荻涛、付国等[10-12]提出了基于变形和累积耗能的非线性组合的双参数损伤模型。由于构件的塑性累积损伤与滞回耗能并不具有完全的对应关系，此类模型的关键在于对引起构件损伤的有效耗能进行准确定义和计算，但实际很难将其从滞回耗能中区分出来。Riyadh 等[13]提出了综合考虑强度、刚度和位移的损伤模型，此模型的关键是需要分析累积损伤后构件的承载能力和变形能力，而关于这方面的研究尚不足。

此外，以上地震损伤评估模型多数只适用于受弯柱的评估。为支持上述损伤模型，国内外已经进行了大量钢筋混凝土柱的低周疲劳试验研究[14-16]，并且通过概率统计给出了桥墩的性能量化指标[17]，但对钢筋混凝土剪弯构件的研究相对较少。而且，现有的地震损伤评估模型得到的构件损伤指标，反映的是构件的损伤程度，不能全面反映反复荷载作用下损伤结构的性能，与震后结构性能联系更弱，所以很有必要研究既考虑构件低周疲劳而导致的塑性累积损伤，又与震后结构性能相联系的损伤性能评估方法，这就要求确定的损伤指标能够反映低周疲劳损伤对构件抗力、刚度衰减和极限变形的综合影响。因此，本章在第 4 章试验的基础上，以低周循环下构件的割线刚度损伤为参数，讨论钢筋混凝土剪弯构件考虑低周疲劳损伤的变形性能计算方法，分析低周疲劳效应对剪弯构件变形性能的降低影响，建立起刚度和抗力衰减的计算公式，并讨论构件极限变形的折减计算方法。

5.2　剪弯构件的低周疲劳变形性能衰减规律

在第 4 章试验研究中，以剪跨比、轴压比和纵筋配筋率等为参数，制作了编号 No.3~No.12 的 10 个钢筋混凝土试验柱，其中 No.6~No.11 试验柱的剪跨比为 2.25，为剪弯构件，其破坏模式为弯矩控制的剪弯混合破坏；其他 4 个钢筋混凝土试验柱的剪跨比为 4.75。为了使试验拟合公式更具有一般性，选择美国太平洋地震工程研究中心（PEER）数据库中剪跨比为 2~4 的 16 个构件，包括 Ang et al.（1981）的 2 个正方形构件、Soesianawati et al.（1986）的 4 个正方形构件、Tanaka and Park（1990）的 3 个正方形构件，以及 Ang et al.（1985）的 4 个圆形构件、Hamilton（2002）的 3 个圆形构件，与作者的试验一起共同分析剪弯构件的低周疲劳变形性能衰减规律。

5.2.1　基于残余变形的割线刚度损伤分析

根据作者的试验可以明确看出，剪切变形在剪弯构件的弹性变形阶段就有较大影响，而且钢筋混凝土柱并不是理想的弹塑性构件，所以对于剪弯构件低周疲劳变形损伤分析时，以每次循环的最大位移为基础。

假如已知第 i 次循环最大位移幅值为 Δ_i，则按塑性力学理论，可将 Δ_i 分解为两部分，即

$$\Delta_i = \Delta_{ei} + \Delta_{pi} \tag{5-1}$$

式中，Δ_i 可取第 i 次正、反向峰点位移绝对值的平均值；Δ_{pi} 是第 i 次循环的残余变形；Δ_{ei} 是第 i 次循环的弹性位移。

随着循环位移的增大，残余变形逐渐增大；在相同位移时，循环次数越多，残余变形越大。残余变形的增大可以反映构件进入塑性循环阶段的程度和循环次数的影响。试验中发现构件在有限次相同位移循环时，残余变形增大很小，因此对作者的 10 个钢筋混凝土试验柱的残余变形与最大位移进行如图 5-1 所示的非线性回归分析得：

$$x_{pi} = 0.0093x_i^2 + 0.6462x_i - 0.7899 \tag{5-2}$$

相关系数为 0.993。

对剪跨比为 2.25 的 No.6~No.11 试验柱的残余变形与最大位移进行数据拟合，如图 5-2 所示。

$$x_{pi} = 0.0597x_i^2 + 0.0772x_i + 0.0005 \tag{5-3}$$

相关系数为 0.949。

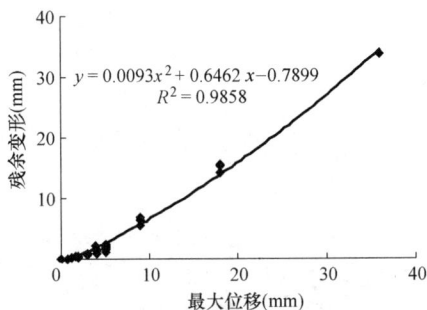

图 5-1 试验柱残余变形的数据拟合曲线　　图 5-2 剪弯构件残余变形的数据拟合曲线

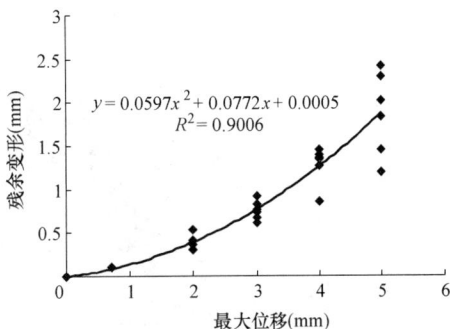

将式（5-3）与式（5-2）以及文献［14］中柱残余变形与最大位移的试验统计公式相比较，按式（5-3）计算得到的残余变形偏小。说明由于剪切变形的影响，剪弯构件比压弯构件在相同位移循环下的残余变形小，延性差。

为了使剪弯构件试验拟合公式更具有一般性，将 PEER 数据库中剪跨比为 2～4 的 16 个构件与作者的 7 个剪弯构件一起进行如图 5-3 所示的非线性回归分析得：

$$x_{pi} = 0.004x_i^2 + 0.365x_i - 0.289 \tag{5-4}$$

相关系数为 0.970。

钢筋混凝土剪弯构件的刚度可用割线刚度来表示，割线刚度 K_i 按下式计算：

$$K_i = \frac{F_i}{\Delta_i} \tag{5-5}$$

式中，F_i 为第 i 次正、反向峰点荷载绝对值的平均值。

取开裂前钢筋混凝土柱荷载—位移曲线的割线为初始割线刚度 K_0，以每次循环最大位移的割线作为该循环的割线刚度，则割线刚度损伤可表示为：

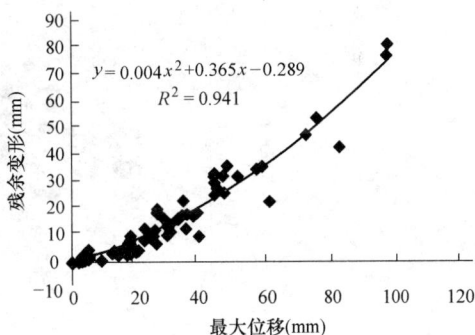

图 5-3 剪弯构件残余变形与
循环最大位移的回归曲线

$$D_{ki} = 1 - K_i/K_0 \tag{5-6}$$

对作者的 7 个剪弯构件和 PEER 数据库中的 16 个剪弯构件进行如图 5-4 所示的残余变形与割线刚度损伤的统计分析，得：

$$D_{ki}=0.142x_{pi}^{0.512} \tag{5-7}$$

相关系数为 0.896。

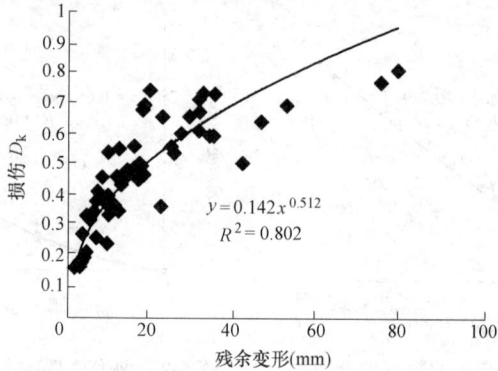

图 5-4　剪弯构件残余变形与割线刚度损伤的回归曲线

由于在有限次低周疲劳作用下，构件弹性阶段的循环损伤极小，刚度损伤主要产生于塑性阶段的循环中。因此令 t_i 为残余变形与循环最大位移的比，来表征构件进入塑性阶段的程度。即：

$$t_i=x_{pi}/x_i \tag{5-8}$$

对本章中的 23 个剪弯构件进行刚度损伤与 t_i 的数据拟合，如图 5-5 所示，可以看出割线刚度损伤与 t_i 的数据较离散，相关性差；随 t_i 的增大，割线刚度损伤数据总体呈锥尖形状发展，t_i 的数据大部分在 0.6 以下。

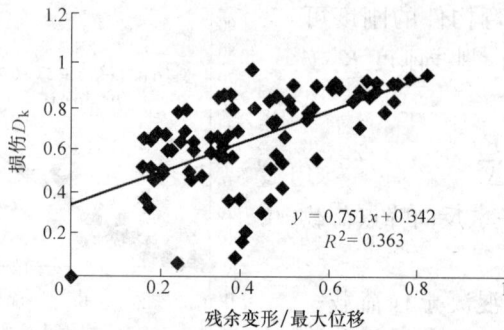

图 5-5　割线刚度损伤与残余变形和最大位移比值的数据拟合

特殊条件下，割线刚度损伤与 t_i 有明显的规律性，作者在试验中采用了等截面和等配箍率的试验柱，割线刚度损伤与 t_i 的数据拟合如图 5-6 所示。

从图 5-6 可以看出，试验构件的割线刚度损伤 D_{ki} 曲线在 $t_i=0.6$ 时形成反弯点，此时 $D_{ki}=0.75$，$t_i<0.6$ 时 D_{ki} 按二次抛物线的趋势发展，$t_i>0.6$ 后 D_{ki} 增速加快。图 5-6（b）所示的剪弯构件，残余变形与循环最大位移的比 $t_i<0.6$，

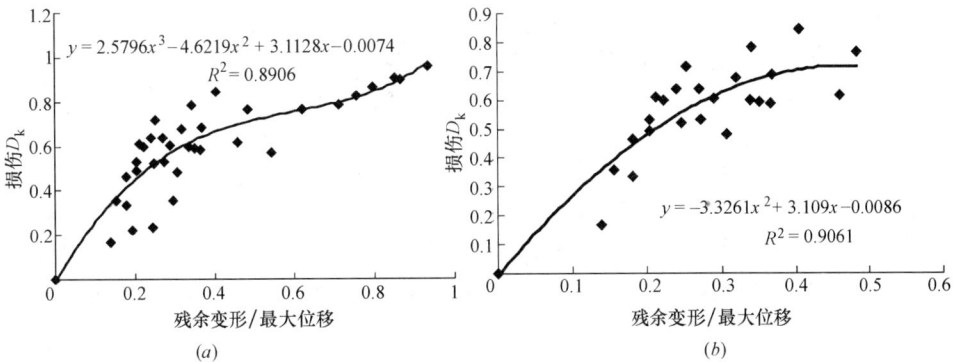

图 5-6　试验柱割线刚度损伤与 t_i 回归曲线的比较

(a) 10 个试验柱；(b) 7 个剪弯构件

D_{ki} 按二次抛物线的趋势发展。根据 7 个剪弯构件回归分析得：

$$D_{ki} = -3.3261t_i^2 + 3.109t_i - 0.0086 \tag{5-9}$$

相关系数为 0.952。

5.2.2　低周疲劳作用下剪弯构件割线刚度、抗力的计算

根据统计关系式（5-7），由式（5-6）可得到剪弯构件在低周疲劳作用下的塑性阶段割线刚度、抗力衰减规律：

$$K_i = (1 - 0.142x_{pi}^{0.512})K_0 \tag{5-10}$$

$$F_i = (1 - 0.142x_{pi}^{0.512})K_0 x_i \tag{5-11}$$

根据钢筋混凝土柱的残余变形可求得其割线刚度，由式（5-4）的残余变形与最大位移的关系，进而得出塑性阶段钢筋混凝土柱的抗力，在实际震后钢筋混凝土柱评估应用中将非常方便、快速。上述公式中割线刚度的计算最为关键，为了验证本章计算方法的准确性，从 PEER 数据库中选择剪跨比分别为 2 的 Ang et al.（1985）No. 8 和 No. 11 试件、剪跨比为 3 的 Tanaka 和 Park（1990）No. 7 试件、剪跨比为 4 的 Ang et al.（1981）No. 3 试件进行计算对比，如图 5-7 所示。

图 5-7（a）、图 5-7（b）中，Ang et al.（1985）No. 8 和 No. 11 试件的箍筋配筋率分别为 1.02% 和 0.51%，其他参数相同，箍筋配筋率适中的 No. 8 试件计算结果与试验值接近，箍筋配筋率小的 No. 11 试件计算结果偏大，No. 11 试件为明显的剪切脆性破坏构件，残余变形小，割线刚度下降迅速；图 5-7（a）、图 5-7（c）和图 5-7（d）主要反映了剪跨比的影响，随着剪跨比的增大，计算结果与试验值的差值基本呈增大的趋势。由于本章采用的是残余变形与割线刚度统计分析的方法，计算结果与试验值有一定偏差，但计算结果基本反映了低周疲

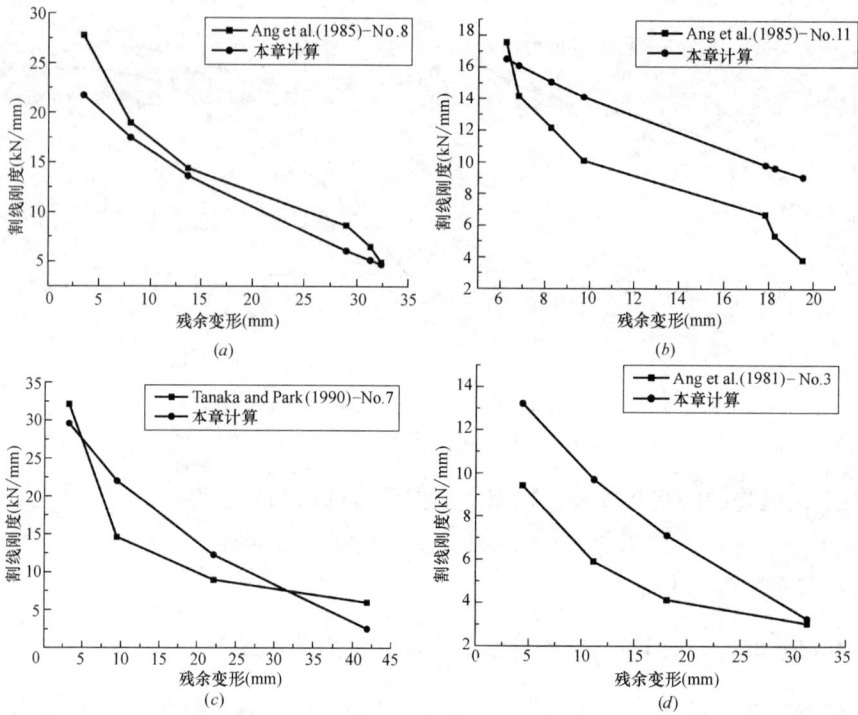

图 5-7 本章割线刚度计算方法与试验结果的比较

劳作用下剪弯构件割线刚度的退化规律，与试验值比较接近，可以满足结构工程评估的需要。

5.3 残余变形的影响参数分析

上节分析中，根据构件残余变形与循环最大位移的统计关系，及残余变形表示的割线刚度累积损伤，得到了低周疲劳塑性阶段剪弯构件的刚度、抗力衰减规律，但构件残余变形与循环最大位移统计曲线在统计过程中没有考虑轴压比、剪跨比、纵筋配筋率和箍筋配筋率等参数的影响，其实反映的是残余变形的统计平均发展规律，如 No. 6～No. 9 试验柱在 5mm 位移循环后按式（5-4）得出的残余变形数值相同，均为 2.069。因此，应更为准确地分析各参数对残余变形的影响，从而得出考虑参数影响的残余变形与最大位移的关系。由于残余变形与循环最大位移的比 t_i 能表示出构件进入塑性阶段的程度，所以下面分析各参数对 t_i 的影响。

5.3.1 轴压比的影响

(1) No. 4 柱和 No. 12 柱为高度 950mm 的钢筋混凝土柱，纵筋配筋率均为 1.356%，No. 4 柱实际轴压为 180kN，No. 12 柱实际轴压为 240kN。两柱的残余变形随循环位移的增大而逐渐增大，如图 5-8 所示。由于钢筋混凝土柱不是理想的弹塑性构件，两柱在纵筋屈服（9mm）前就有明显的残余变形，在纵筋屈服时两柱的 t_i 分别达到了 0.75 和 0.54，相应的残余变形分别为 6.75mm 和 4.86mm；在屈服后阶段的位移循环中，两柱的 t_i 增大减缓，但残余变形数值增大很快，No. 12 柱的 t_i 增大快于 No. 4 柱，在 36mm 位移循环后，t_i 分别为 0.93 和 0.85，相应的残余变形分别为 33.5mm 和 30.6mm。

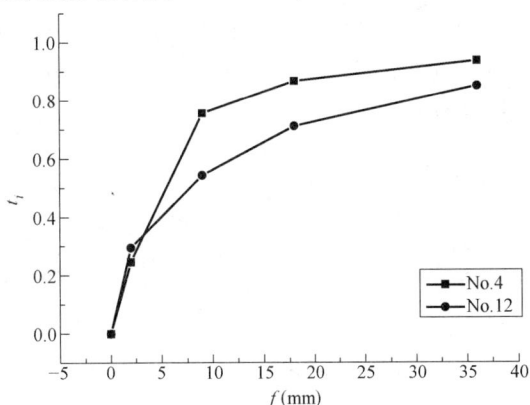

图 5-8 No. 4、No. 12 柱 t_i 的比较

(2) No. 6 柱、No. 7 柱为高度 450mm 钢筋混凝土柱，纵筋配筋率为 1.356%，No. 6 柱实际轴压为 0kN，No. 7 柱实际轴压为 180kN。t_i 随循环位移的变化趋势如图 5-9 所示，两柱 t_i 的增大趋势比较接近。在纵筋屈服时两柱的 t_i 分别为 0.27 和 0.25；在屈服后阶段，经过 5mm 位移循环后，两柱的 t_i 差别仍不大，分别为 0.48 和 0.46。

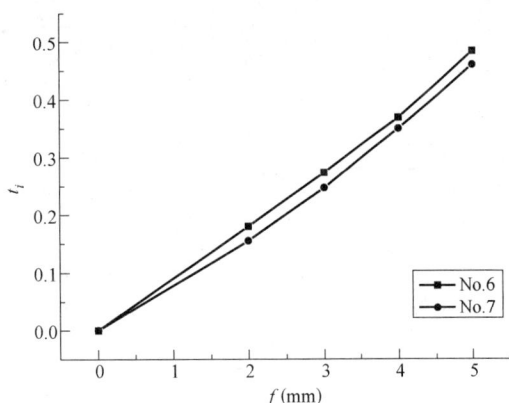

图 5-9 No. 6、No. 7 柱 t_i 的比较

可以看出，钢筋混凝土构件的残余变形随循环位移的增大而逐渐增大。轴压比对柱的残余变形影响较小，对剪弯构件的残余变形影响很小。

5.3.2　纵筋配筋率和强度的影响

（1）No. 8 柱、No. 9 柱同为高度 450mm 的钢筋混凝土柱，轴压相同均为 180kN，纵筋配筋率分别为 2.545% 和 1.356%，材料分别采用了 HRB400 级钢和 HRB335 级钢筋。t_i 随循环位移的变化趋势如图 5-10 所示。可以看出，纵筋配筋率和强度小的试件在相同位移循环时的 t_i 较大。在屈服位移循环时，两柱 t_i 分别为 0.20 和 0.31；此后，残余变形继续增大，二者的差值变小，经过 5mm 位移循环后，t_i 分别为 0.33 和 0.37。

（2）No. 10 柱、No. 11 柱为无轴压的 450mm 钢筋混凝土柱，纵筋配筋率分别为 1.356% 和 2.545%。t_i 的变化如图 5-11 所示，同样为纵筋配筋率小的试件在相同位移循环时的 t_i 较大。在屈服位移时的 t_i 分别为 0.27 和 0.21；经过 5mm 位移循环后，t_i 分别为 0.40 和 0.24。与 No. 8 柱、No. 9 柱相比较，这两个柱的轴压为 0，t_i 之间的差值略大。

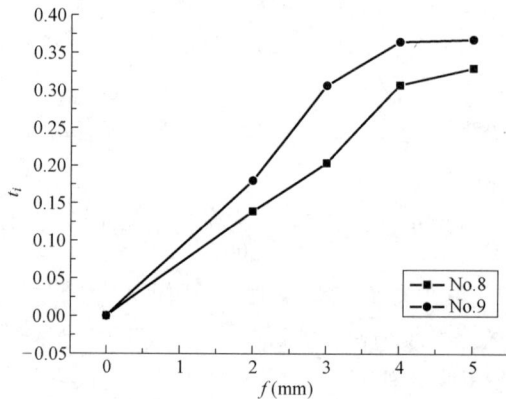

图 5-10　No. 8、No. 9 柱 t_i 的比较

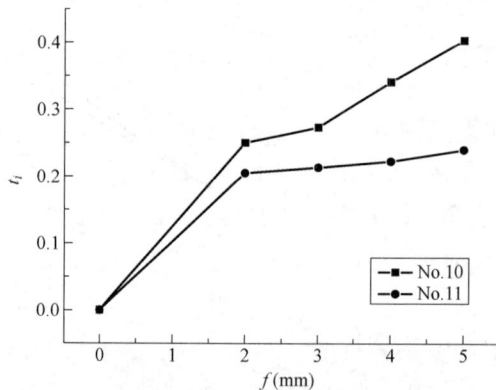

图 5-11　No. 10、No. 11 柱 t_i 的比较

由以上的分析可知，纵筋配筋率和强度对构件的残余变形影响较小，纵筋配筋率和强度越小，残余变形会有少量增加。

5.3.3　剪跨比的影响

No.4 柱、No.9 柱分别为高 950mm 和 450mm 的钢筋混凝土柱，轴压同为 180kN，剪跨比分别为 4.75、2.25。两柱在纵筋屈服时的 t_i 分别为 0.75 和 0.31；No.4 柱在两倍屈服位移（18mm）循环后的 t_i 为 0.93，No.9 柱在尚未达到 2 倍屈服位移（5mm）循环后的 t_i 为 0.37。因此，剪跨比对构件残余变形的影响显著，剪跨比越大，残余变形增加越多。

5.3.4　箍筋配筋率的影响

Ang et al.（1985）No.8 和 No.11 试件的箍筋配筋率分别为 1.02% 和 0.51%，其他参数相同，No.8 试件的残余变形明显大于 No.11 试件的残余变形。因此，箍筋配筋率对剪弯构件的残余变形的影响显著，箍筋配筋率越大，残余变形越大。

5.4　低周疲劳损伤对剪弯构件极限变形的影响分析

5.4.1　低周疲劳效应对钢筋混凝土柱极限变形的影响

钢筋混凝土柱在塑性位移低周循环中，随循环次数增大，钢筋混凝土柱的残余变形逐渐增大，相应的纵筋应变和混凝土压应变均有所增加，混凝土截面减小，这也是造成构件抗力和刚度下降的主要原因。在没有发生剪切破坏的条件下，钢筋混凝土柱极限位移静力分析时，一般采用纵筋应变或混凝土极限压应变控制，即变形（应变）控制极限状态。在作者的试验中，发现剪跨比为 4.75 的柱在 Δ_y、$2\Delta_y$ 循环过程中残余变形有较小增加，割线刚度几乎不变，纵筋的塑性应变增大极小，相应位移峰值处的强度值下降较小，则循环对极限变形影响很小；而在 $4\Delta_y$ 循环过程中残余变形和纵筋的塑性应变逐渐增大，受压区混凝土的应变也相应增大，位移峰值处的强度值下降，低周循环损伤对柱极限变形能力将产生降低影响。剪跨比为 2.25 的剪弯构件在超过 Δ_y 后的循环过程中，即发生了残余变形和纵筋的塑性应变逐渐增大、位移峰值处的强度值下降、极限变形减小的现象。

5.4.2　考虑低周疲劳损伤的剪弯构件极限变形折减计算方法

在截面尺寸、配筋率、轴压比等参数一定的情况下，钢筋混凝土柱静力分析

得到的极限变形 Δ_f 是一个定值，构件的塑性阶段也是一定的。在相同位移低周疲劳循环时，构件的塑性变形（或残余变形）增大，弹性阶段变形减小，构件纵筋和混凝土的应变增大，因此极限变形将减小。

低周疲劳损伤主要发生于构件的塑性阶段，假设钢筋混凝土柱进入塑性阶段后，低周循环的最大位移为 Δ_i，相应的割线刚度与抗力分别为 K_i、F_i，则有以下关系：

$$\Delta_i = F_i / K_i \tag{5-12}$$

在相同位移时，静力作用下的割线刚度与抗力分别为 K_{si}、F_{si}，同样有以下关系：

$$\Delta_i = F_{si} / K_{si} \tag{5-13}$$

低周疲劳损伤造成了构件刚度和抗力下降，相同位移时静力条件下的抗力和刚度应大于低周疲劳作用下的抗力和刚度，即 $F_{si} > F_i$、$K_{si} > K_i$，或者说，低周疲劳构件在相同水平力作用下的变形大于静力作用下的变形。由于本章采用割线刚度描述刚度的衰减，这里采用一种近似平均的方法考虑低周疲劳构件由于刚度降低造成的变形增大。

假设当 $F_i = (F_{si} + F_i)/2$ 时，此时的低周疲劳损伤刚度仍为 K_i，相应的变形为：

$$\Delta_i' = (F_{si} + F_i)/(2 \times K_i) \tag{5-14}$$

则 $\Delta_i' > \Delta_i$，增大的变形为：

$$\Delta = \Delta_i' - \Delta_i = (F_{si} - F_i)/(2 \times K_i) \tag{5-15}$$

因此，低周疲劳损伤对极限变形的折减系数可按下式计算：

$$FD_n = 1 - \Delta/\Delta_f \tag{5-16}$$

钢筋混凝土柱在相同位移循环时，其抵抗变形能力的减小可用下式表示：

$$\Delta K_i = K_i - K_{i+1} \tag{5-17}$$

式中，K_i、K_{i+1} 分别表示在第 i 次和第 $i+1$ 次相同位移循环时的割线刚度。

则在不同位移水平低周疲劳作用下，割线刚度的降低用对应的损伤可表述为：

$$D_{pi} = \sum \Delta K_i / K_0 \tag{5-18}$$

低周循环作用在弹性阶段影响极小，可以忽略不计。现在对剪弯构件极限变形的试验研究很少，根据作者 No. 6～No. 11 试验柱低周疲劳塑性阶段的割线刚度减少值，对计算得到的 D_{pi} 与 t_i 进行如图 5-12 所示的回归分析，得到如下关系：

$$D_{pi} = 0.7047 t_i^{0.8637} \tag{5-19}$$

相关系数为 0.849。

因此，剪弯构件在不同位移水平低周疲劳作用下，与静力加载相比的割线刚度减小值为：

$$\sum \Delta K_i = 0.7047 t_i^{0.8637} K_0$$

$$(5\text{-}20)$$

则剪弯构件在低周疲劳作用下的抗力与静力作用抗力的减小值为：

$$F_{si} - F_i = (0.7047 t_i^{0.8637} K_0) \Delta_i$$

$$(5\text{-}21)$$

将式（5-21）代入式（5-15）和式（5-16），可得在低周循环的最大位移为 Δ_i 时的折减系数 FD_n：

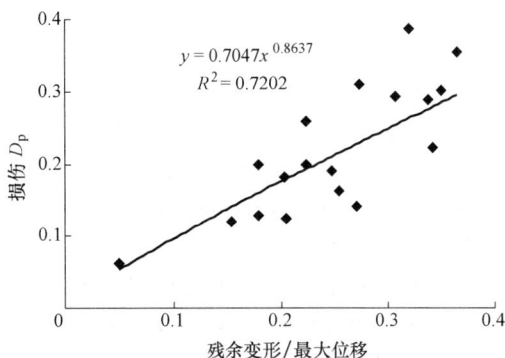

图 5-12　剪弯构件 D_{pi} 与 t_i 回归分析曲线

$$FD_n = 1 - (0.3524 t_i^{0.8637} K_0) \Delta_i / (K_i \times \Delta_f) \qquad (5\text{-}22)$$

No. 6～No. 8 试验柱的实测极限变形分别为 54.3mm、13.8mm 和 20.5mm，计算的极限变形分别为 45.2mm、15.6mm 和 18.4mm，计算结果有一定的离散性，但尚在合理范围之内。

5.5　结　　论

在相关试验的基础上，以低周循环下构件的割线刚度损伤为依据，讨论了钢筋混凝土剪弯构件的低周疲劳累积损伤性能和计算方法，主要结论如下：

（1）统计分析了构件残余变形与最大位移、残余变形与割线刚度损伤的关系。以残余变形为参数，建立了剪弯构件的低周疲劳割线刚度累积损伤计算公式，得到了割线刚度和抗力的衰减规律。

（2）构件的残余变形随循环位移的增大而增大。轴压比对柱的残余变形影响较小，对剪弯构件的残余变形影响很小；纵筋配筋率和强度对构件的残余变形影响较小，纵筋配筋率和强度越小，残余变形会有少量增加；剪跨比对构件残余变形的影响显著，剪跨比越大，残余变形增大越多；箍筋配筋率对剪弯构件的残余变形的影响明显，箍筋配筋率越大，残余变形越大。

（3）讨论了低周疲劳效应对剪弯构件极限变形的影响，提出了低周循环对剪弯构件极限变形影响的折减系数计算公式。

以上研究成果明确将反复荷载作用下钢筋混凝土剪弯构件的累积损伤与刚度、抗力的衰减和极限变形联系起来，可为震后钢筋混凝土柱性能分析奠定一定基础。

参 考 文 献

［1］　艾庆华，王东升，李宏男，等. 基于塑性较模型的钢筋混凝土桥墩地震损伤评价 ［J］.
　　　工程力学，2009，26（4）：158-166.

［2］　Hindi R A，Sexmith R G. Inelastic damage analysis of reinforced concrete bridge columns
　　　based on degraded monotonic energy ［J］. Journal of Bridge Engineering，2004，9（4）：
　　　326-332.

［3］　Banon H，Biggs J M，Irvine H M. Seismic damage in reinforced concrete frames ［J］.
　　　Journal of Structure Engineering，1981，107（9）：1713-1729.

［4］　Roufaiel M S L，Meyer C. Analytical modeling of hysteretic behavior of RC frames ［J］.
　　　Journal of Structure Engineering，1987，113（3）：429-444.

［5］　Toussi S，Yao J T P. Hysteresis identification of existing structures ［J］. Journal of Engi-
　　　neering Mechanics，1983，109（5）：1189-1203.

［6］　Stephens J E，Yao J T P. Damage assessment using response measurement ［J］. Journal of
　　　Structural Engineering，1987，113（4）：787-801.

［7］　Wang M L，Shah S P. Reinforced concrete hysteresis model based on the damage concept
　　　［J］. Earthquake Engineering and Structural Dynamics，1987，15（8）：993-1003.

［8］　Chung Y S，Meyer C，Shinozuka M. Seismic damage assessment of RC members ［R］.
　　　NCEER，State University of New York at Buffalo，1987，No. 0022.

［9］　Park Y J，Ang A H. Mechanistic seismic damage model for reinforce concrete ［J］. Jour-
　　　nal of Structural Engineering，1985，111（4）：722-739.

［10］　王东升，冯启民，王国新. 考虑低周疲劳寿命的改进 Park-Ang 地震损伤模型 ［J］. 土
　　　　木工程学报，2004，37（11）：41-49.

［11］　牛荻涛，任利杰. 改进的钢筋混凝土结构双参数地震破坏模型 ［J］. 地震工程与工程
　　　　振动，1996，16（4）：44-54.

［12］　付国，刘伯权，邢国华. 基于有效耗能的改进 Park-Ang 双参数损伤模型及其计算研究
　　　　［J］. 工程力学，2013，30（7）：84-90.

［13］　Hindi R A，Sexmith R G. A proposed damage model for RC bridge columns under cyclic
　　　　loading ［J］. Earthquake Spectra，2001，17（2）：320-349.

［14］　李洪泉，雷立宏，吕西林. 钢筋混凝土柱低周疲劳损伤的抗力衰减试验研究 ［J］. 南
　　　　京建筑工程学院学报，1998，46（3）：10-16.

［15］　Kunnath S K，El-Bahy A，Taylor A，et al. Cumulative seismic damage of circular bridge
　　　　column：benchmark and low-cycle fatigue tests ［J］. ACI Structural Journal，1999，96
　　　　（4）：633-641.

［16］　EI-Bahy A，Kunnath S K. Cumulative seismic damage of circular bridge columns：varia-
　　　　ble amplitude tests ［J］. ACI Structural Journal，1999，96（5）：711-719.

［17］　陆本燕，刘伯权，刘鸣，等. 钢筋混凝土桥墩性能指标量化研究 ［J］. 中国公路学报，
　　　　2010，23（6）：49-57.

第6章 基于裂纹扩展机理的
混凝土损伤性能评估方法

6.1 引　言

内部或表面的裂纹及其扩展将造成混凝土宏观力学性能的劣化，这是混凝土结构损伤性能评估重点关注的问题。在细观力学中，人们已经发展了多种方法计算裂纹损伤材料的有效模量。最简单的方法称为 Taylor 模型[1]，也称非相互作用方法，它完全忽略了微裂纹之间的相互作用，但只适用于裂纹密度非常小的情况[2]。考虑微裂纹相互作用的方法有自洽方法[3]、广义自洽方法[4]、微分方法[5-6]、Mori-Tanaka 方法[7-8]和有效介质方法[9-11]等。这些细观力学方法能解释许多复杂的材料损伤行为，但由于材料细观结构演化的复杂性，他们的应用局限于承力较均匀应力场中的均匀材料，而且单从细观力学分析得到的损伤演化方程形式复杂且难以达到很高的精度。宏观损伤力学采用热力学内变量来描述材料内部结构的变化，虽然具有相对简单的框架，但其物理机制却比较薄弱。

从混凝土工程的实用角度出发，将细观裂纹扩展机理与宏观断裂力学结合，是解决混凝土损伤性能评估问题比较可行的途径。在实际混凝土结构损伤评估和基于材料损伤的混凝土结构性能分析中，往往需要处理的是特定外部作用后，混凝土的损伤评判及对其后期性能的影响。特定受力条件下，混凝土裂纹的具体尺寸、取向、相对位置都与所受的外力和变形有关。例如，远场地震情况下的单柱式桥墩，由于剪跨比和轴压比不同，往往在混凝土墩身两侧产生不同角度的裂纹；在近场情况下，除了在墩两侧产生裂纹外，在墩身内部也产生较大角度的裂纹，甚至产生与墩轴线接近平行的竖直裂纹。这些裂纹相对于实际结构尺寸往往非常小，但对结构的影响不能忽视。

本章在混凝土双 K 断裂准则的基础上，通过统计得到混凝土裂纹演化方程，给出混凝土裂纹特征尺寸随应力变化的表达式，由此得到含裂纹混凝土材料的损伤本构关系。在此基础上，分析不同角度的裂纹及其扩展对混凝土有效模量和强度的影响。

6.2　裂纹体有效弹性模量的计算方法

6.2.1　自洽方法

脆性材料的细观裂纹密度可以较好地反应细观裂纹损伤的状态，它的一般定义为：

$$\rho = Na^3 \tag{6-1}$$

式中，ρ 为单位体积裂纹密度；a 为细观裂纹的特征长度；N 为单位体积的裂纹数。

自洽方法假设每个裂纹的环境是未受干扰的远场应力和损伤的有效介质，Horii 等[3]通过对圆形微裂纹的分析，给出了下述实用计算公式：

$$\rho = R \frac{v - v_{\text{eff}}}{1 - v_{\text{eff}}^2} \tag{6-2}$$

$$R = 45/[16(1 + 3v)] \tag{6-3}$$

$$v_{\text{eff}}(a) = \frac{1}{2\rho}[R \pm \sqrt{R^2 - 4(Rv - \rho)}] \tag{6-4}$$

$$\frac{E_{\text{eff}}(a)}{E} = 1 - \frac{16}{15}(1 - v_{\text{eff}}^2)\rho \tag{6-5}$$

式中，E、E_{eff} 分别为材料基体的弹性模量和有效弹性模量；v、v_{eff} 分别为材料基体的泊松比和有效泊松比。

6.2.2　微分方法

采用将一个个微裂纹逐次添加进入各向同性基体中，计算每一步中微裂纹消耗的能量。每一次添加计算过程中，基体的模量均采用上一步中计算得到的模量。Hashin[5]对于圆形微裂纹，给出了下述实用计算公式：

$$\rho = \frac{5}{8}\ln\frac{v}{v_{\text{eff}}} + \frac{15}{64}\ln\frac{1 - v_{\text{eff}}}{1 - v} + \frac{45}{128}\ln\frac{1 + v_{\text{eff}}}{1 + v} + \frac{5}{128}\ln\frac{1 - v_{\text{eff}}}{1 - v} \tag{6-6}$$

$$\frac{E_{\text{eff}}(a)}{E} = \left(\frac{v_{\text{eff}}}{v}\right)^{10/9} \left(\frac{3 - v}{3 - v_{\text{eff}}}\right)^{1/9} \tag{6-7}$$

Prat 等[12]曾对两种计算方法进行了比较，自洽方法由于假设每个裂纹的环境是未受干扰的远场应力和损伤的有效介质，过高估计了裂纹的相互作用。微分方法能更准确地计算微裂纹的弹性模量，但计算过程过于复杂。

6.2.3　有效介质方法

假设宏观的过程是细观状态和内变量在所研究的体元上的平均，用细观力学理论推导任意张开型微裂纹的应力应变场，由此求得宏观的平均应力和平均应变之间的关系，从而推导出宏观的柔度张量：

$$\varepsilon_{ij} = (S_{ijmn}^0 + S_{ijmn}^*)\sigma_{mn} = S_{ijmn}\sigma_{mn} \tag{6-8}$$

式中，ε_{ij} 为应变张量；σ_{mn} 为应力张量；S_{ijmn} 为柔度张量；S_{ijmn}^0、S_{ijmn}^* 分别为无损基体的柔度张量和所有裂纹引起的柔度增加量。

Kachanov[13]给出了不考虑裂纹相互作用的杨氏模量 E^{T}、剪切模量 G^{T} 和泊

松比 v^T 与无损基体模量 E、G 和泊松比 v 的计算公式：

$$\frac{E^T}{E} = \left[1 + \frac{16(1-v^2)(10-3v)\rho}{45(2-v)}\right]^{-1} \tag{6-9}$$

$$\frac{G^T}{G} = \left[1 + \frac{32(1-v)(5-v)\rho}{45(2-v)}\right]^{-1} \tag{6-10}$$

$$\frac{v^T}{v} = \frac{E^T}{E}\left[1 + \frac{16(1-v^2)\rho}{45(2-v)}\right] \tag{6-11}$$

冯西桥[14]根据 Kachanov 的方法，将式（6-9）～式（6-11）中的基体模量用损伤模量代替，即得到考虑裂纹相互作用的有效模量 E_{eff}、G_{eff}、v_{eff} 分别为

$$\frac{E_{eff}}{E} = \left\{1 + \frac{16[1-(v^T)^2](10-3v^T)\rho}{45(2-v^T)}\frac{E^T}{E}\right\}^{-1} \tag{6-12}$$

$$\frac{G_{eff}}{G} = \left[1 + \frac{32(1-v^T)^2(5-v^T)\rho}{45(2-v^T)(1+v)}\frac{E}{E^T}\right]^{-1} \tag{6-13}$$

$$\frac{v_{eff}}{v} = \frac{1}{v}\left[1 + (v+1)\frac{E_{eff}}{E}\frac{G}{G_{eff}} - 1\right] \tag{6-14}$$

上述方法中，有效介质方法（冯西桥）计算裂纹及裂纹相互作用对模量的影响比较简单方便，可以得到有效模量随裂纹密度 ρ 的变化关系。

采用有效介质方法，分别计算了裂纹不考虑相互作用和考虑相互作用的有效模量 E_{eff}、G_{eff}、v_{eff}，计算结果见图 6-1～图 6-3。从图 6-1～图 6-3 可以看出，在微裂纹密度较小时，考虑裂纹相互作用与不考虑裂纹相互作用的结果非常接近；随着微裂纹密度的增大，相互作用的影响越来越大。

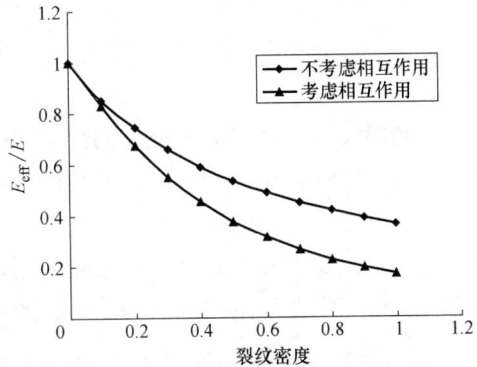

图 6-1　E_{eff}/E 与裂纹密度 ρ 的变化关系

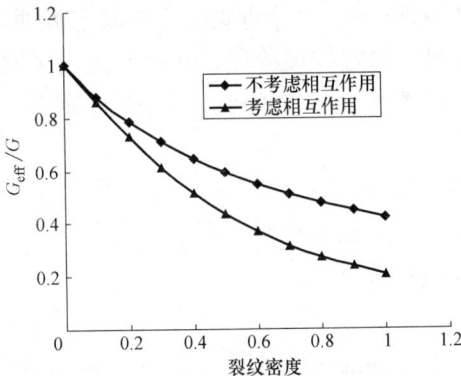

图 6-2　G_{eff}/G 与裂纹密度 ρ 的变化关系

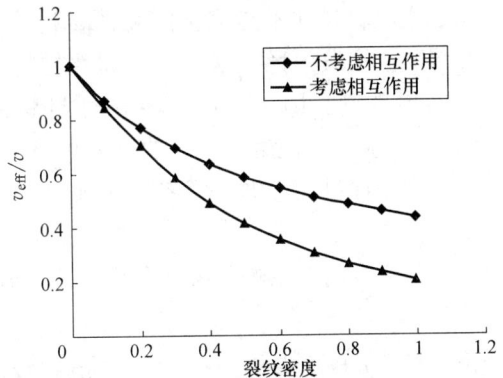

图 6-3　v_{eff}/v 与裂纹密度 ρ 的变化关系

　　以上分析方法，针对的是微裂纹空间随机均匀分布的情况。对于特定受力条件下，裂纹的具体尺寸、取向、相对位置都与所受的外力和变形有关。例如，震后梁式桥的损伤裂纹具体尺寸、取向、相对位置与外部作用方式（地震形式）和结构本身的特征尺寸有关。对于远场地震情况下的单柱式桥墩，由于剪跨比和轴压比不同，往往在混凝土墩身两侧产生不同角度的裂纹。在近场情况下，除了在墩两侧产生裂纹外，在墩身内部也产生较大角度的裂纹，甚至产生与墩轴线接近平行的竖直裂纹。这些裂纹相对于实际结构尺寸往往非常小，可以考虑采用细观的方法分析裂纹损伤对混凝土结构性能的影响。

　　在实际混凝土工程中，往往需要处理的是特定外部作用后，混凝土结构的损伤评判及对其后期性能的影响。因此本文在混凝土双 K 断裂准则的基础上，提出了混凝土裂纹演化方程，给出了混凝土裂纹特征尺寸随应力变化的显式表达式，由此得到了含裂纹混凝土材料的损伤本构关系。根据本章提出的混凝土裂纹演化方程，分析了不同角度的裂纹扩展对混凝土模量和强度的影响。

6.3　混凝土裂纹演化方程

　　不同裂纹尺寸对混凝土强度的影响，必然涉及裂纹尺寸效应问题，即要得到裂纹失稳时的临界尺寸和裂纹扩展长度随应力的演化规律。

　　考虑单轴拉伸的情况，设微裂纹自相似扩展，混凝土总是在垂直于主拉应力的方向断裂，如不考虑裂纹间的相互作用，忽略应力场和材料在细观层次上的不均匀性，某一垂直于主拉应力的微裂纹的应力强度因子可表示为：

$$K_1 = 2\sqrt{a/\pi}\sigma^{\infty} \tag{6-15}$$

　　对于存在宏观裂纹的固体，断裂力学已成功地应用于处理裂纹扩展的问题。一般认为，对脆性材料，当应力强度因子达到某一临界值时，裂纹便失稳扩展。但混凝土材料并不是完全的脆性材料，Hillerborg[15]、徐世烺[16-17]的研究表明，在混凝土裂纹失稳扩展前，与韧性材料类似有稳定扩展阶段，并据此提出了双 K 断裂准则。因此，可以将韧性材料的裂纹扩展阻力曲线，即 R 曲线（见图 6-4）应用于混凝土裂纹的稳定开展。

　　根据徐世烺等[18-19]学者研究双 K 准则时的试验结果，该试验中，混凝土的抗拉强度为 $2.55 \sim 3.37\mathrm{MPa}$（抗压强度未测试），对不同强度混凝土的裂纹长度与断裂韧度的关系进行统计分析，统计分析形式如下式：

$$K_R = K_0 + b_1\sqrt{a - a_0} \tag{6-16}$$

式中，b_1 为材料常数，a_0、K_0 为初始裂纹半径和初始断裂韧度；a、K_R 为失稳临界裂纹半径和对应的断裂韧度。

令 $\Delta K = K_R - K_0$，$\Delta a = a - a_0$，裂纹半径 a 的单位为 m，K_R 的单位为 $MN/m^{3/2}$。统计分析如图 6-4 所示，得到：

$$K_R = K_0 + 4.418\sqrt{a - a_0} \tag{6-17}$$

统计相关系数 $R = 0.951$，说明不同混凝土强度的 ΔK 与 Δa 之间有极强的统计关系，式（6-16）的统计形式有较高的精确度。因此，对某一特定混凝土材料，只要按照徐世烺等[18]学者的试验方法和计算方法得到双 K 值，就能得到该混凝土材料的 R 曲线。

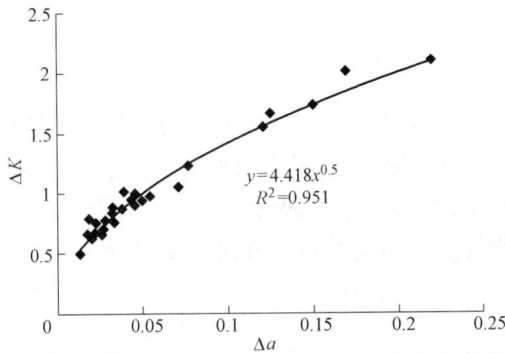

图 6-4　ΔK 与 Δa 统计回归关系曲线

裂纹驱动力与裂纹阻力满足式（6-18）时，为裂纹扩展的一个平衡状态，给定应力条件下的裂纹尺寸可得到：

$$K_I = K_R(a) \tag{6-18}$$

根据图 6-4，当裂纹驱动力对裂纹长度的偏导与裂纹阻力曲线的偏导相等时，为裂纹发生失稳扩展时的临界状态，即：

$$\partial K_I / \partial a = \partial K_R / \partial a \tag{6-19}$$

由式（6-15）、式（6-16）和式（6-18）得：

$$a = \pi\left\{c_1 b_1^2 a_0 + K_0\left[(b_1^2\pi + 4\sigma^2)K_0 - 4b_1\sigma\sqrt{\pi K_0^2 + a_0 c_1}\right]\right\}/c_1^2 \tag{6-20}$$

式中，$c_1 = b_1^2\pi - 4\sigma^2$。

由式（6-15）、式（6-16）和式（6-19）可以得到裂纹失稳扩展时的临界尺寸和临界应力为：

$$\sigma_{cr} = b_1\sqrt{\pi a_{cr}}/(2\sqrt{a_{cr} - a_0}) \tag{6-21}$$

$$a_{cr} = a_0 + a_0^2 b_1^2/K_0^2 \tag{6-22}$$

通过以上分析可知，式（6-20）给出了混凝土受拉裂纹特征尺寸随应力变化的表达式，可以从理论上分析混凝土的裂纹扩展长度随应力增大的演化规律；并且由式（6-21）和式（6-22）可以预测出含裂纹混凝土的裂纹临界长度和强度。这样就从理论上解决了混凝土裂纹损伤发展和强度预测问题，与混凝土的宏观力学性能建立了联系，使得根据混凝土裂纹损伤直接评价损伤混凝土结构性能成为可能。

6.4　混凝土损伤本构模型

实际结构中的混凝土，在受外部作用之前，已经存在微裂纹。但裂纹的扩展往往受外部作用支配，裂纹扩展的方向多数与拉应力的方向垂直。裂纹体的强度、变形等行为对裂纹的具体尺寸、取向、相对位置等因素十分敏感，下面根据不同的受力情况进行分析。

6.4.1　单轴拉伸

首先假设在三维各向同性基体中一族平行的圆币状微裂纹，轴向用单位矢量2方向表示，水平为单位矢量1、3组成的平面。在单轴拉伸作用下，θ为裂纹平面法线与轴向拉力的夹角，如图6-5所示。

已知单个币状张开裂纹引起的拉力方向柔度[19]为：

$$S^{(a)} = \frac{16(1-v^2)a^3}{3(2-v)E}\cos^2\theta(2-v\cos^2\theta) \qquad (6-23)$$

其他方向的柔度可参见文献［20］，则材料拉伸柔度为：

$$F(a,\theta) = \frac{1}{E} + \frac{16(1-v^2)Na^3}{3(2-v)E}\cos^2\theta(2-v\cos^2\theta) = \frac{1}{E} + NS^{(a)} \qquad (6-24)$$

根据应变等效假定，可得到损伤材料轴向本构模型：

$$\sigma = E_{\text{eff}}\varepsilon \qquad (6-25)$$

材料损伤可用有效模量与基体无损模量表征：

$$D = 1 - E_{\text{eff}}/E \qquad (6-26)$$

当平行的圆币状微裂纹密度相等，并假定裂纹数量不变化，与外力的夹角θ分别为0°、45°和90°时，计算E_{eff}随裂纹密度ρ的变化如图6-6所示。可以看出，

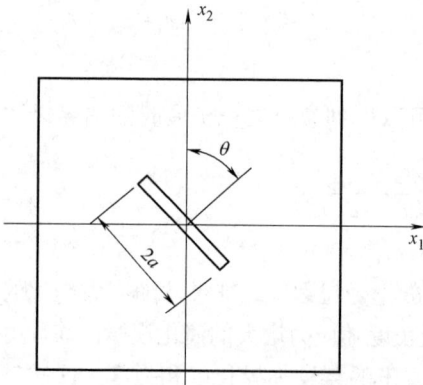

图6-5　外力与裂纹的角度

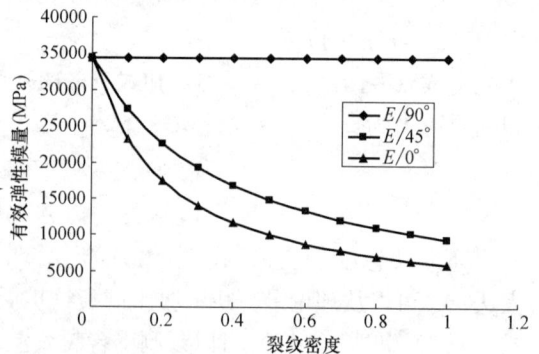

图6-6　裂纹角度变化对E_{eff}的影响

裂纹角度对材料性能的影响显著，裂纹角度越小，混凝土的弹性模量越小，则混凝土的抗拉强度越小。因此，对含裂纹混凝土分析时应特别注意裂纹角度的影响。

6.4.2　单轴压缩

混凝土压缩下的损伤机理与拉伸不同，根据 Ashby[21] 提出的翼裂纹扩展模式，混凝土压缩下为弯折扩展：斜裂纹为闭合裂纹，裂纹扩展方向与轴力平行，破坏形式为拉裂破坏。由于闭合的斜裂纹对混凝土压缩变形影响极小，可忽略不计，则对压缩模量影响主要计入竖直裂纹 l，即劈裂裂纹的影响，如图 6-7 所示。

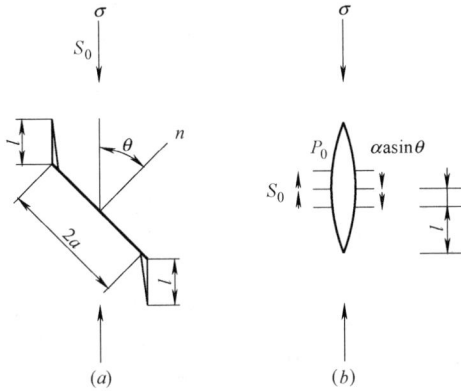

图 6-7　混凝土单轴压缩损伤机理[20]

6.5　裂纹角度对混凝土有效模量和强度的影响

实际结构中的混凝土，主要承受单轴拉压作用，下面以 Ju 和 Lee[22] 试验为例，分析不同角度的裂纹对混凝土性能的影响。混凝土试验参数如下：

$K_0 = 0.165 \text{MN/m}^{3/2}$，$K_R = 0.301 \text{MN/m}^{3/2}$，$a_0 = 0.34 \text{cm}$，$a_R = 0.49 \text{cm}$，$E = 34450 \text{MPa}$，$v = 0.3$，微裂纹数目 $N = 1.8 \times 10^6 \text{m}^{-3}$。

6.5.1　单轴拉伸

将上述参数代入式（6-16），得到 $b_1 = 4.4142$，与统计参数 $b_1 = 4.418$ 非常接近，并可得到 K_R-a 关系曲线（见图 6-8）。由式（6-21）和式（6-22）计算得到 $a_{cr} = 8.64 \text{mm}$、$\sigma_{cr} = 3.897 \text{MPa}$，与实测最大承载应力 3.87MPa 非常吻合，说明按照本章方法预测含裂纹的混凝土强度具有足够的精确度。在假定裂纹数量不变化的情况下，根据式（6-20）、式（6-24）可以计算得到受拉应力—应变曲线，如图 6-9 所示。

6.5.2　单轴压缩

混凝土参数仍取自 Ju 和 Lee[22] 的试验，考虑斜裂纹受压情况下为闭合裂纹，裂纹扩展方向与轴力平行，采用 Ashby 的弯折裂纹起裂应力计算[21]，对含有不同角度、同样裂纹密度的混凝土材料性能进行分析。轴向用单位矢量 2 方向表示，水平为单位矢量 1、3 组成的平面。假定裂纹数量不变化，裂纹按给定角度均匀分布于混凝土单元体中。分别计算了裂纹角度为 30°、45°和 60°的情况，计算结果如图 6-10～图 6-12 所示。考虑约束效应对混凝土裂纹发展的影响，分析了裂纹角度为 60°时的不同均匀约束情况，结果如图 6-13、图 6-14 所示。

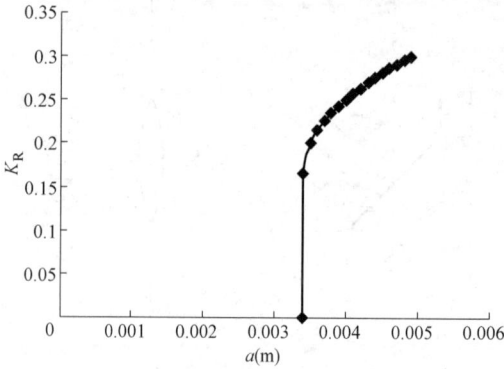

图 6-8　裂纹阻力—裂纹半径关系曲线

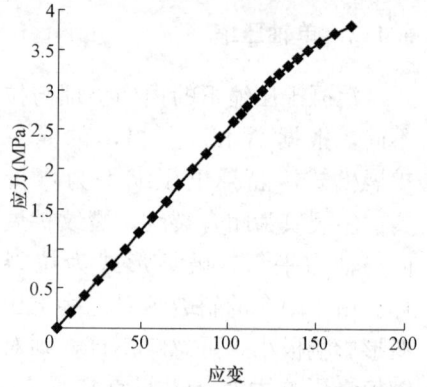

图 6-9　混凝土应力—应变曲线

1. 裂纹角度为 30°时

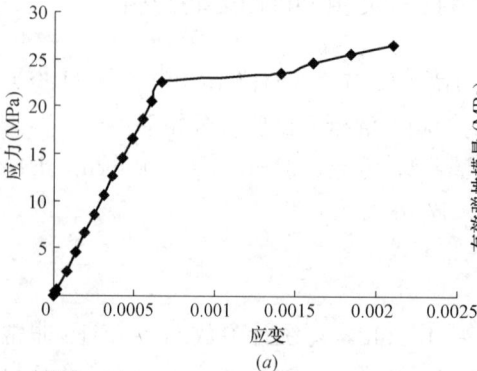

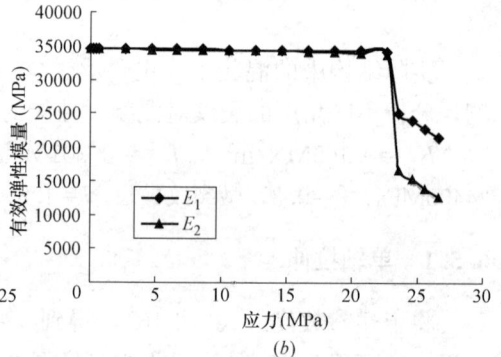

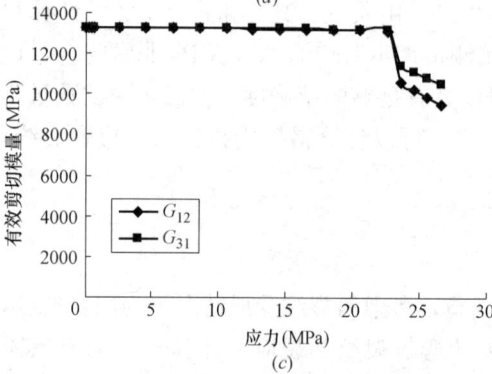

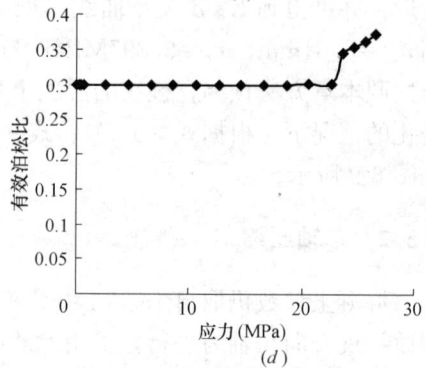

图 6-10　裂纹角度为 30°时的应力—应变曲线及模量变化

(a) 应力—应变曲线；(b) 有效弹性模量随应力的变化；
(c) 有效剪切模量随应力的变化；(d) 有效泊松比随应力的变化

2. 裂纹角度为 45°时

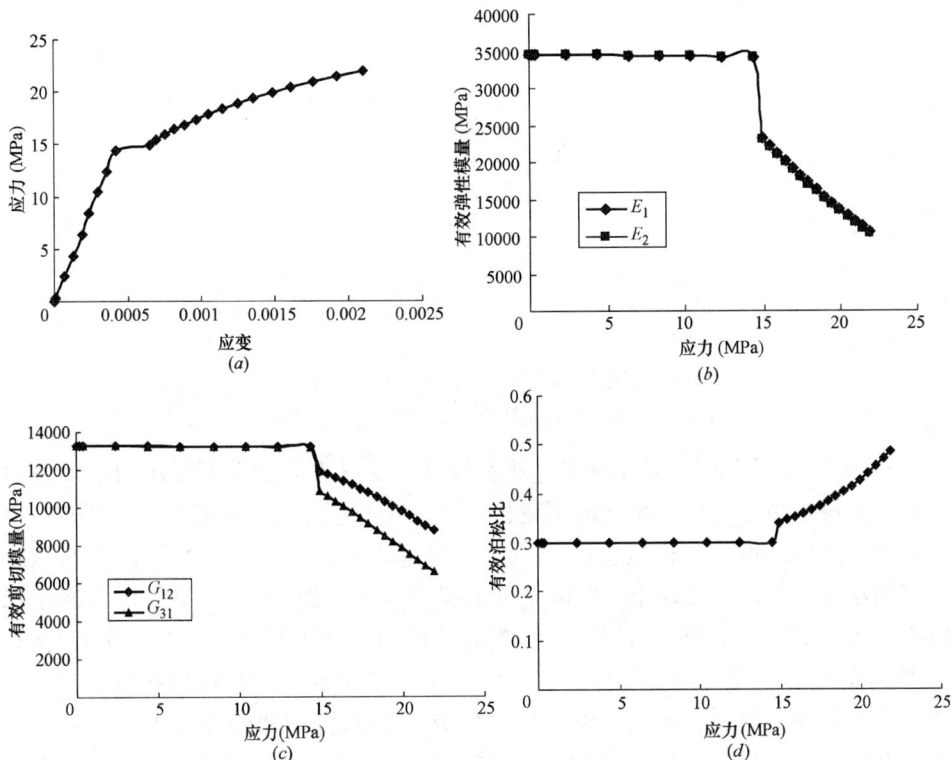

图 6-11　裂纹角度为 45°时的应力—应变曲线及模量变化

(a) 应力—应变曲线；(b) 有效弹性模量随应力的变化；

(c) 有效剪切模量随应力的变化；(d) 有效泊松比随应力的变化

3. 裂纹角度为 60°时

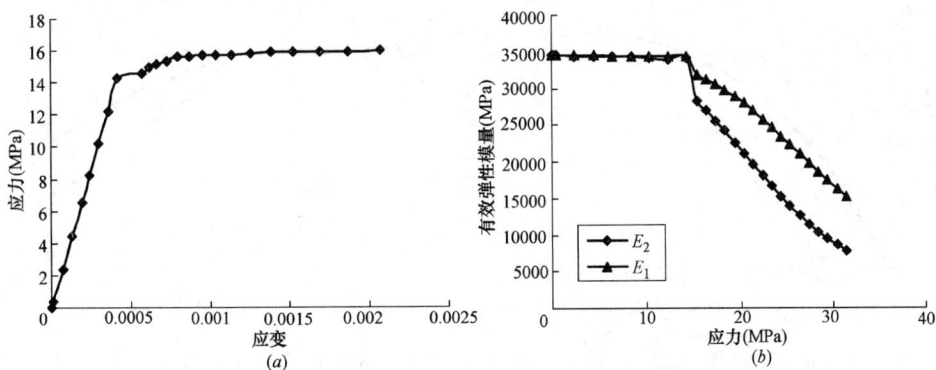

图 6-12　裂纹角度为 60°时的应力—应变曲线及模量变化（一）

(a) 应力—应变曲线；(b) 有效弹性模量随应力的变化

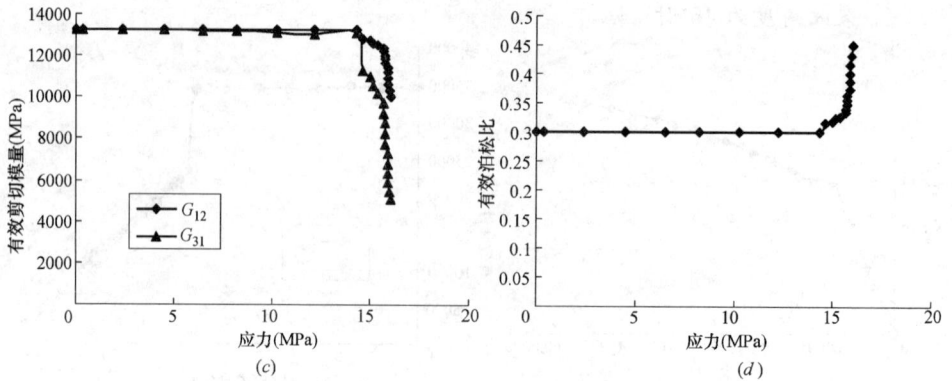

图 6-12　裂纹角度为 60°时的应力—应变曲线及模量变化（二）
(*c*) 有效剪切模量随应力的变化；(*d*) 有效泊松比随应力的变化

　　从图 6-10～图 6-12 可以看出，随着裂纹的发展，混凝土表现出明显的各向异性。模量参数在裂纹起裂之前不变化，而在应力达到起裂强度时，往往有一突变，然后随应力增大，模量参数 E_{eff}、G_{eff} 快速减小，v_{eff} 增大。裂纹法向与压应力夹角越大，起裂强度越小，混凝土峰值强度越小。如含有 45°裂纹的混凝土峰值强度为 21.9MPa，明显小于含有 30°裂纹的混凝土峰值强度 26.6MPa，含有 60°裂纹的混凝土峰值强度仅有 16.0MPa。裂纹角度越大，有效弹性模量与有效剪切模量在裂纹起裂后降低越快。而且裂纹角度增大，泊松比的变化也较快，从加载开始至峰值强度，含 30°裂纹的混凝土的泊松比从 0.3 变化至 0.373，而含 45°裂纹的混凝土的泊松比从 0.3 变化至 0.487，含有 60°裂纹的混凝土的最终泊松比也达到了 0.449。

　　4. 裂纹角度为 60°，$\sigma_{11} = \sigma_{33} = f\sigma_{22}$，$f = 0.2$

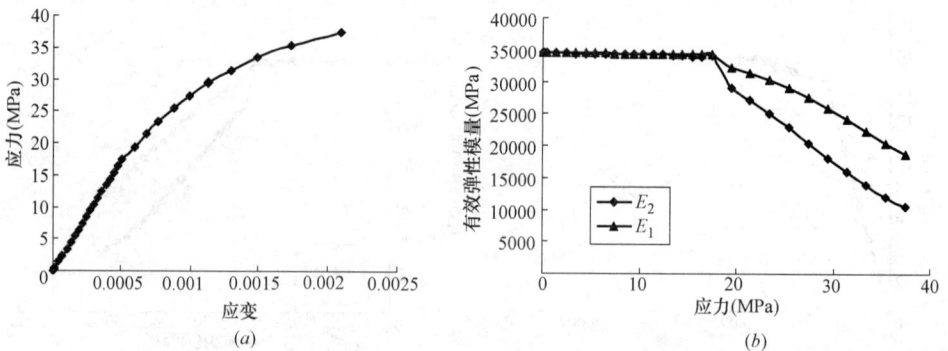

图 6-13　裂纹角度为 60°时的应力—应变曲线及模量变化（$\sigma_{11} = \sigma_{33} = f\sigma_{22}$，$f = 0.2$）（一）
(*a*) 应力—应变曲线；(*b*) 有效弹性模量随应力的变化

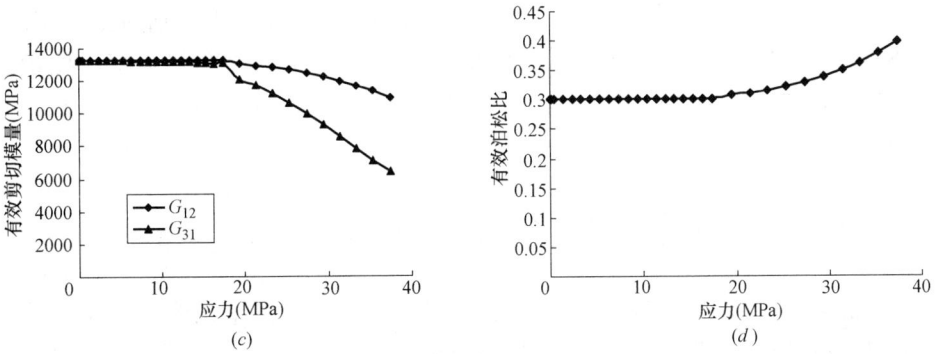

图 6-13　裂纹角度为 60°时的应力—应变曲线及模量变化（$\sigma_{11}=\sigma_{33}=f\sigma_{22}$，$f=0.2$）（二）

（c）有效剪切模量随应力的变化；（d）有效泊松比随应力的变化

5. 裂纹角度为 $60°$，$\sigma_{11}=\sigma_{33}=f\sigma_{22}$，$f=0.4$

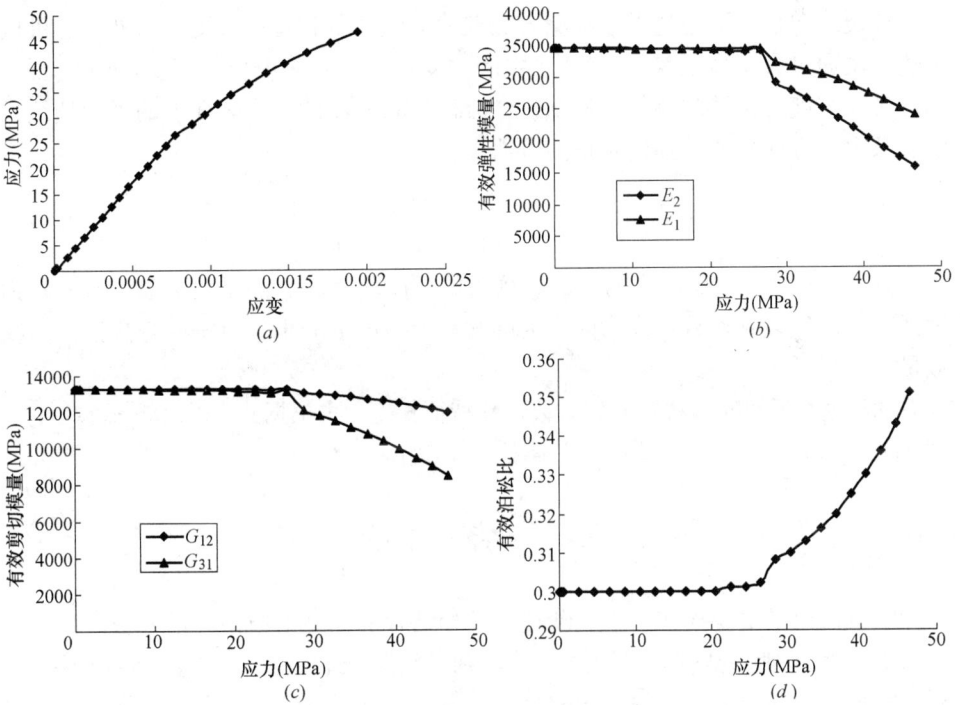

图 6-14　裂纹角度为 60°时的应力—应变曲线及模量变化（$\sigma_{11}=\sigma_{33}=f\sigma_{22}$，$f=0.4$）

（a）应力—应变曲线；（b）有效弹性模量随应力的变化；

（c）有效剪切模量随应力的变化；（d）有效泊松比随应力的变化

从图 6-13、图 6-14 比较来看，在有约束应力作用下，随约束应力增加，混凝土起裂强度逐渐增大，起裂强度分别为 14.0MPa、17.5MPa、26.1MPa。混凝土强度明显增大，在混凝土应变达到 0.002 时，混凝土应力分别为 16.0MPa、34.8MPa 和 44.2MPa；泊松比明显减小，分别为 0.45、0.38 和 0.35。模量参数在裂纹起裂后变化趋势明显变缓，约束应力越大，模量参数 E_{eff}、G_{eff} 减小和 v_{eff} 增大越少。

6.6　初始裂纹损伤的估计方法

如混凝土材料中存在初始裂纹损伤，且裂纹微小，则单位体积裂纹数量 N 可通过 Krajcinovic 和 Fanella 估计式[23]得到：

$$N = \frac{12f_v(1-\eta)}{D_{max}^3 \alpha_v(1-\eta^4)} \qquad (6-27)$$

式中，D_{max} 为粗骨料的最大粒径；f_v 为粗骨料的体积分数；α_v 为骨料的形状参数；η 为骨料不均匀性参数。

如裂纹明显，可通过无损检测方法获取裂纹数量和特征长度。另外，也可按下述方法通过表观裂纹来估计裂纹数量。Kawamoto 等[24]提出了一种从岩石样品的裂纹密度的统计观测值（例如，立方体岩石样品的 3 个表面上的平均裂纹长度、条数、方向）估计损伤张量的方法。

$$\overline{N} = V^{1/3} \left[\frac{N_i N_j}{L_i L_j \sqrt{(1-n_i^2)(1-n_j^2)}} \right]^{\frac{1}{2}} \qquad (6-28)$$

其中，$\overline{N}$ 为立方体积中的平均裂纹条数；L_i 为表面上的平均裂纹长度；n_i 为表面上的平均裂纹条数。作为同样为准脆性材料的混凝土也可按此方法估计裂纹数量。

通过这些近似的方法获取裂纹数量和特征长度，再根据式（6-12）～式（6-14）、式（6-24）和式（6-26）能快速评定混凝土的初始损伤 D_0。

6.7　结　　论

本章讨论了细观损伤力学和断裂力学相结合的混凝土损伤分析方法，在混凝土双 K 断裂准则的基础上，通过统计得到了混凝土裂纹演化方程，给出混凝土裂纹特征尺寸随应力变化的显式表达式，由此得到了含裂纹的混凝土材料损伤本构关系。从而将混凝土损伤弹性模量与裂纹特征、剩余强度联系起来，可为损伤混凝土结构的性能评估奠定一定基础。

根据建议的混凝土裂纹演化方程，分析了裂纹分布角度对混凝土有效模量和强度的影响。随着裂纹的发展，混凝土表现出明显的各向异性。裂纹平面法向与拉应力夹角越小，混凝土的拉伸柔度越大，混凝土的抗拉强度越小。在单轴压缩条件下，模量参数在裂纹起裂之前不变化，而在应力达到起裂强度时，往往有一突变，然后随应力增大，模量参数 E_{eff}、G_{eff} 快速减小，v_{eff} 增大。裂纹平面法向与压应力夹角越大，起裂强度越小，则混凝土峰值强度越小。

　　上述评估方法在实际应用中需要的测试参数较少，关键在于混凝土内部裂纹特征值的测量及相应断裂参数的计算。当前随着 CT 扫描技术等在混凝土结构内部损伤测试中的应用，以及采用断裂力学方法计算混凝土断裂韧度，完全可以在现场评估中实施。

参 考 文 献

[1]　Liebowita H，ed. Fracture [M]. New York：Academic Press，1968.

[2]　Kachanov M. Elastic solids with many cracks and related problems [J]. Advances in applied mechanics，1993，(30)：259-428.

[3]　Horii H，Nemat-Nasser S. Overall moduli of solids with microcracks：Load-induced anisotropy [J]. Journal of the Mechanics & Physics of Solids，1983，31 (2)：155-171.

[4]　Huang Y，Hu K X，Chandra A. A generalized self-consistent mechanics method for microcracked solids [J]. Journal of the Mechanics & Physics of Solids，1994，42 (8)：1273-1291.

[5]　Hashin Z. The differential scheme and its application to cracked materials [J]. Journal of the Mechanics & Physics of Solids，1988，36 (6)：719-734.

[6]　Zimmerman R W. The effect of microcracks on the elastic moduli of brittle materials [J]. Journal of Materials Science Letters，1985，4 (12)：1457-1460.

[7]　Benveniste Y. On the Mori-Tanaka's method in cracked bodies [J]. Mechanics Research Communications，1986，13 (4)：193-201.

[8]　Weng G J. The theoretical connection between Mori-Tanaka's theory and the Hashin-Shtrikman-Walpole bounds [J]. International Journal of Engineering Science，1990，28 (11)：1111-1120.

[9]　Kachanov M. Elastic solids with many cracks：a simple method of analysis [J]. International Journal of Solids & Structures，1987，23 (1)：23-43.

[10]　Kachanov M，Montagut E，Laures J P. Meshanics of crack-miccrocrack interactions [J]. Mech Mater，1990，(10)：59-71.

[11]　Feng X Q，Yu S W. Estimate of effective elastic moduli with microcrack interaction effects [J]. Theoretical and Applied Fracture Mechanics，2000，34 (3)：225-233.

[12]　Prat P C，Banzant Z P. Tangential stiffness of elastic materials with systems of growing or closing cracks [J]. Journal of the Mechanics & Physics of Solids，1994，45 (4)：611-636.

[13]　Kachanov M. Effective elastic properties of cracked solids：review of some basic concepts [J]. Appl Mech Rev，1992，(45)：304-335.

[14]　冯西桥，余寿文. 计算微裂纹损伤材料有效模量的一种简单方法 [J]. 力学学报，2001，33（1）：102-108.

[15]　Hillerborg A，Modeer M，Petersson P E. Analysis of crack formation and crack growth in concrete by means of fracture mechanics and finite elements [J]. Cement and Concrete Re-search，1976，（6）：773-782.

[16]　徐世烺，赵国藩. 混凝土结构裂缝扩展的双 K 断裂准则 [J]. 土木工程学报，1992，25（2）：32-38.

[17]　Xu S L，Reinhardt H W. A simplified method for determining double-K fracture parameters for three point tests [J]. International Journal of Fracture，2000，104（2）：181-209.

[18]　徐世烺. 混凝土双 K 断裂参数的实用解析方法 [J]. 工程力学，2003，20（3）：54-61.

[19]　胡少伟，谢剑锋，喻江. 不同初始缝高比楔入劈拉试件断裂试验研究 [J]. 长江科学院院报，2015，32（2）：114-118.

[20]　冯西桥，余寿文. 准脆性材料细观损伤力学 [M]. 北京：清华大学出版社，2002.

[21]　Ashby M F，Brown L M. Perpective in Creep Fracture [M]. Oxford：Pergamon Press，1983.

[22]　Ju J W，Lee X. Micromechaical damage models for brittle solids I：tentile loadings [J]. J Eng Mech，1991，（117）：1515-1536.

[23]　Chow C L，Yang F. On one-parmeter description of damage state for brittle material [J]. Engineering Fracture Mechanics，1991，40（2）：335-343.

[24]　Kawamoto T，Ichikawa Y，Kyoya T. Deformation and fracturing behaviour of discontinuous rock mass and damage mechanics theory [J]. International Journal of Rock Mechanics & Mining Science & Geomechanics Abstracts，1988，12（2）：1-30.

第 7 章　钢筋混凝土柱低周疲劳全过程
累积损伤性能分析方法

7.1　引　　言

现代钢筋混凝土桥梁结构中，桥墩是最易遭受地震破坏的构件。研究表明，地震作用下桥墩损伤累积导致其刚度不断退化和耗能能力逐渐下降进而形成塑性铰是钢筋混凝土桥墩损伤破坏的主要原因[1-2]。目前国内外学者针对钢筋混凝土结构构件建立的地震损伤模型通常采用强度、位移及能量耗散等宏观物理参数来表达，如以延性指标和刚度退化为代表的变形损伤模型[3-5]和变形累积模型[6-8]。Park 等[9]提出了最大位移和累积耗能线性组合的地震损伤模型。王东升、牛荻涛、付国等[10-12]提出了基于变形和累积耗能的非线性组合的双参数损伤模型。Riyadh 等[13]提出了综合考虑强度、刚度和位移的损伤模型。此类损伤模型是从宏观概念上评估构件的损伤状态，对构件损伤产生的机理描述尚模糊，反映的是构件的损伤程度，不能全面地反映低周疲劳作用下损伤结构的性能，与震后结构性能联系更弱，所以很有必要研究既考虑构件低周疲劳而导致的累积损伤，又与震后结构性能相联系的损伤性能评估方法。由于构件的损伤是由组成构件的材料发生损伤所致，从材料损伤的角度阐述构件的损伤发展过程更为合理。

此外，随着基于性能/位移抗震设计理论的发展，对钢筋混凝土桥墩地震损伤量化参量提出了更高要求，除传统的位移延性[14]和曲率延性[15]外，相继提出了残余位移[16]、纵筋和混凝土的最大应变[17-18]、纵筋低周疲劳损伤[19-20]等损伤指标，但这些指标更多侧重于桥墩的最终破坏极限状态，对于桥墩地震损伤后的剩余性能方面的研究极少，而这恰恰是桥梁在地震损伤后评估、加固分析中所迫切需要的。

在混凝土结构损伤全过程分析中需要采用合理的材料本构关系，由于混凝土细观损伤模型与分析非常复杂，而且细观参数往往需要通过细观试验得到，不利于在结构分析中应用。在第 6 章中提出应用双 K 准则的裂纹演化方程，为细观方法在材料和构件分析中的应用提供了一条思路，它可以直接预测损伤混凝土的强度和峰值应变，但是双 K 准则在结构混凝土材料中应用尚不广泛，因此本章从实用角度出发，建立基于细观损伤机理的宏观损伤分析模型，结合纵筋疲劳累积损伤分析，讨论低周疲劳作用下钢筋混凝土柱的变形损伤性能和材料损伤的发展，提出一种考虑低周疲劳效应的钢筋混凝土柱全过程损伤性能简化分析方法。

7.2　基于细观机理的混凝土损伤模型

7.2.1　模型建立

在模型建立过程中，选取单位体积内细观裂纹密度 ρ 作为与细观损伤相关的内状态变量，脆性材料的细观裂纹密度可以较好地反映细观裂纹损伤的状态，它的一般定义为：

$$\rho = Na^3 \tag{7-1}$$

式中，ρ 为单位体积裂纹密度；a 是细观裂纹的特征长度；N 是单位体积的裂纹数。

细观裂纹的发展必然导致混凝土有效模量的变化，本章采用 Horii 等学者[21]提出的有效模量计算公式，并假定裂纹数目发展服从 Weibull 分布，推导出混凝土的损伤模型。模型建立过程如下：

$$\frac{E_{\text{eff}}}{E} = 1 - \frac{16}{15}(1 - v_{\text{eff}}^2)\rho \tag{7-2}$$

式中，E、E_{eff} 分别为材料基体的弹性模量和有效弹性模量；v、v_{eff} 分别为材料基体的泊松比和有效泊松比。

根据应变等效假定，有：

$$\sigma = E_{\text{eff}}\varepsilon = E(1-D)\varepsilon \tag{7-3}$$

$$D = 1 - E_{\text{eff}}/E \tag{7-4}$$

由式（7-1）、式（7-2）和式（7-4）得：

$$D = \frac{16}{15}(1 - v_{\text{eff}}^2)\rho = \frac{16Na^3}{15}(1 - v_{\text{eff}}^2) \tag{7-5}$$

根据线弹性断裂力学可得到加载条件下裂纹的特征长度：

$$a = \frac{A}{\pi E^2}(K_{\text{I}}/\varepsilon)^2 \tag{7-6}$$

式中，K_{I} 为材料的断裂韧度；A 为考虑裂纹形状和材料泊松比相关的系数。

根据 Grady 和 Kipp[22] 的研究，脆性材料单位体积内的细观裂纹数可表示为：

$$N = B\varepsilon^\beta \tag{7-7}$$

式中，B、β 均为材料常数。

将式（7-6）、式（7-7）代入式（7-5）得：

$$D = \frac{16}{15}(1 - v_{\text{eff}}^2)\left(\frac{A}{\pi E^2}K_{\text{I}}^2\right)^3 B\varepsilon^{\beta-6} = C\varepsilon^{\beta-6} \tag{7-8}$$

式中，C 为反映细观裂纹损伤与应变相关关系的计算系数。

这样，混凝土损伤指标和有效弹性模量、应变建立了一一对应的联系。将式 (7-8) 代入式 (7-3)，得到混凝土基于细观裂纹的损伤模型：

$$\sigma = E\varepsilon - EC\varepsilon^{\beta-5} \tag{7-9}$$

式中的系数 C 和 β 可由混凝土单轴拉、压全过程曲线的初始和峰值点处的边界条件确定。则边界条件为：

$$\sigma\big|_{\varepsilon=\varepsilon_c} = f_c, f_c = E\varepsilon - EC\varepsilon_c^{\beta-5} \tag{7-10}$$

$$\frac{d\sigma}{d\varepsilon}\bigg|_{\varepsilon=\varepsilon_c} = 0, 1 - C(\beta-5)\varepsilon^{\beta-6} = 0 \tag{7-11}$$

所以

$$\beta = \frac{6E\varepsilon_c - 5f_c}{E\varepsilon_c - f_c} \tag{7-12}$$

$$C = \varepsilon_c^{5-\beta}\left(\varepsilon_c - \frac{f_c}{E}\right) \tag{7-13}$$

对于经历加载历史的混凝土结构，初始损伤对峰值点处的应力或应变可能有降低的影响，则必须考虑峰值点处的应力或应变的变化，式中的 f_c、ε_c 应按损伤混凝土实际峰值应力和应变代替，本章提出的含裂纹混凝土强度预测方法可作为本章模型边界条件的补充。相应的材料系数也应发生改变，式 (7-5) 可写成如下形式：

$$D = D_0 + C_1\varepsilon^{\beta_1-6} \tag{7-14}$$

式中，C_1 为考虑初始裂纹损伤及其发展与应变相关关系的计算系数；β_1 为考虑初始裂纹损伤的材料系数。C_1、β_1 的计算仍可采用式 (7-12)、式 (7-13) 的形式。

对于受压约束混凝土，其损伤发展仍然与裂纹数量、裂纹长度及分布、有效泊松比有关。由于约束效应的存在，损伤裂纹的开展受到抑制，发展缓慢，从而提高了混凝土的极限强度和极限应变（有较强约束时，裂纹完全受到抑制而不开展，则混凝土等脆性材料就会像钢材等晶体材料一样发生层错延性破坏，不在研究范畴内）。所以仍可假设细观裂纹数服从 Weibull 分布，则式 (7-9) 可适用于约束混凝土的损伤分析，不过模型参数应按照约束混凝土初始和峰值点处边界条件得到，即式 (7-12)、式 (7-13) 中表征混凝土峰值强度和应变的 f_c、ε_c 用约束混凝土的峰值强度和应变 f'_{cc}、ε_{cc} 代替。峰值强度和应变可通过试验获取，为了在结构分析中应用，本章采用了 Mander 模型[23]计算确定，下面对 Mander 模型做简要介绍。

7.2.2 Mander 模型

(1) 约束混凝土的有效约束应力为：

$$f'_{lx} = K_e\rho_x f_{yh} \tag{7-15a}$$

$$f'_{ly} = K_e \rho_y f_{yh} \tag{7-15b}$$

其中，f'_{lx}、f'_{ly} 为矩形截面两个主方向的有效约束应力；K_e 为有效约束系数，对矩形截面取 0.75，圆形截面取 0.95。

约束混凝土的抗压强度为：

$$f_{cc} = f'_c (2.254 \sqrt{1 + 7.94 f'_l / f'_c} - 2 f'_l / f'_c - 1.254) \tag{7-16}$$

其中，f_{cc} 为约束混凝土的抗压强度；f'_c 为未约束混凝土的抗压强度；f'_l 为混凝土的有效侧向约束应力。

（2）约束混凝土的峰值应变为：

$$\varepsilon_{cc} = 0.002 \left[1 + 5 \left(\frac{f'_{cc}}{f'_c} - 1 \right) \right] \tag{7-17}$$

（3）约束混凝土的极限压应变为：

$$\varepsilon_{cu} = 0.004 + \frac{1.4 \rho_s f_{yh} \varepsilon_{sm}}{f'_{cc}} \tag{7-18}$$

式中，ε_{sm} 为箍筋的极限拉应变；ρ_s 为约束混凝土体积配筋率。

Mander 等的研究表明，当横向约束箍筋断裂时是可用的应变极限。

（4）约束混凝土应力应变关系为：

$$f_c = \frac{f'_{cc} x r}{r - 1 + x^r} \tag{7-19}$$

$$x = \frac{\varepsilon_c}{\varepsilon_{cc}} \tag{7-20}$$

$$r = \frac{E_c}{E_c - E_{sec}} \tag{7-21}$$

$$E_c = 5000 \sqrt{f'_c} \tag{7-22}$$

式中，f'_{cc} 为约束混凝土峰值应力；ε_{cc} 为峰值应力对应的应变；ε_c 为混凝土的应变；E_{sec} 为峰值应力点的割线弹性模量；E_c 为混凝土的初始弹性模量。

7.2.3　本章模型与 Mander 模型的比较

采用了 Mander 模型给出的极限应变计算公式作为计算终点，分别按本章模型和 Mander 模型对第 4 章试验柱的素混凝土和箍筋约束混凝土受压应力—应变曲线进行了计算，计算曲线对比如图 7-1 所示。可以看出，在达到应力峰值点之前的上升段是非常接近的；在应力峰值点后的软化下降段，本章模型曲线下降速率高于 Mander 模型。

图 7-2 给出了由本章模型计算出的混凝土损伤指标 D，不考虑约束效应时 D 的发展接近一条直线，即近似线性发展；考虑约束效应时 D 按曲线形式发展，初期发展快，后期发展慢，明显是箍筋的约束效应在后期发挥作用。值得注意的是在混凝土应变达到 0.002 时，不考虑约束效应和考虑约束效应的混凝土损伤 D

值非常接近，均约等于 0.5，此时的素混凝土已达应变峰值。约束混凝土的应变峰值可达 0.0045，对应的混凝土损伤指标 D 为 0.72。以 Mander 模型给出的极限应变计算公式作为混凝土应变计算终点时，D 达到了 0.92。

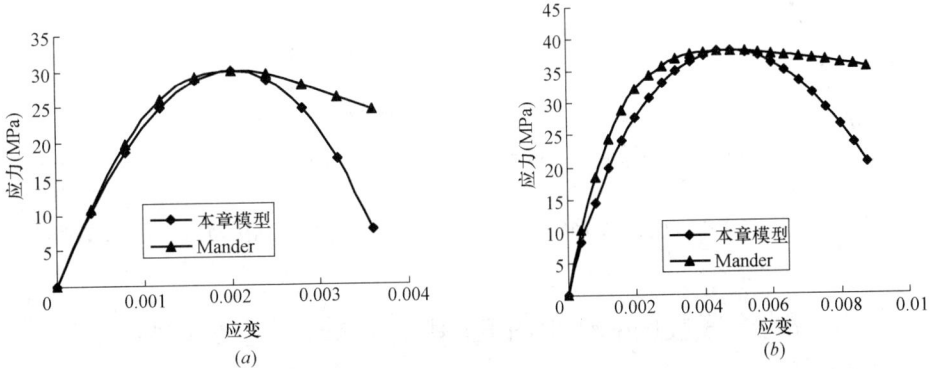

图 7-1　压应力作用下本章模型与 Mander 模型计算比较
（a）不考虑约束效应的混凝土；（b）考虑约束效应的混凝土

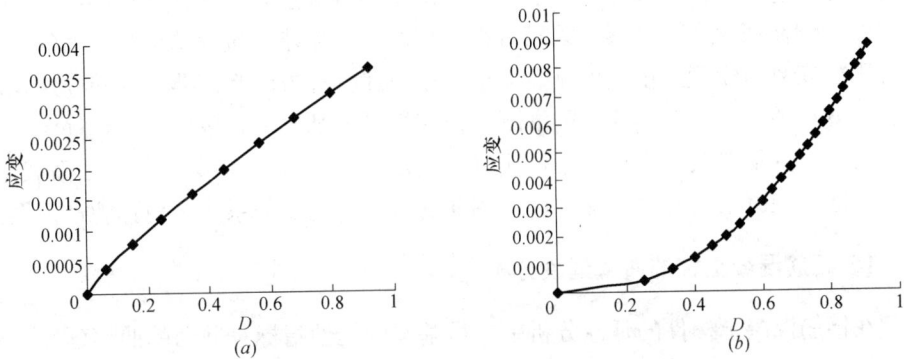

图 7-2　压应力作用下混凝土损伤指标与应变关系曲线
（a）不考虑约束效应；（b）考虑约束效应

　　按本章建立的损伤模型，轴拉荷载作用下混凝土应力—应变计算曲线如图 7-3 所示，其损伤指标 D 的变化如图 7-4 所示。可以看出，混凝土的拉应力—应变曲线较陡峭，混凝土损伤的发展在应变小于 0.0001 时很小，应力—应变关系接近线性；当应变大于 0.0001 后，混凝土损伤发展快速，应变峰值为 0.00015 时的混凝土损伤指标 D 为 0.37，应变为 0.00025 时的 D 就达到了 0.95。

　　本章模型与 Loland 损伤模型弹性阶段的损伤形式非常相似，大量试验已经证明了 Loland 模型在弹性阶段损伤分析的正确性，但 Loland 模型的下降段采用了直线假设，显然不合理。本章的损伤分析模型是根据细观裂纹按 Weibull 分布得到的，包括了弹性损伤阶段和软化下降阶段的整个分析过程。

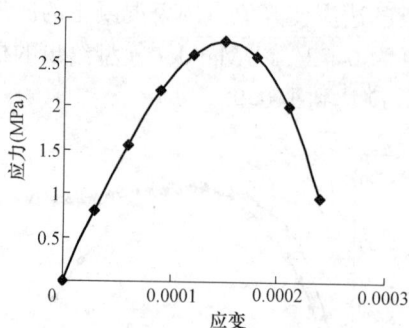

图 7-3　混凝土拉应力—应变曲线

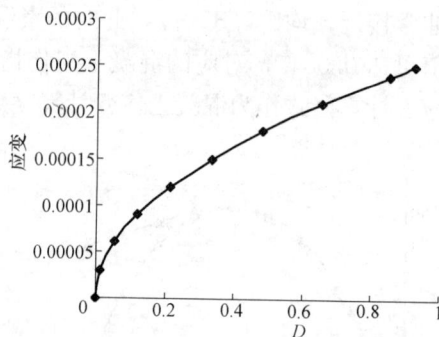

图 7-4　轴拉损伤指标 D 与应变关系曲线

7.3　钢筋混凝土柱的单调荷载—变形关系

目前，有效可靠的抗震性能评估方法主要有静力弹塑性分析方法（Pushover 方法）和动力弹塑性时程分析方法。采用前者进行分析时，需建立反映结构变形能力的单调荷载—变形关系；采用时程分析法时，需建立包含结构骨架曲线和滞回规则的恢复力模型。由此可见，无论采用上述哪种方法都需要首先建立结构的荷载—变形关系。本章在建立的混凝土损伤模型的基础上，数值分析钢筋混凝土柱的荷载—变形曲线，在计算中遵循以下假定：（1）截面应变符合平截面假定；（2）钢筋与混凝土之间无滑移；（3）钢筋的应力—应变关系为理想弹塑性模型。

7.3.1　钢筋混凝土柱的曲率延性分析

在钢筋混凝土构件的延性分析中，最基本的延性指标是截面的曲率延性，构件的位移延性（或荷载—位移关系）可以用曲率延性来导出。

1. 平衡条件

根据基本假定，在延性分析中主要考虑混凝土的损伤发展对延性曲率的影响。钢筋混凝土截面应力、应变及弹性模量的分布如图 7-5 所示，ε_c、ε_t 分别表示截面边缘的混凝土压应变和拉应变；σ_c、σ_t 分别表示截面边缘的与应变对应的混凝土压应力和拉应力；E_c、E_d、E_t 分别表示截面上混凝土的有效弹性模量分布；Z_c 表示截面受压区高度；d_c、d_t 表示截面中纵筋的位置，由于钢筋假定是理想弹塑性的，可根据应变平截面假定由相应的 ε_c、ε_t 得到。

设压力为正，拉力为负。由内力平衡条件：

$$\sum X = 0 \qquad N = \frac{b\varepsilon_c}{z_c}\int_z E(z)(z - z_c)\,\mathrm{d}z + F_{st} + F_{sc} \qquad (7\text{-}23)$$

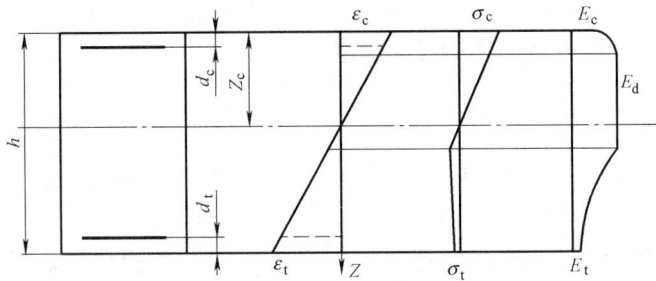

图 7-5　平截面假定及参量分布图

对中性轴取矩，由力矩平衡原则：

$$\sum M = 0 \qquad M = \int_z E(z)(z - z_c)\mathrm{d}z \qquad (7\text{-}24a)$$

即：

$$M = \frac{b\varepsilon_c}{z_c}\int_z E(z)(z - z_c)^2\mathrm{d}z + M_{st} + M_{sc} \qquad (7\text{-}24b)$$

由式（7-23）、式（7-24）可以看出：

$$J_1 = \int_z E(z)(z - z_c)\mathrm{d}z \qquad (7\text{-}25a)$$

$$J_2 = \int_z E(z)(z - z_c)^2\mathrm{d}z \qquad (7\text{-}25b)$$

对于矩形截面，式（7-25）分别乘以截面宽度 b 即为混凝土断面的有效轴向刚度和有效抗弯刚度。

2. 控制极限状态

在进行曲率分析时，需要确定截面的屈服状态和最终极限状态。一般情况下截面的屈服条件是：

$$\sigma_{st} = f_y \qquad （少筋构件和小轴压比） \qquad (7\text{-}26)$$

$$\varepsilon_{cmax} = \varepsilon_{c0} \qquad （超筋构件和大轴压比） \qquad (7\text{-}27)$$

截面的最终状态可表示为

$$\varepsilon_{cmax} = \varepsilon_{cu} \qquad (7\text{-}28)$$

其中，σ_{st}、f_y 分别表示受拉钢筋的应力和屈服强度；ε_{cmax} 表示受压区混凝土的最大应变；ε_{c0}、ε_{cu} 分别表示应力—应变曲线上应力最大点和失效点所对应的应变。

我国的 HRB335 级钢筋的极限应变可取为 0.1，考虑低周疲劳的影响，纵向钢筋的拉应变超过 0.6 倍的极限拉应变时，可作为防止纵向钢筋受压屈曲的应变界限值[24]。Kowalsky[25] 建议对于约束充分的圆柱形桥墩，破坏控制极限状态对应于约束混凝土极限压应变和纵筋拉应变的值分别取为 0.018 和 0.06。本章在进行曲率分析时选取的控制状态分别为：以纵筋屈服时作为截面屈服状态；纵筋拉应变达到 0.06 时作为截面的最终状态。

　　3. 截面弯矩—曲率分析

　　根据本章提出的混凝土损伤模型和钢筋理想弹塑性模型（试验钢筋材料采用低碳钢，有较长的屈服段，不考虑后期钢材硬化的影响），采用纤维模型对不同轴压比、不同配筋率的试验柱进行了数值计算，试验柱计算结果如图 7-6、图 7-7 所示。

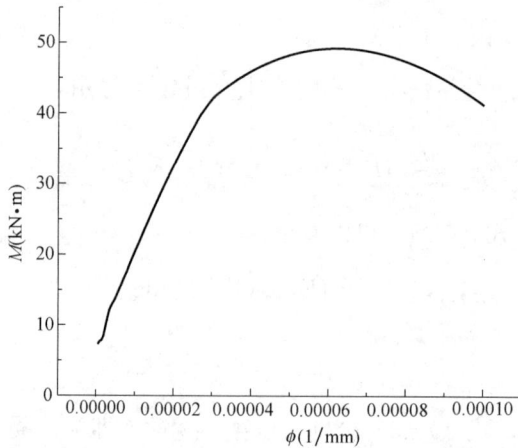

图 7-6　截面弯矩—曲率关系（轴压比 15%，配筋率 1.356%）

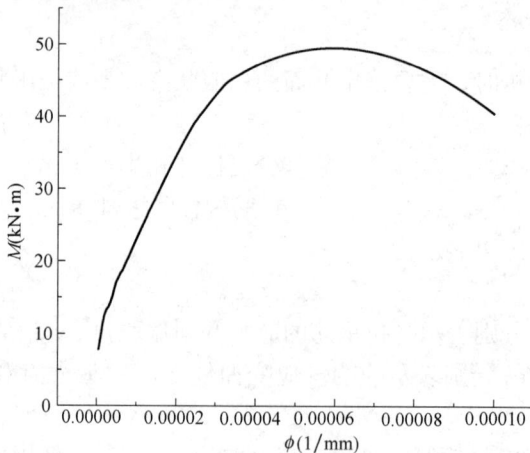

图 7-7　截面弯矩—曲率关系（轴压比 30%，配筋率 1.356%）

　　在分析过程中，根据如图 7-5 所示的截面计算图示，考虑箍筋的约束效应，分别计算出柱截面各纤维处混凝土应变和纵筋应变，从而由式（7-8）得到混凝土的损伤发展，根据式（7-3）和式（7-9）可以得到相应的混凝土有效弹性模量和应力的变化。

7.3.2 钢筋混凝土柱荷载—位移分析

钢筋混凝土柱在水平荷载作用下，其柱顶总位移可用下式表示：

$$\Delta = \Delta_e + \Delta_p + \Delta_c + \Delta_b \tag{7-29}$$

式中，Δ 为柱顶总位移；Δ_e 为弹性阶段产生的柱顶位移；Δ_p 为塑性阶段产生的柱顶位移；Δ_c 为剪切变形产生的柱顶位移；Δ_b 为由于钢筋滑移产生的柱顶位移。

（1）弹性阶段产生的柱顶位移

$$\Delta_e = \phi_y \frac{L^2}{3} \tag{7-30}$$

式中，ϕ_y 为截面屈服曲率；L 为柱高。

（2）塑性阶段产生的柱顶位移

$$\Delta_p = \phi_p L_p (L - L_p/2) \tag{7-31}$$

塑性曲率的计算如图 7-8 所示。

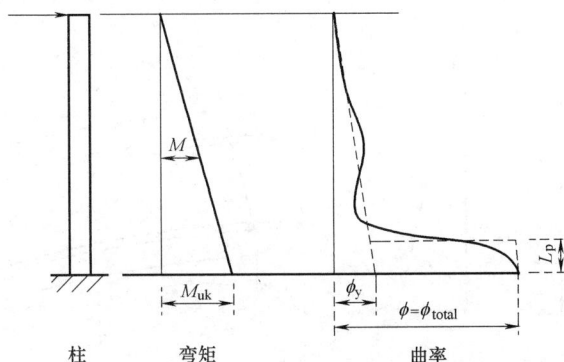

图 7-8　弯矩和曲率分布

$$\phi_p = \phi - \phi_y \tag{7-32}$$

等效塑性铰长度采用 Paulay 和 Priestly[26] 建议的计算方法：

$$L_p = 0.08L + 4400 \varepsilon_y d_b \tag{7-33}$$

式中，ϕ 为截面总曲率；L 为柱高（m）；ε_y、d_b 分别为纵筋的屈服应变和直径（m）。

（3）剪切变形产生的柱顶位移

图 7-9 显示了在剪力作用下，柱中开裂区与未开裂区的分布。当柱中存在这两个分布区域时，可采用 Park 和 Paulay[17] 的计算方法，计算剪切变形产生的柱顶位移。

$$\Delta_{c}=VL\left[\frac{1}{K_{vun}}\frac{M_{cr}}{M_{max}}+\frac{1}{K_{vcr}}\left(1-\frac{M_{cr}}{M_{max}}\right)\right] \qquad (7\text{-}34)$$

式中，V 为剪力；K_{vun} 为未开裂区的剪切刚度；K_{vcr} 为开裂区的剪切刚度。

$$K_{vun}=\frac{0.4E_{c}A_{g}}{f} \qquad (7\text{-}35)$$

开裂后的剪切刚度与裂纹的倾斜角度有关，在假定裂纹角度为 45° 时，Park 和 Paulay[1] 采用了下式：

$$K_{vcr}=\frac{b_{w}d}{\dfrac{1}{E_{s}\rho_{v}}+\dfrac{4}{E_{c}}} \qquad (7\text{-}36)$$

式中，ρ_{v} 为柱中箍筋的体积配筋率，$\rho=A_{v}/sb_{w}$。

（4）钢筋滑移产生的柱顶位移

柱在锚固区开裂导致的纵筋滑移对柱顶位移的影响不可忽视，柱屈服时的滑移变形分量可采用 Sezen-Setzler 模型[27] 计算，其计算方法如图 7-10 所示。

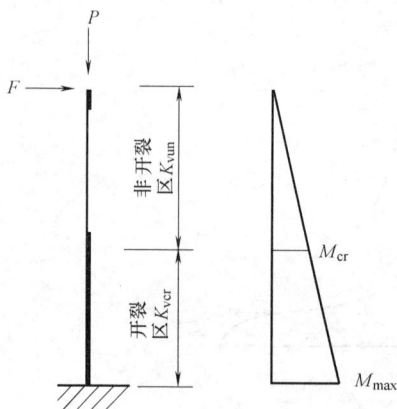

图 7-9　柱开裂区与非开裂区的分布　　　　图 7-10　钢筋滑移产生的柱顶位移

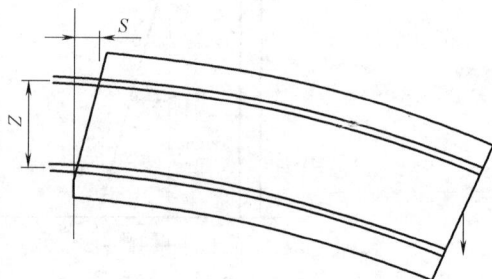

$$\Delta_{b}=\frac{SL}{z} \qquad (7\text{-}37)$$

式中，S 为钢筋滑移值，可通过试验得到。本书试验中未发现钢筋滑移，因此该项影响未计入。

在进行数值分析时，首先采用纤维模型对柱底截面进行弯矩-曲率分析，然后根据式（7-29）得到柱底剪力和柱顶位移之间的关系。计算曲线与文献 [28] 中 No.3 柱的静力推倒试验曲线进行了对比，如图 7-11 所示，计算曲线与试验曲线符合很好，说明按本章提出的混凝土损伤模型进行非线性弹塑性分析具有足够的精确度，根据分析过程中塑性铰截面混凝土应变的增大，可以得到混凝土的损伤发展。

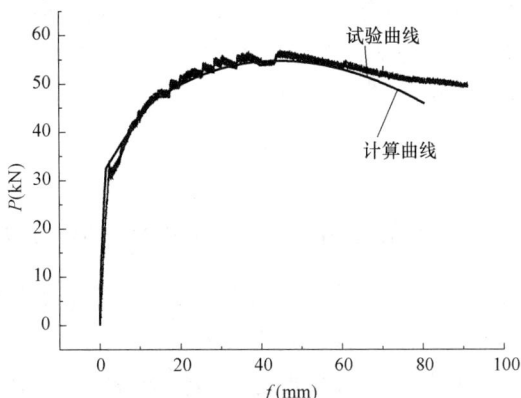

图 7-11　No.3 试验柱水平荷载—变形计算曲线与实测曲线比较

7.4　钢筋混凝土柱的低周疲劳变形损伤性能计算方法

由于低周疲劳循环退化效应的存在，尤其是剪切和钢筋粘结滑移明显时，钢筋混凝土柱滞回曲线的包络线（骨架曲线）应低于单调荷载作用下的荷载—变形曲线。

7.4.1　纵筋低周疲劳损伤分析

Kunnath[20]在试验基础上详细分析比较了各类损伤模型及影响参数，认为只有纵筋疲劳损伤指数较适合于钢筋混凝土桥墩的地震损伤评估。Mander[19]和Kunnath[20]分别对矩形截面柱和圆形截面柱采用 Coffin-Manson 的低周疲劳公式进行统计分析，即在特定塑性应变 ε_p 作为幅值的条件下，钢筋混凝土柱中纵筋不同塑性应变水平与低周循环次数之间有如下关系：

$$\varepsilon_p = \varepsilon_f (2N_f)^c \tag{7-38}$$

式中，ε_f 为材料常数；c 为试验参数；$2N_f$ 为低周循环直至失效时的循环次数。

对于矩形截面柱，Mander 得到了 $\varepsilon_p - 2N_f$ 试验统计公式和总应变 $\varepsilon_t - 2N_f$ 试验统计公式：

$$\varepsilon_p = 0.08(2N_f)^{-0.5} \tag{7-39}$$

$$\varepsilon_t = 0.08(2N_f)^{-0.33} \tag{7-40}$$

对于圆形截面柱，Kunnath 得出类似的试验统计公式：

$$\varepsilon_p = 0.065(2N_f)^{-0.436} \tag{7-41}$$

$$\varepsilon_t = 0.060(2N_f)^{-0.360} \tag{7-42}$$

根据 $\varepsilon_p - 2N_f$ 关系，可计算出不同截面形式的钢筋混凝土柱在相应塑性应变水平的失效循环次数 $2N_f$。钢筋混凝土柱中纵筋在地震过程中往往遭遇不同塑性应变水平下的低周循环，其损伤累积可采用 Miner 的线性累积损伤公式分析。则纵筋低周循环累积损伤表述为：

$$D_w = \sum_i^N \frac{1}{(2N_f)_i} \tag{7-43}$$

7.4.2 钢筋混凝土压弯构件低周疲劳作用下变形性能损伤计算公式

低周疲劳变形性能损伤包含由位移增大引起的变形性能损伤和多次循环造成的变形性能损伤两项内容。根据构件是否进入塑性阶段，低周疲劳变形性能损伤又可分为弹性变形性能损伤和塑性变形性能损伤两种情况。在弹性变形阶段，大量的试验已经证明，多次循环作用比一次变形产生的损伤增大极小，可以忽略不计，因此在进行弹性变形性能损伤分析时，只计入一次变形产生的损伤即可。

当钢筋混凝土柱屈服后，对于如图 7-12 所示的矩形柱，在不考虑剪切变形的情况下，纵筋塑性应变 ε_p 与柱塑性曲率 ϕ_p 之间的对应关系为：

$$\varepsilon_p = \phi_p \frac{d'}{2} \tag{7-44}$$

由式（7-39）、式（7-43）和式（7-44）得：

$$\Delta_p = \frac{0.16 L_p (L - L_p/2)}{d'} (2N_f)^{-0.5} \tag{7-45}$$

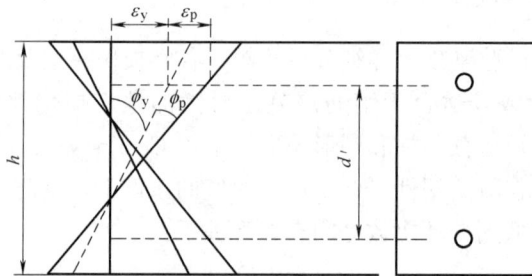

图 7-12　截面应变分布

根据式（7-45），柱塑性位移 Δ_p 与纵筋塑性应变 ε_p 之间具有一一对应关系，因此，柱塑性变形性能损伤分析可采用纵筋累积损伤公式（7-43）的形式，但低周疲劳作用下钢筋混凝土柱变形能力的降低，是由纵筋塑性累积、混凝土裂纹扩展及压缩增大、纵筋与混凝土的滑移等多种因素造成的，因此，分析钢筋混凝土柱塑性变形性能损伤时，应对式（7-45）进行修订。试验研究表明[19]，早期的循环损伤会对后来的损伤产生增大影响，而且钢筋混凝土柱在越高的塑性位移下的循环造成的损伤增大越快；另外，钢筋混凝土柱在塑性位移下的循环，也造成了重新加载弹性变形性能的降低，因此，将钢筋混凝土柱变形性能损伤计算公式修订为：

$$D_{\mathrm{w}} = \lambda \Big[\sum_{i}^{N} \frac{1}{(2N_{\mathrm{f}})_i} \Big]^{\alpha} \tag{7-46}$$

式中，λ、α 为材料参数，可由试验确定。

7.4.3　以割线刚度损伤为基础的压弯构件变形性能衰减分析

取开裂前钢筋混凝土柱荷载—位移曲线的割线为初始割线刚度 K_0，以每次循环最大位移的割线作为该循环的割线刚度 K_i，则割线刚度损伤可表示为：

$$D_i = 1 - K_i / K_0 \tag{7-47}$$

实测割线刚度损伤根据文献［28］的试验获得，与式（7-46）的变形性能损伤等效时，可以确定式（7-46）中的 λ、α 参数，得到基于割线刚度损伤的钢筋混凝土柱低周疲劳弯曲变形性能损伤计算式为：

$$D_{\mathrm{w}} = 1.029 \Big[\sum_{i}^{N} \frac{1}{(2N_{\mathrm{f}})_i} \Big]^{0.5} \tag{7-48}$$

上式计算得到的损伤值，反映的是以初始割线刚度为代表的构件刚度损伤指标。低周疲劳作用下钢筋混凝土柱进入塑性阶段后，钢筋混凝土柱的割线刚度、抗力衰减规律分别如式（7-49）和式（7-50）所示：

$$K_i = \Big\{ 1 - 1.029 \Big[\sum_{i}^{N} \frac{1}{(2N_{\mathrm{f}})_i} \Big]^{0.5} \Big\} K_0 \tag{7-49}$$

$$F_i = \Big\{ 1 - 1.029 \Big[\sum_{i}^{N} \frac{1}{(2N_{\mathrm{f}})_i} \Big]^{0.5} \Big\} K_0 \Delta_i \tag{7-50}$$

式中，Δ_i 为第 i 次循环柱顶最大位移幅值，可取第 i 次正、反向峰点位移绝对值的平均值；F_i 为与第 i 次循环柱顶最大位移幅值对应的抗力。

这样，根据塑性位移循环疲劳寿命的计算，可直接分析出钢筋混凝土柱割线刚度、抗力。假如已知第 i 次循环最大位移幅值为 Δ_i，则按塑性力学理论，可将 Δ_i 分解为两部分，即：

$$\Delta_i = \Delta_{ei} + \Delta_{pi} \tag{7-51}$$

式中，Δ_i 可取第 i 次正、反向峰值点位移绝对值的平均值；Δ_{pi} 为第 i 次循环的塑性位移，即不可恢复变形，可以残余变形代替；Δ_{ei} 为第 i 次循环的弹性位移。

李洪泉等[29]对国内外压弯构件试验的残余位移与最大位移关系进行了统计分析，如式（7-52）所示（单位：cm）：

$$\Delta_{pi} = 0.024\Delta_i^3 + 0.017\Delta_i^2 + 0.47\Delta_i - 0.003 \tag{7-52}$$

则卸载刚度 K_{ci} 的衰减也可以通过式（7-50）～式（7-52）得到，如下式所示：

$$K_{ci} = \frac{F_i}{\Delta_{ei}} = \frac{\left\{1 - 1.029\left[\sum\limits_i^N \frac{1}{(2N_f)_i}\right]^{0.5}\right\} K_0 \Delta_i}{\Delta_i - 0.024\Delta_i^3 + 0.017\Delta_i^2 + 0.47\Delta_i - 0.003} \qquad (7\text{-}53)$$

类似第 5 章第 5.4 节极限变形折减计算方法，压弯构件割线刚度的降低仍用下式表示：

$$D_{pi} = \sum \Delta K_i / K_0 \qquad (7\text{-}54)$$

同样由式（7-54）和试验数据分析得到：

$$D_{pi} = 0.0308\left[\sum\limits_i^N \frac{1}{(2N_f)_i}\right]^{0.5} \qquad (7\text{-}55)$$

可以得出低周疲劳损伤对压弯柱极限变形的折减系数：

$$FD_n = 1 - \left\{0.0154\left[\sum\limits_i^N \frac{1}{(2N_f)_i}\right]^{0.5} K_0\right\}\Delta_i / (K_i \times \Delta_f) \qquad (7\text{-}56)$$

文献 [28] 中，No.3 柱、No.4 柱分别为试验参数相同的静力加载试件和低周疲劳压弯试件，静力计算 No.3 柱的极限变形为 80.2mm，按式（7-54）、式（7-55）计算得到 No.4 柱在水平位移 36mm 循环 3 次时的割线刚度比 No.3 柱减小了 0.663kN/mm，实测的损伤割线刚度 K_i 为 0.858kN/mm。则按式（7-56）计算得到折减后的极限变形为 66.2mm，此时按损伤后静力推倒曲线得到的极限变形为 62.4mm，计算值比实测值略大，误差为 6%，这种近似计算方法能较好地满足结构计算要求。

7.5　钢筋混凝土柱低周疲劳累积损伤后的受弯承载能力分析

从第 7.2 节的混凝土损伤分析可知，损伤对混凝土的强度和应变峰值均有降低的影响，即建议的损伤模型 $\sigma = E\varepsilon - EC\varepsilon^{\beta-5}$ 的边界条件将发生变化。如在计算分析中，考虑每次循环后产生的损伤对再加载混凝土应力—应变曲线产生的影响，则计算过程非常繁琐。为了应用简便，提出一种简单实用的计算方法：根据损伤发展的不可逆性，以无损伤混凝土的应力—应变曲线为基础，由钢筋混凝土柱的刚度、抗力衰减规律得到截面损伤混凝土和纵筋的应变值，以此为基础，进行损伤后结构性能分析。

7.5.1　分析过程

1. 钢筋混凝土柱低周疲劳效应分析

（1）钢筋混凝土柱截面弯矩—曲率分析，得出截面混凝土、纵筋的应变分布，并计算出静力荷载—位移曲线；

（2）以所经历的位移循环为基础，计算钢筋混凝土柱的割线刚度损伤，从而得到不同位移循环下的割线刚度和抗力衰减数值；

（3）依据此割线刚度和静力荷载—位移曲线，分析得到考虑低周疲劳效应的钢筋混凝土柱等效位移及塑性铰截面的曲率增大值；

（4）根据截面弯矩—曲率分析，得到塑性铰截面的混凝土、纵筋应变增大值，由 $D=C\varepsilon^{\beta-6}$ 和 $E_{\text{eff}}=E(1-D)=(1-C\varepsilon^{\beta-6})$ 分别得出混凝土的损伤指标和有效弹性模量。

2. 低周疲劳作用后钢筋混凝土柱受弯承载能力分析

依据损伤发生的不可逆性，并假定混凝土的拉、压损伤不相互影响，则钢筋混凝土柱在低周疲劳作用后，即卸载重新达到应力平衡时，塑性铰区域混凝土的损伤和有效弹性模量不变，计算塑性铰区域纵筋和混凝土的残余应变和残余应力，以此为基础，可计算出损伤后钢筋混凝土柱的荷载—位移曲线。

7.5.2　算例分析

以文献［28］中经历过低周疲劳作用的 No. 4 柱、No. 6～No. 8 柱为例，按照上述分析过程，计算柱低周疲劳作用后的剩余受弯承载能力，纵向钢筋的极限拉应变取为 0.06。

1. No. 4 柱

No. 4 柱的计算结果及试验对比如图 7-13 所示。计算过程如下：

（1）由损伤模型 $\sigma=E\varepsilon-EC\varepsilon^{\beta-5}$ 计算钢筋混凝土柱截面弯矩—曲率，如图7-6所示。

（2）由式（7-29）计算静力荷载—位移曲线，如图 7-11 所示。

（3）由式（7-49）计算考虑低周循环的割线刚度损伤，从而得到不同位移循环下的损伤割线刚度。

1）No. 4 模型试验柱的塑性铰长度按式（7-33）计算为：

$$L_p=0.08L+4400\varepsilon_y d_b=105.6\text{mm} \qquad (7\text{-}57)$$

2）按式（7-45）计算塑性循环阶段的 $2N_f$：

$$\Delta_p=\frac{0.16L_p(L-L_p/2)}{d'}(2N_f)^{-0.5} \qquad (7\text{-}58)$$

2 倍屈服位移时：$2N_f=27.0$

4 倍屈服位移时：$2N_f=3.9$

3）由式（7-48）计算低周循环后的割线刚度损伤，$b_i=1$：

$$D_w=1.029\left[\sum_i^N \frac{b_i}{(2N_f)_i}\right]^{0.5}=0.965 \qquad (7\text{-}59)$$

4）$D_w = 1 - K_i/K_0$，$K_0 = 21.91kN/mm$，得到损伤后割线刚度和抗力为：$K = 0.76kN/mm$，$F = 27.4kN$。

（4）由总变形为 36mm 和式（7-52）计算残余变形为 30.3mm，根据 $\Delta_p = \phi_p L_p(L - L_p/2)$ 可得到塑性曲率：$\phi_p = 0.00032$；弹性曲率计算值为 0.00003。

（5）根据截面弯矩—曲率的分析曲线（见图 7-6），在已知曲率的条件下，容易得到截面混凝土、纵筋的应变。

（6）计算钢筋约束混凝土的应力—应变关系，如图 7-1（b）所示。

（7）由 $D = C\varepsilon^{\beta-6}$ 计算塑性铰区域混凝土的损伤，如图 7-2（b）所示；根据 $E_{eff} = E(1 - D) = E(1 - C\varepsilon^{\beta-6})$ 得到塑性铰区域混凝土的有效模量。

（8）在卸载重新达到应力平衡时或恢复到原位置，根据混凝土的有效模量，计算塑性铰区域纵筋和混凝土的残余应变 ε_{sr}、ε_{cr}。

（9）由 $\sigma_{sr} = E_s\varepsilon_{sr}$ 和 $\sigma_{cr} = E_{eff}\varepsilon_{cr}$ 分别计算塑性铰区域纵筋和混凝土的残余应力。

（10）在此损伤基础上，重新加载得出损伤后剩余承载力和相应变形能力。No. 4 试验柱为 950mm 柱，可直接采用损伤后弯矩—曲率关系计算柱顶位移，计算结果如图 7-13 所示。

从图 7-13 可以看出，No. 4 柱损伤后计算曲线在上升段和下降段与实测曲线趋势基本吻合。根据计算曲线得到试验柱纵筋屈服时的剩余屈服强度为 17.9kN，变形为 1.07mm，由于损伤后试验柱内纵筋应变计已经破坏，无法与纵筋屈服时的实测值进行准确比较，但从实测曲线可以看出，实测弹性阶段的最大值为 11.3kN，变形为 0.71mm，计算值与实际值有一定误差。此后继续加载，由于本章采用了塑性铰的计算方法，计算曲线比较光滑，试验柱剩余承载力计算值为 30.4kN，与实测值 30.0 kN 相比非常接近，计算结果准确，峰值变形计算值和实测值分别为 33.9mm 和 30.2mm。破坏控制极限状态时，纵向钢筋的极限拉应变取为 0.06，此时的损伤柱变形为 62.4mm，相应的计算值和实测值分别为 25.4kN 和 23.5kN，计算结果与实测值符合较好。

以上的计算过程中，重要的是确定低周疲劳造成的混凝土损伤和有效弹性模量。大位移的低周循环中，混凝土和纵筋的应变变化很难测试。本章在静力荷载—位移分析的基础上，根据残余变形与循环位移的统计规律，来反映低周循环造成的混凝土和纵筋应变的增大。与延性分析方法相比，本文提出的增大系数法考虑了低周疲劳造成的损伤而引起的混凝土和纵筋应变的增大，而且为低周疲劳作用后的损伤性能分析奠定了基础。

2. No. 6～No. 8 柱

低周疲劳作用后 No. 6～No. 8 柱剩余承载能力的计算应计入剪切变形的影

响，按式（5-4）计算考虑低周疲劳效应的残余变形。这 3 个试验柱有共同的特点，由于考虑剪切效应对损伤发展的影响，低周循环位移均较小，虽然进入了屈服后阶段，但没有达到屈服后下降段。类似 No.4 柱的计算过程，计算结果如图7-14～图 7-16 所示。

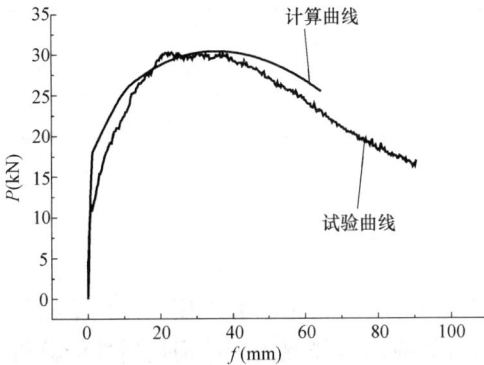

图 7-13　No.4 试验柱循环完成后水平荷载—位移曲线比较

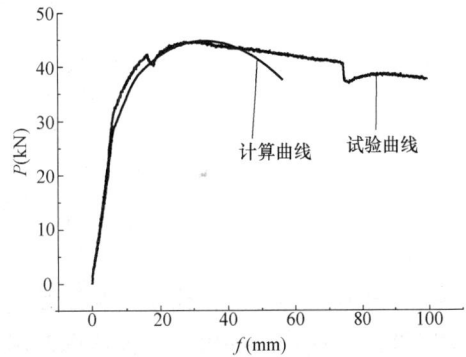

图 7-14　No.6 试验柱循环完成后水平荷载—位移曲线比较

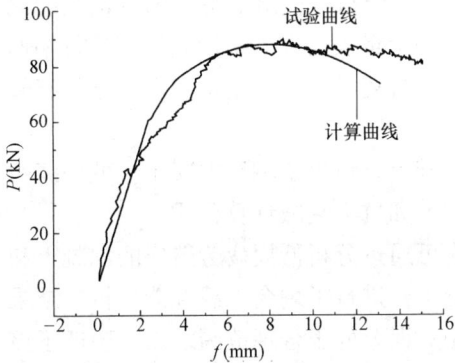

图 7-15　No.7 试验柱循环完成后水平荷载—位移曲线比较

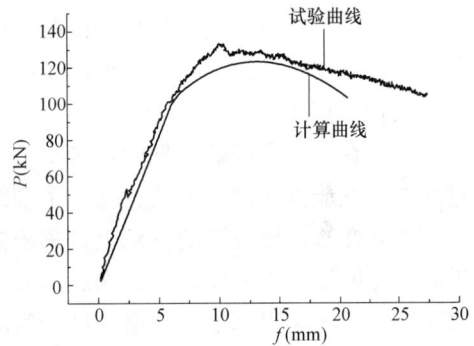

图 7-16　No.8 试验柱循环完成后水平荷载—位移曲线比较

　　3 个试验柱虽然没有达到屈服后下降段，从表 4-4 循环前、后水平受弯承载力比较可知，除 No.8 柱外，No.6 柱、No.7 柱剩余承载力有明显的下降，其中以 No.6 柱下降最多。从图 7-14～图 7-16 所示的 No.6～No.8 柱计算曲线与实测曲线的比较，可以看出，计算曲线基本模拟出了损伤后试验柱的静力性能，计算曲线在上升段与实测曲线吻合良好，但计算曲线下降段发展速率比实测曲线快。

　　低周疲劳后 No.6～No.8 柱的剩余承载力、变形与试验值的比较如表 7-1 所示，剩余承载力、变形的计算值与实测结果误差较小，计算方法可以满足结构分析精度的要求。

剩余承载能力计算值与试验值比较　　　　　　　　　　表 7-1

试件编号	剩余屈服力(kN)			屈服变形(mm)			剩余承载力(kN)			峰值变形(mm)			极限变形(mm)
	计算值	实测值	误差(%)	计算值	实测值	误差(%)	计算值	实测值	误差(%)	计算值	实测值	误差(%)	
No. 6	28.6	32.6	−12.3	6.25	6.48	−3.5	44.9	44.3	1.4	32.9	28.5	15.4	56.1
No. 7	60.9	55.7	9.3	2.48	2.68	−7.4	88.1	84.9	3.8	7.79	8.13	−4.4	13.1
No. 8	100.5	108.4	−7.8	6.20	6.60	−6.1	122.9	129.1	−4.8	13.05	13.23	−1.4	20.6

7.6　结　　论

本章基于混凝土损伤模型和纵筋疲劳损伤分析，讨论了低周疲劳作用下构件的割线刚度损伤，提出了一种考虑低周疲劳效应的钢筋混凝土柱损伤后性能分析方法，详细介绍了计算过程，编制非线性损伤分析程序，与文献［28］的试验柱进行了对比分析。主要结论如下：

（1）根据自洽方法并假设裂纹符合 Weibull 分布，提出了基于细观机理的混凝土损伤模型，给出损伤指标与混凝土应变的定量表达式。采用此模型进行钢筋混凝土柱非线性结构分析有足够的精确度，而且还可以得到结构中混凝土的有效弹性模量及损伤发展。

（2）在讨论纵筋塑性低周疲劳损伤的基础上，讨论了钢筋混凝土柱低周疲劳弯曲变形性能损伤计算方法，建立了割线刚度和抗力衰减计算公式。

（3）在塑性铰理论的基础上，累积损伤可通过分析低周疲劳造成的混凝土和纵筋应变的增大来反映，对损伤后钢筋混凝土柱进行了剩余承载性能分析。结果表明，本章方法得到的计算值与试验值的相对误差处于合理范围之内，验证了该方法的可靠性和实用性，为结构抗震延性分析及评估中如何考虑低周疲劳效应提供了一条新的思路。

参 考 文 献

[1] 艾庆华，王东升，李宏男，等. 基于塑性铰模型的钢筋混凝土桥墩地震损伤评价 [J]. 工程力学，2009，26 (4)：158-166.

[2] Hindi R A, Sexmith R G. Inelastic damage analysis of reinforced concrete bridge columns based on degraded monotonic energy [J]. Journal of Bridge Engineering, 2004, 9 (4): 326-332.

[3] Banon H, Biggs J M, Irvine H M. Seismic damage in reinforced concrete frames [J]. Journal of Structure Engineering, 1981, 107 (9): 1713-1729.

[4] Roufaiel M S L，Meyer C. Analytical modeling of hysteretic behavior of RC frames [J]. Journal of Structure Engineering，1987，113（3）：429-444.

[5] Toussi S，Yao J T P. Hysteresis identification of existing structures [J]. Journal of Engineering Mechanics，1983，109（5）：1189-1203.

[6] Stephens J E，Yao J T P. Damage assessment using response measurement [J]. Journal of Structural Engineering，1987，113（4）：787-801.

[7] Wang M L，Shah S P. Reinforced concrete hysteresis model based on the damage concept [J]. Earthquake Engineering and Structural Dynamics，1987，15（8）：993-1003.

[8] Chung Y S，Meyer C，Shinozuka M. Seismic damage assessment of RC members [R]. NCEER，State University of New York at Buffalo，1987，No. 0022.

[9] Park Y J，Ang A H. Mechanistic seismic damage model for reinforce concrete [J]. Journal of Structural Engineering，1985，111（4）：722-739.

[10] 王东升，冯启民，王国新. 考虑低周疲劳寿命的改进 Park-Ang 地震损伤模型 [J]. 土木工程学报，2004，37（11）：41-49.

[11] 牛荻涛，任利杰. 改进的钢筋混凝土结构双参数地震破坏模型 [J]. 地震工程与工程振动，1996，16（4）：44-54.

[12] 付国，刘伯权，邢国华. 基于有效耗能的改进 Park-Ang 双参数损伤模型及其计算研究 [J]. 工程力学，2013，30（7）：84-90.

[13] Hindi R A，Sexmith R G. A proposed damage model for RC bridge columns under cyclic loading [J]. Earthquake Spectra，2001，17（2）：320-349.

[14] 陆本燕，刘伯权，刘鸣，等. 钢筋混凝土桥墩性能指标量化研究 [J]. 中国公路学报，2010，23（6）：49-57.

[15] Elnashai A S，Mcclure D C. Effects of modeling assumptions and input motion characteristic on seismic design parameters of RC piers [J]. Earthquake Engineering and Structural Dynamics，1996，25：435-463.

[16] Kawashima K，Macrae G A，Hoshiluma J. Residual displacement response spectrum [J]. Journal of Structural Engineering，1998，124（5）：523-530.

[17] 普瑞斯特雷 M J N，塞勃勒 F. 桥梁抗震设计与加固 [M]. 袁万城，译. 北京：人民交通出版社，1997.

[18] Kowalsky M J. A displacement-based approach for the seismic design of continuous concrete bridges [J]. Earthquake Engineering and Structural Dynamics，2002，31：719-747.

[19] Mander J B，Panthaki F D，Kasslanati A. Low cycle fatigue behavior of reinforcing steel [J]. Journal of Material in Civil Engineering，1994，6（4）：453-468.

[20] Kunnath S K. Cumulative seismic damage of reinforced concrete bridge piers [R]. University at Buffalo，State University of New York. NCEER Report：97-0006，1997.

[21] Horii H，Nemat-Nasser S. Overall moduli of solids with microcracks：Load-induced anisotropy [J]. Journal of Mechanics and Physics of Solids，1983，31（2）：155-171.

[22] Grady D E, Kipp M E. Continuum modeling of explosive fracture in oil shale [J]. International Journal of Rock Mechanics and Mining Sciences, 1980, 17 (3): 147-157.

[23] Mander J B, Priestley M J, Park R. Theoretical stress-strain model for confined concrete [J]. Journal of Structural Engineering, 1988, 114 (8): 1804-1826.

[24] Kappos A J, Chryssanthopoulos M K, Dymiotis C. Uncertainty analysis of strength and ductility of concrete reinforced concrete members [J]. Engineering Structures, 1999, 21 (3): 195-208.

[25] Kowalsky M J. Deformation limit states of circular reinforced concrete bridge columns [J]. Journal of Structural Engineering, 2000, 126 (8): 869-878.

[26] Paulay T, Priestley M J N. Seismic design of reinforced concrete and masonry buildings [M]. John Wiley and Sons, New York, 1992.

[27] Sezen H, Setzler E J. Reinforced slip in reinforced concrete columns [J]. ACI Structural Journal, 2008, 105 (3): 280-289.

[28] 韩冰, 钟铭, 王元丰. 钢筋混凝土柱低周疲劳损伤后的静力性能试验 [J]. 中国公路学报, 2011, 24 (2): 62-69.

[29] 李洪泉, 雷立宏, 吕西林. 钢筋混凝土压弯构件低周疲劳损伤的抗力衰减试验研究 [J]. 南京建筑工程学院学报, 1998, 46 (3): 10-16.

第8章 钢筋混凝土柱低周疲劳损伤后动力性能试验研究

8.1 引　言

　　结构的阻尼同刚度一样，是结构的一种特性，是结构的重要动力特性参数之一。钢筋混凝土是一种复合材料，由于其离散性大，在振动中阻尼耗能的机理和原因也较复杂。在钢筋混凝土构件的振动中，其主要的耗能方式是由钢筋混凝土材料的内摩擦引起的。影响钢筋混凝土材料耗能的主要因素有：骨料的强度和粒径、纵筋的配筋率、掺合料的性能、混凝土强度和振动应力幅值。测试得到钢筋混凝土材料的阻尼比一般在1%~2%之间，其中水灰比、配箍率及含砂量对阻尼耗能的影响较小[1-5]。

　　在结构地震反应分析中，弹性体系的材料阻尼一般都很小，阻尼比常在10%以下[6]，且多为5%左右，钢筋混凝土结构阻尼比在3%~5%之间[7-8]。因此，我国规范中混凝土结构的阻尼比取为5%。

　　随着结构破坏程度的变化，结构的累积阻尼耗能是呈上升趋势的，结构的阻尼比也是不断变化的物理量。在弹性阶段，一般认为是常量，不随时间而变，而在塑性阶段，由于塑性变形等因素的影响，阻尼比将不再保持为常量。结构的阻尼随结构质量、刚度而变化。在弹塑性不同阶段，刚度值不断改变。因此，阻尼也是随时间在不断改变。刘洪瑞[9]通过桥梁模型的地震破坏试验来探讨地震荷载作用下梁桥阻尼比在弹塑性各阶段的变化规律，该试验结果表明：阻尼比随塑性变形的不断加剧而趋于增大；随着裂缝的加深，阻尼不断增加。该研究虽然是以连续梁为基础讨论的，但其结论对其他构件甚至结构都有参考价值。

　　同济大学张相庭[10]对钢和钢筋混凝土两种材料制成的悬臂梁、两端固定梁、一端固定简支梁、矩形板、门式框架等五种结构形式进行了自由振动和简谐荷载下强迫振动试验，取得了近200个测试数据，测得同一结构的自振阻尼比为常数，强迫振动的第1振型阻尼系数与应力和振幅有关，振幅越大，阻尼也越大；从弹性阶段到塑型阶段，钢筋混凝土结构阻尼比从2%~5%发展变化为10%~15%，变化幅度在3倍左右，钢结构阻尼的变化幅度约为13倍。

　　Celebi[11]和Liang等[12]就不同振幅对结构阻尼大小的影响以及它们的随机分布等情况做了大量研究工作，建议按照不同结构和不同内力等级采用不同的阻尼比。

　　事实上，结构的阻尼特性与结构损伤有着深刻的联系，随结构内力和振幅的增大，结构损伤逐渐增大导致结构阻尼的增大。结构阻尼中应包含材料阻尼和损伤阻尼，在阻尼分析时应注意这个问题[13]。20世纪60年代，在金属结构的动力试验中人们发现，损伤将导致结构的模态阻尼比发生显著变化。80 年代中期以来，在树脂基玻璃纤维和碳纤维复合材料层板的动力试验中，以及在钢筋混凝土结构的动力试验中，人们也都观察到了同样的现象[14]。

重庆建筑大学黄宗明[15]在进行不同振幅循环作用下混凝土柱的阻尼试验研究时，认为阻尼耗能与滞回耗能是不对等的，建议用动静对比试验来区分阻尼耗能和滞回耗能。

在现有的研究文献中，关于钢筋混凝土阻尼的试验研究较少，其中多数又是材料阻尼方面的研究，尚未见到关于低周疲劳损伤与钢筋混凝土柱阻尼关系试验研究的报道。为了定量得到低周循环损伤对钢筋混凝土墩柱阻尼的影响，采用自由衰减法测试试验柱不同损伤阶段的振动阻尼，根据试验分析，建立与动刚度损伤相联系的阻尼比统计计算公式。根据损伤柱等效截面静刚度与等效截面动刚度之间的统计关系，进一步建立了阻尼比与静刚度损伤的试验统计公式。

8.2　测试方法及典型动测试验曲线

试验试件与第 4 章循环加载试件相同，在循环加载每一阶段完成后，通过水平敲击产生振动，分别测试了无损（初始）阶段、弹性开裂阶段、屈服阶段和不同塑性阶段的振动特性，得到了不同损伤阶段的自由振动衰减时程曲线和频谱图（见图 8-1、图 8-2、附录 B）。

8.2.1　No.4 柱各阶段动测试验曲线及频谱分析

典型压弯柱（实际高 1100mm）的动测试验曲线和频谱图，以 No.4 试验柱为例，如图 8-1 所示。

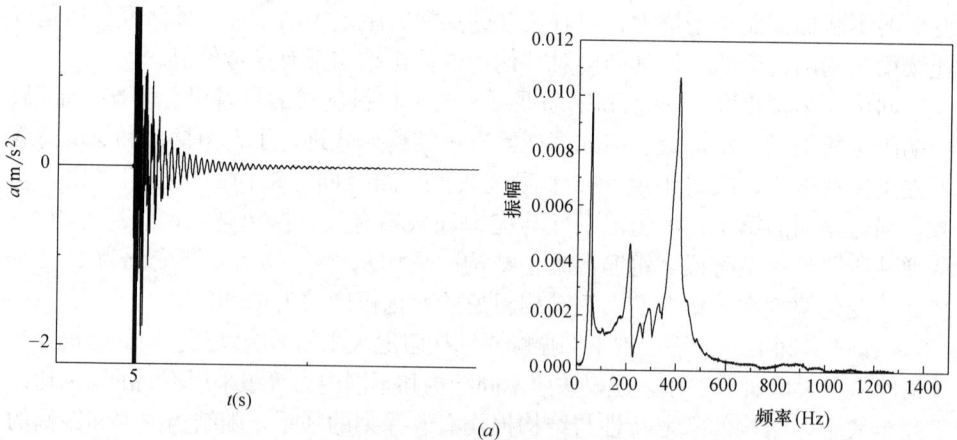

(a)

图 8-1　No.4 模型柱初始和各损伤阶段动测曲线及频谱图（一）

（a）初始动测时程曲线及频谱图

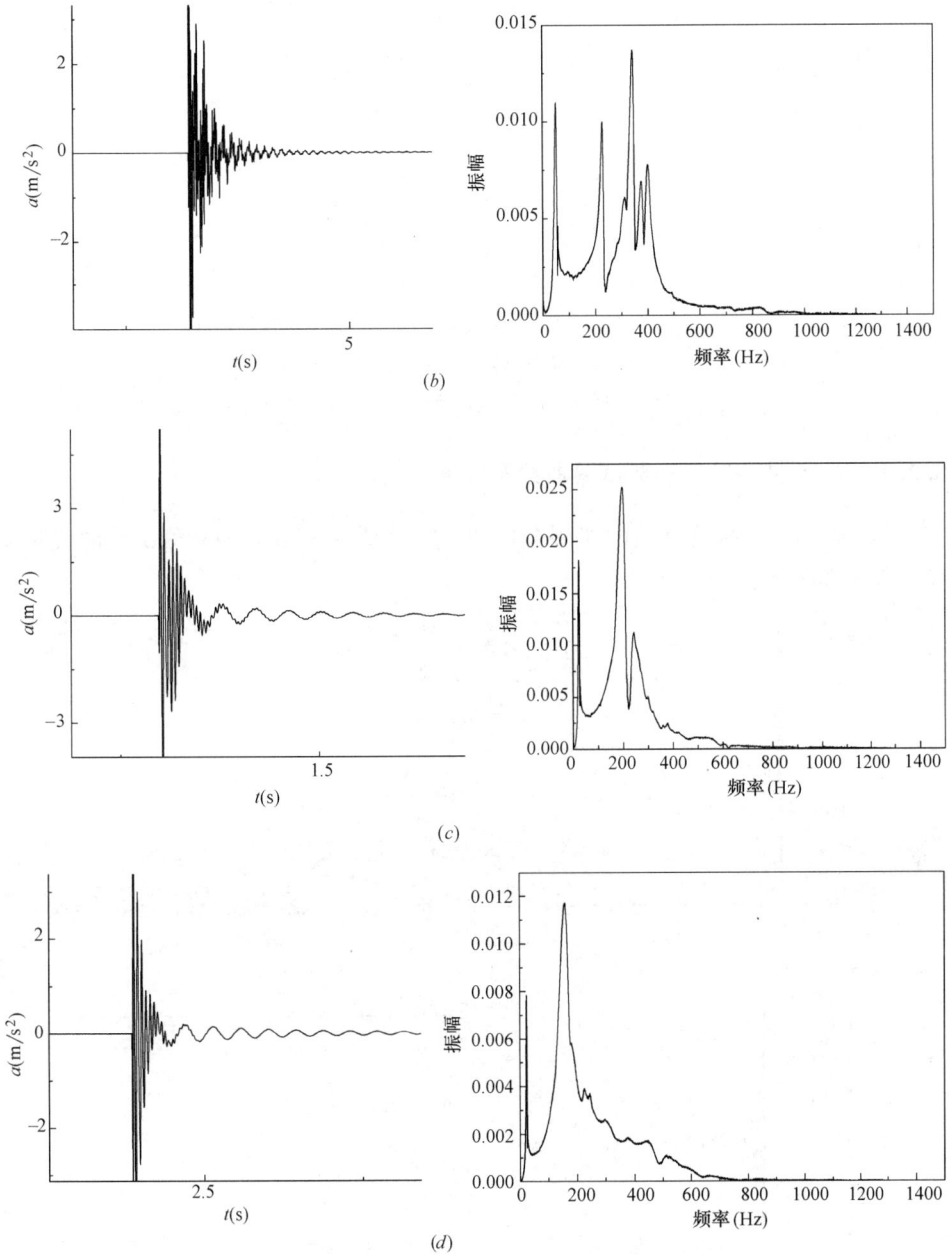

图 8-1　No.4 模型柱初始和各损伤阶段动测曲线及频谱图（二）

（b）加载至 21kN 滞回后动测时程曲线及频谱图；（c）1 倍屈服位移滞回后动测时程曲线及频谱图；

（d）2 倍屈服位移滞回后动测时程曲线及频谱图

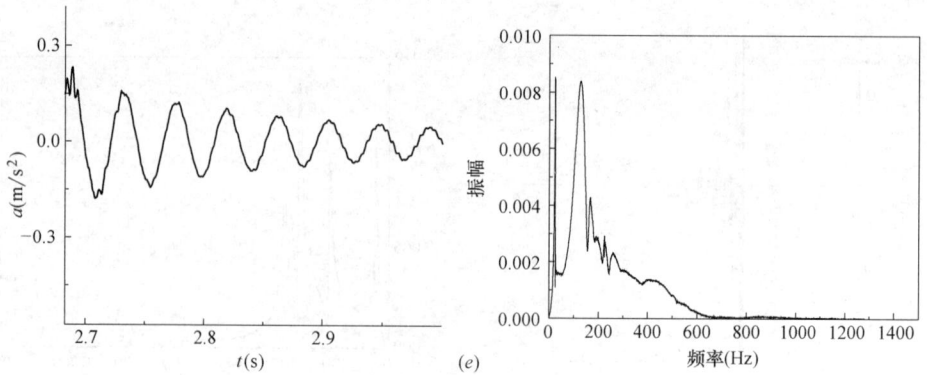

图 8-1　No. 4 模型柱初始和各损伤阶段动测曲线及频谱图（三）

(e) 4 倍屈服位移滞回后动测时程曲线及频谱图

8.2.2　No. 6 柱各阶段动测试验曲线及频谱分析

以 No. 6 试验柱为代表的典型剪弯柱（实际高 600mm）的动测试验曲线频谱图如图 8-2 所示。

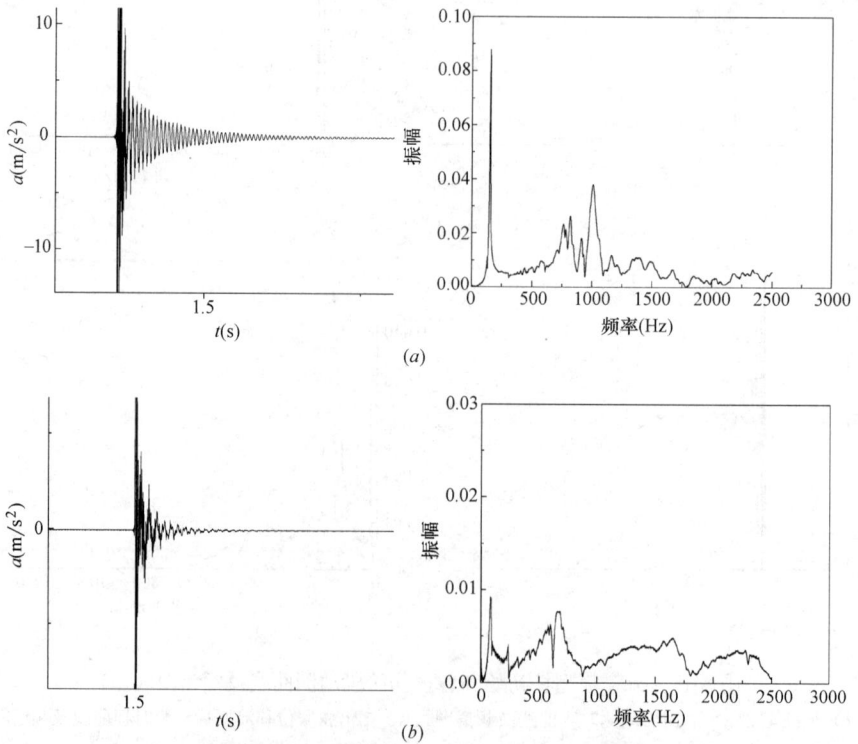

(a)

(b)

图 8-2　No. 6 模型柱初始和各损伤阶段动测曲线及频谱图（一）

(a) 初始动测时程曲线及频谱图；(b) 循环 1（2mm）后动测时程曲线及频谱图

(c)

(d)

(e)

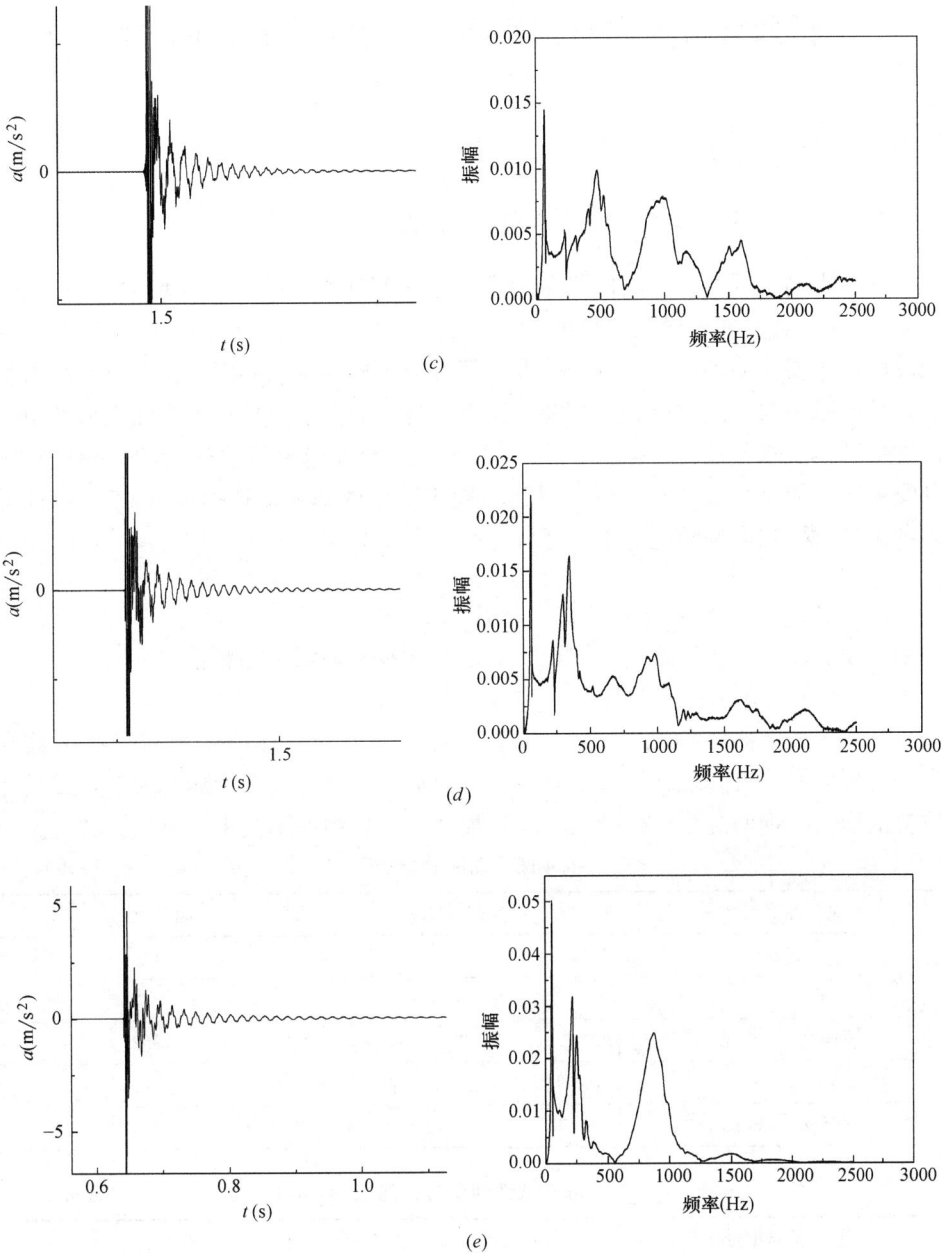

图 8-2　No.6 模型柱初始和各损伤阶段动测曲线及频谱图（二）

(c) 循环 2（3mm）后动测时程曲线及频谱图；(d) 循环 3（4mm）后动测时程曲线及频谱图；
(e) 循环 4（5mm）后动测时程曲线及频谱图

8.3　低周疲劳损伤对钢筋混凝土柱动力特性的影响分析

8.3.1　试验结果分析

1. 钢筋混凝土柱各损伤阶段的基频和阻尼比

试验表明，桥墩模型以低阶振动为主，随着柱根部损伤逐渐增大，1100mm柱和600mm柱在屈服阶段之后的振动基本为一阶振动形式。由于一阶振动为柱振动时最主要的振动形式，且能获取钢筋混凝土柱的基频和阻尼比等重要动力参数，柱的基频与弯曲刚度直接相关，所以可将钢筋混凝土柱视为弯曲变形的单自由度振动体系来分析。根据图 8-1～图 8-2 及附录 B 中模型柱初始和各损伤阶段动测曲线，通过频谱分析，可以得到各损伤阶段的基频；根据式（8-1）可计算出各损伤阶段相应的阻尼比 ξ。

$$\xi=\frac{1}{2\pi n}\ln\left(\frac{A_i}{A_{i+n}}\right) \tag{8-1}$$

式中，A_i、A_{i+n}分别为第 i 次和第 $i+n$ 次自由振动曲线的振幅值。

各试验柱基频和阻尼比结果见表 8-1～表 8-9。

从表 8-1～表 8-9 可以看出，试验中各钢筋混凝土柱的初始阻尼比多数在 1%～2%之间，符合现在钢筋混凝土结构阻尼比实测的范畴。随着水平力或循环位移的增大，钢筋混凝土柱裂纹扩展，损伤增大，则频率减小，阻尼比增大。

No. 4 试件动测分析结果　　　　　　　　　　表 8-1

试件测试编号	基频（Hz）	阻尼比（%）
初始	55.0	1.56
循环 1——21kN	51.3	2.78
循环 2——9mm	23.8	3.29
循环 3——18mm	23.1	3.42
循环 4——36mm	22.5	3.94

No. 5 试件动测分析结果　　　　　　　　　　表 8-2

试件测试编号	基频（Hz）	阻尼比（%）
初始	65.8	1.74
循环 1——45kN	55.6	4.18
循环 2——9mm	30.3	5.43
循环 3——18mm	23.9	5.74

No. 6 试件动测分析结果　　　　　　　　　　　　表 8-3

试件测试编号	基频(Hz)	阻尼比(%)
初始	152.6	2.34
循环 1——2mm	83.9	4.96
循环 2——3mm	69.6	5.60
循环 3——4mm	59.8	5.76
循环 4——5mm	53.9	5.85

No. 7 试件动测分析结果　　　　　　　　　　　　表 8-4

试件测试编号	基频(Hz)	阻尼比(%)
初始	108.1	1.33
循环 1——2mm	83.0	1.87
循环 2——3mm	69.6	3.84
循环 3——4mm	59.8	5.14
循环 4——5mm	56.6	5.91

No. 8 试件动测分析结果　　　　　　　　　　　　表 8-5

试件测试编号	基频(Hz)	阻尼比(%)
初始	184.4	2.59
循环 1——2mm	125.1	3.21
循环 2——3mm	86.7	4.37
循环 3——4mm	80.6	5.03
循环 4——5mm	76.1	5.24

No. 9 试件动测分析结果　　　　　　　　　　　　表 8-6

试件测试编号	基频(Hz)	阻尼比(%)
初始	148.4	1.38
循环 1——2mm	95.2	5.58
循环 2——3mm	76.3	5.85
循环 3——4mm	62.8	5.99
循环 4——5mm	56.2	6.06

No. 10 试件动测分析结果　　　　　　　　　　　表 8-7

试件测试编号	基频(Hz)	阻尼比(%)
初始	155.9	1.39
循环 1——2mm	69.0	4.91
循环 2——3mm	62.3	5.38
循环 3——4mm	56.2	6.56
循环 4——5mm	50.0	6.83

No. 11 试件动测分析结果　　　　　　　　　　　表 8-8

试件测试编号	基频(Hz)	阻尼比(%)
初始	156.3	1.89
循环 1——2mm	83.0	5.69
循环 2——3mm	75.7	5.91
循环 3——4mm	72.7	6.21
循环 4——5mm	67.1	6.47

No. 12 试件动测分析结果　　　　　　　　　　　表 8-9

试件测试编号	基频(Hz)	阻尼比(%)
初始	67.3	1.92
循环 1——28kN	57.5	3.50
循环 2——9mm	47.5	4.17
循环 3——18mm	39.1	7.08
循环 4——36mm	23.4	7.68

从初始到柱屈服阶段，阻尼比从初始的 1%～2% 开始发展，到柱屈服时长柱阻尼比为 3%～5%，短柱阻尼比为 4%～6%。此阶段，柱基频降低很快，柱损伤表现为在根部产生 2 条水平对称受拉裂纹。在柱屈服时，与初始基频相比柱基频下降了 45%～55%。试验中短柱的开裂发展明显快于长柱，短柱的损伤区域也大于长柱，基频的减小量和阻尼比的增大数值比长柱大。

在纵筋屈服之后，柱根部对称裂纹逐渐贯通，在根部以上产生 3～4 条短裂纹，此后随水平位移增大而逐步发展，钢筋混凝土柱损伤继续增大，柱基频下降了 50%～65%，与屈服时相比下降较少，这和模型柱截面较小有关系，过早在柱根部形成了塑性铰。但各混凝土试验柱，尤其是短柱的阻尼比仍较多进入快速发展阶段。本次试验进入塑性发展较少，长柱延性位移比为 4（No. 5 试验柱除外，其在 2 倍延性位移的循环中即破坏），短柱延性位移比接近 2，但所有柱的开裂损伤得到充分发展，在此条件下，阻尼比达到 5%～7%，比初始阻尼比增大了 3～5 倍。

总体来看，试验柱在从初始到柱屈服这一阶段基频降低很快，阻尼比也得到了较快发展；进入屈服后阶段，由于柱形成塑性铰，基频降低减慢，而柱阻尼比仍快速发展。

2. 低周疲劳损伤对钢筋混凝土柱动刚度的影响分析

本书试验采用的墩柱模型是等截面悬臂柱，初始弹性阶段钢筋混凝土柱各截面刚度相同，因此柱的弯曲刚度可采用截面刚度表征。初始动刚度采用式（8-2）计算。

$$B_{\mathrm{d}} = E_{\mathrm{d}} I_{\mathrm{d}} = \frac{\omega_0^2}{(1.875)^4} \overline{m} L^4 \tag{8-2}$$

式中，B_{d} 为柱初始动刚度；ω_0 为一阶频率；$\overline{m}$ 为柱单位长度质量；L 为柱全长。

当钢筋混凝土柱损伤开裂，尤其钢筋混凝土柱进入弹塑性状态后，根部损伤区的刚度明显减小，沿柱长各截面的刚度将发生变化，不能直接用柱某一截面的刚度来表征柱整体刚度的变化。为了简化分析，将损伤柱等效为一等长的无损伤柱，试验中柱单位长度质量不变，则损伤柱的弯曲刚度可用无损伤等效柱的截面刚度来表征。由于振动测试得到的是损伤柱弹性阶段的振动特性，则等效柱在弹性阶段的动刚度为：

$$\overline{B}_{\mathrm{d}i} = \frac{\omega_i^2}{(1.875)^4} \overline{m} L^4 \tag{8-3}$$

式中，$\overline{B}_{\mathrm{d}i}$ 为柱各损伤阶段的等效动刚度；ω_i 为各阶段损伤后测试得到的一阶频率。

则各损伤阶段弯曲动刚度与一阶频率间有如下关系：

$$R_{\mathrm{d}i} = \overline{B}_{\mathrm{d}i} / B_{\mathrm{d}} = \omega_i^2 / \omega_0^2 \tag{8-4}$$

式中，R_{d} 为柱各损伤阶段的等效动刚度与初始动刚度的比，可反映出各阶段弯曲动刚度随低周循环损伤发展的变化。

根据试验结果，各参数对 R_{d} 的影响分析如下：

（1）轴压比的影响

1）No. 4 柱和 No. 12 柱为实际高度 1100mm 的钢筋混凝土柱，纵筋配筋率相同均为 1.356%，No. 4 柱实际轴压为 180kN，No. 12 柱实际轴压为 240kN。两柱的动刚度随循环位移的增大而逐渐减小，如图 8-3 所示。两柱的 R_{d} 在屈服阶段（9mm）前下降均很快，在屈服阶段时两柱的 R_{d} 分别为 0.22 和 0.34；在屈服后阶段的位移循环中，两柱的 R_{d} 降低减慢，但 No. 12 柱的动刚度下降明显快于 No. 4 柱，在 36mm 位移循环后，R_{d} 分别下降为 0.17 和 0.19。

2）No. 6 柱、No. 7 柱为实际高度 600mm 钢筋混凝土柱，纵筋配筋率为 1.356%，No. 6 柱实际轴压为 0kN，No. 7 柱实际轴压为 180kN。R_{d} 随循环位移的变化趋势如图 8-4 所示。两柱的 R_{d} 同样在屈服阶段（3mm）前下降很快，在屈服后阶段降低减慢。但在屈服阶段时两柱的 R_{d} 有较大差别，分别为 0.21 和 0.41；在屈服后阶段，R_{d} 的差别有所减小，经过 5mm 位移循环后，R_{d} 分别为 0.12 和 0.27。

可以看出，钢筋混凝土柱的动刚度随循环位移的增大而逐渐减小，屈服阶段前下降很快，在屈服后降低减慢。轴压比在 0～0.2 之间时，在同等的滞回循环条件下，随轴压比增大，动刚度下降较少。但轴压比不宜过大，如 No. 5 柱的实际轴压比为 0.25，在屈服阶段时 R_d 为 0.19，与 No. 4 柱和 No. 12 柱接近，但其在 18mm 位移循环中即破坏。因此，轴压较小或轴压过大，将会造成柱动刚度降低加快。

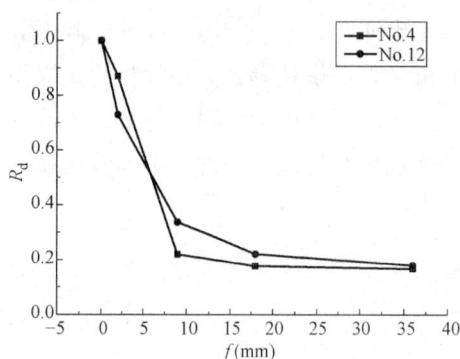

图 8-3　No. 4、No. 12 柱 R_d 比较　　　　　图 8-4　No. 6、No. 7 柱 R_d 比较

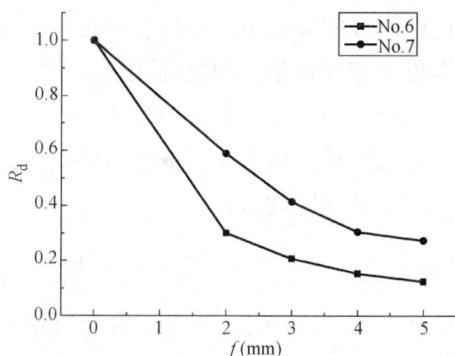

（2）纵筋配筋率的影响

1）No. 8 柱、No. 9 柱同为实际高度 600mm 的钢筋混凝土柱，轴压相同均为 180kN，纵筋配筋率分别为 2.545% 和 1.356%，R_d 随循环位移的变化趋势如图 8-5 所示。可以看出，两柱的 R_d 变化比较接近。两柱在屈服位移时的 R_d 分别为 0.22 和 0.20；经过 5mm 位移循环后，R_d 分别为 0.17 和 0.14，即纵筋配筋率较高的 R_d 降低较少，但差别不大。

2）No. 10 柱、No. 11 柱为无轴压实际高 600mm 的钢筋混凝土柱，纵筋配筋率分别为 1.356% 和 2.545%。R_d 的变化如图 8-6 所示，同样为纵筋配筋率越高的 R_d 降低越少。在屈服位移时的 R_d 分别为 0.16 和 0.23；经过 5mm 位移循环后，R_d 分别为 0.10 和 0.18。与 No. 8 柱、No. 9 柱相比较，这两个柱的轴压为 0，R_d 之间的差值略大，但数值仍比较接近。

根据以上的分析可知，在同等条件低周疲劳作用下，钢筋混凝土柱纵筋配筋率越高，动刚度降低越少，但纵筋配筋率对动刚度的影响较小。

（3）剪跨比的影响

No. 4 柱、No. 9 柱分别为实际高度 1100mm 和 600mm 的钢筋混凝土柱，轴压同为 180kN，剪跨比分别为 4.75、2.25。两柱在屈服位移时的 R_d 分别为 0.22 和 0.20；No. 4 柱在两倍屈服位移（18mm）循环后的 R_d 为 0.17，No. 9 柱在尚未达到 2 倍屈服位移（5mm）循环后的 R_d 为 0.14。因此，在同等的延性位移比循环条件下，剪跨比越小，动刚度降低越多。

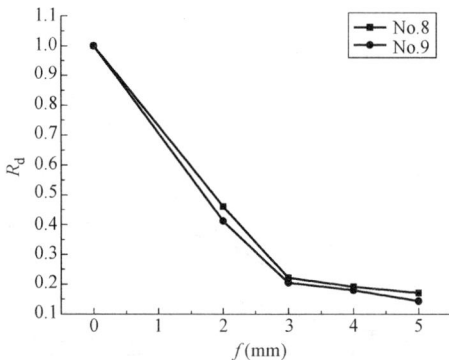

图 8-5　No. 8、No. 9 柱 R_d 比较

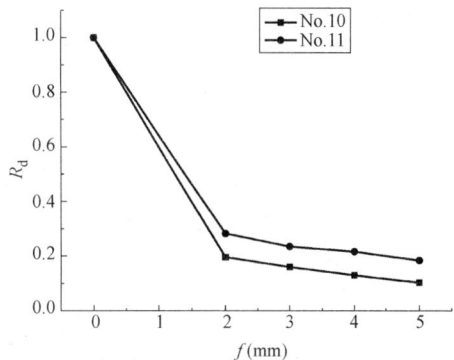

图 8-6　No. 10、No. 11 柱 R_d 比较

综合分析，钢筋混凝土柱的动刚度随循环位移的增大而逐渐减小，屈服阶段前下降很快，在屈服后降低减慢。在同等的低周循环条件下，轴压比在 0～0.2 之间时，随轴压比增大，动刚度下降越少，但轴压比不能超过 0.25；剪跨比越小，动刚度降低越快；纵筋配筋率越高，动刚度降低越少，但纵筋配筋率对动刚度的影响较小。

3. 低周疲劳损伤对钢筋混凝土柱阻尼比的影响分析

从阻尼比的实测数据可知，钢筋混凝土柱阻尼比随荷载或循环位移的增大而逐渐增大。各试验柱的初始阻尼比实测数据较为离散，为了更直观地反映各损伤阶段阻尼比随低周循环的发展，令

$$Zn_i = \xi_i / \xi_0 \tag{8-5}$$

式中，ξ_0、ξ_i 分别为钢筋混凝土柱的初始阻尼比和各损伤阶段的阻尼比；Zn_i 为各损伤阶段的阻尼比与初始阻尼比的比值，即阻尼比增大比率。

各参数对 Zn 的影响分析如下：

（1）轴压比的影响

在纵筋配筋率、剪跨比相同的条件下，Zn 随轴压比的变化如图 8-7 和图 8-8 所示。No. 4 柱和 No. 12 柱的轴压比分别为 0.15 和 0.20，两柱从初始至屈服位移阶段的 Zn 值非常接近，在屈服位移时分别为 2.2 和 2.1。进入屈服后阶段，No. 12 柱 Zn 的发展明显比 No. 4 柱快，No. 12 柱在 2 倍屈服位移时，Zn 即达到 3.6，在 4 倍屈服位移时为 4.0，而此时 No. 4 柱仅为 2.5。

No. 6 柱和 No. 7 柱的轴压比分别为 0 和 0.15，两柱在屈服前的 Zn 值较离散，在图 8-8 中表现为 No. 6 柱和 No. 7 柱的 Zn 曲线有交叉。但在屈服及屈服后循环阶段，No. 7 柱 Zn 快速增大，No. 6 柱 Zn 增加较缓慢。在屈服位移时，No. 6 柱和 No. 7 柱的 Zn 分别为 2.4 和 2.9；在 5mm 位移循环后，分别为 2.5

和 4.4。

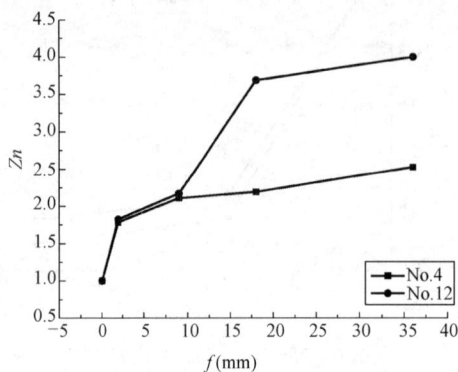

图 8-7　No. 4、No. 12 柱 Zn 比较

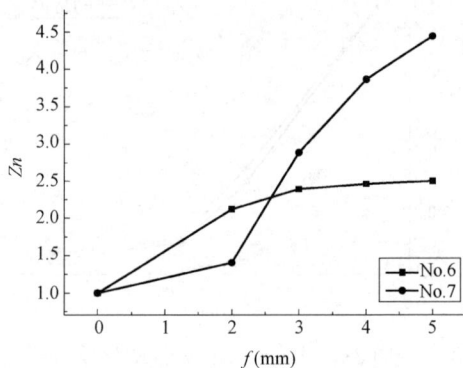

图 8-8　No. 6、No. 7 柱 Zn 比较

　　从上述分析可知，这 4 个钢筋混凝土试验柱的阻尼比在屈服前快速发展，在屈服位移时 Zn 达到 2.1～2.9，轴压比的影响较小，试验柱在屈服位移时的 Zn 最大差值为 0.5。在屈服后循环阶段，阻尼比仍较快发展，轴压比的影响加大，Zn 可达到 4.0～4.4，随轴压比增大，阻尼比增大较多，No. 12 柱比 No. 4 柱的 Zn 值增大了 1.5，No. 7 柱比 No. 6 柱的 Zn 值增大了 1.9。4 个试验柱的轴压比在 0～0.2 之间，从前面动刚度的分析可知，随轴压比增大，动刚度下降较少。因此，适当地提高轴压比可改善钢筋混凝土柱的动力特性，但同样轴压比不宜过大，实际轴压比为 0.25 的 No. 5 柱在 2 倍屈服位移循环中破坏即是例证。

　　（2）纵筋配筋率的影响

　　在轴压比、剪跨比相同的条件下，Zn 随纵筋配筋率的变化如图 8-9 和图 8-10所示。

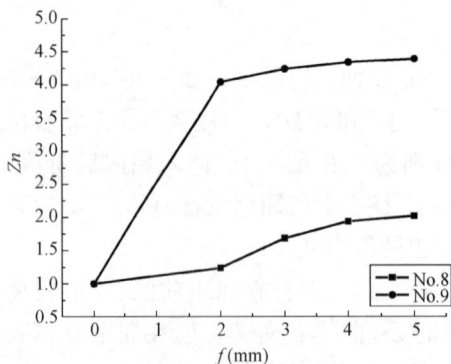

图 8-9　No. 8、No. 9 柱 Zn 比较

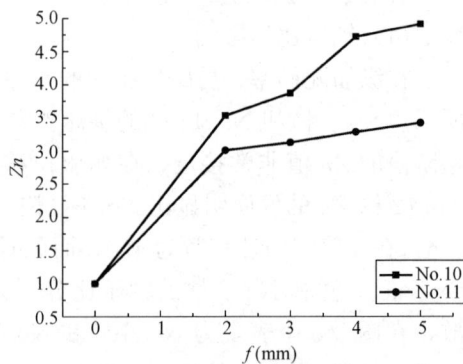

图 8-10　No. 10、No. 11 柱 Zn 比较

No. 8 柱和 No. 11 柱的纵筋配筋率为 1.356%，No. 9 柱和 No. 10 柱的纵筋配筋率为 2.545%。从图 8-9 和图 8-10 可以明显看出，纵筋配筋率对 Zn 的影响较大，在相同位移循环后，纵筋配筋率越小的试验柱 Zn 值越大，即纵筋配筋率越小，阻尼比增大速率越大。

No. 8 柱和 No. 9 柱在屈服位移时的 Zn 值相差较大，分别为 1.2 和 4.0；在 5mm 位移循环后，Zn 相差有所减小，分别为 2.2 和 4.4。No. 10 柱和 No. 11 柱在屈服位移时的 Zn 值分别为 3.5 和 3.0；在 5mm 位移循环后，Zn 分别为 4.9 和 3.4。所以纵筋配筋率对阻尼比的变化影响较为显著，在相同位移循环下，阻尼比的增大速率随纵筋配筋率的增大而减小。

从图 8-9 与图 8-5 和图 8-10 与图 8-6 的对比来看，纵筋配筋率对阻尼比和动刚度的影响趋势较一致，但纵筋配筋率对 Zn 的影响大于对 R_d 的影响。

（3）剪跨比的影响

No. 4 柱、No. 9 柱剪跨比分别为 4.75、2.25，二者的初始阻尼比分别为 1.56 和 1.38。两柱在屈服位移时的 Zn 分别为 2.2 和 4.0；No. 4 柱在两倍屈服位移（18mm）循环后的 Zn 为 2.3，No. 9 柱在尚未达到 2 倍屈服位移（5mm）循环后的 Zn 为 4.4。因此，在同等的延性位移比循环条件下，剪跨比越小，阻尼比增大越多。

综合分析，钢筋混凝土柱在同等的低周循环条件下，轴压比在 0～0.2 之间时，随轴压比增大，阻尼比增大较多；纵筋配筋率对阻尼比的变化影响较为显著，在相同位移循环下，阻尼比的增大速率随纵筋配筋率的增大而减小；剪跨比越小，阻尼比增大越多。

8.3.2　钢筋混凝土柱动刚度损伤与阻尼的关系研究

钢筋混凝土柱的阻尼比受多种因素的影响，其实测数据往往较为离散，但随着低周循环位移逐步增大，钢筋混凝土柱刚度降低，阻尼比增大的趋势非常明显。

令损伤指标

$$D_i = 1 - \overline{B}_{di}/B_{d0} = 1 - \omega_i^2/\omega_0^2 \tag{8-6}$$

各钢筋混凝土试验柱阻尼比 ξ 随动刚度损伤发展的变化趋势如图 8-11 所示。初始到柱屈服时，动刚度损伤指标 D 从 0 增大为 0.6～0.8，阻尼比从初始的 1%～2% 开始发展，到柱屈服时长柱阻尼比为 3%～5%，短柱阻尼比为 4%～6%。试验柱在屈服后阶段，动刚度损伤发展减缓，阻尼比也达到 5%～7%。短柱的动刚度损伤和阻尼比增大均比长柱快。从第 2 章的实测数据可知，此时柱的水平承载能力降低还很少，这反映了动刚度损伤的发展明显比承载能力损伤快。

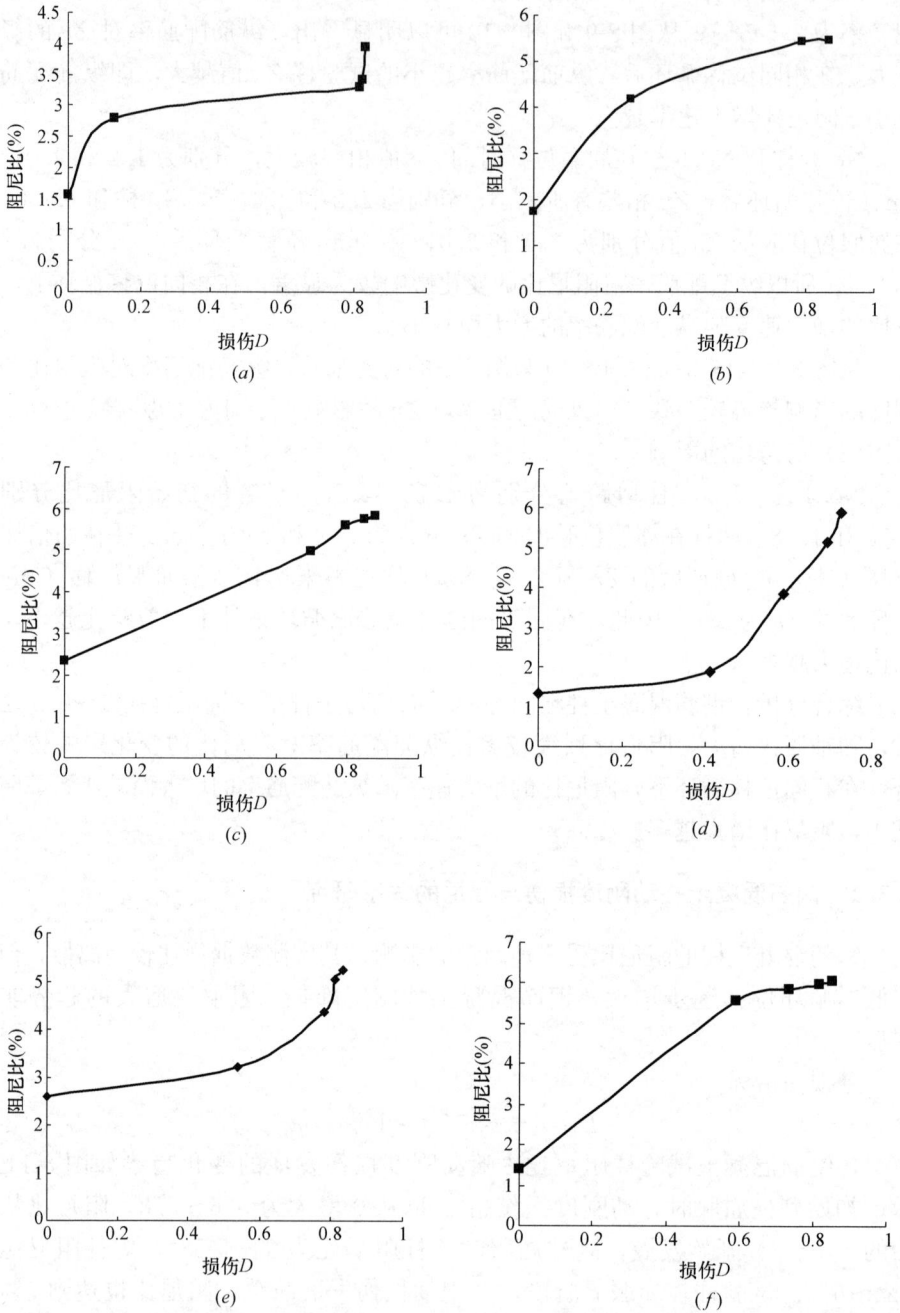

图 8-11　阻尼比随动刚度损伤发展的变化趋势 (一)
(a) No. 4 柱；(b) No. 5 柱；(c) No. 6 柱；(d) No. 7 柱；(e) No. 8 柱；(f) No. 9 柱

(g)

(h)

(i)

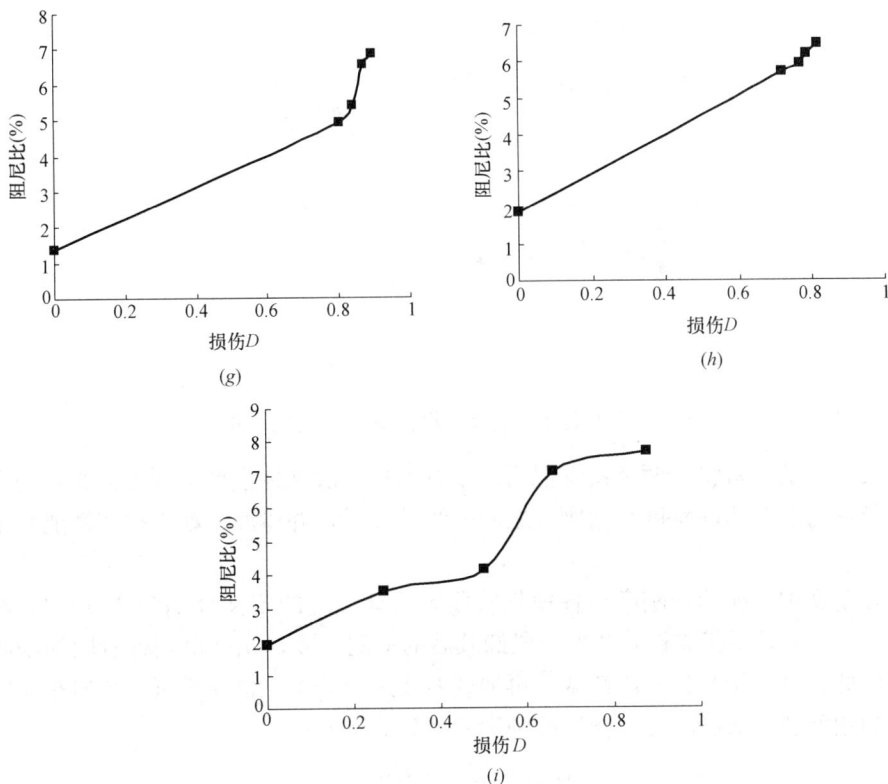

图 8-11　阻尼比随动刚度损伤发展的变化趋势（二）

(g) No. 10 柱；(h) No. 11 柱；(i) No. 12 柱

从图 8-11 可以看出，各试验柱动刚度损伤与阻尼比的发展变化不完全一致。从前文对动刚度和阻尼比的分析可知，各参数对动刚度和阻尼比影响大小有差异，但总的来看，钢筋混凝土柱动刚度损伤基本能反映阻尼比发展的趋势。对本次试验的所有实测阻尼比与动刚度损伤采用指数关系统计分析，如图 8-12 所示。

阻尼比 ξ 与动刚度损伤指标 D 的统计公式如下：

$$\xi = 1.8636 e^{1.3414D} \tag{8-7}$$

统计相关系数 $R=0.885$，皮尔逊指数 $P<0.0001$，说明阻尼比 ξ 与损伤指标 D 有较强的统计关系。

8.3.3　钢筋混凝土柱静刚度损伤与动刚度损伤的统计关系

对于损伤结构，设计人员通常需要损伤后的弯曲静刚度作为结构变形性能分析与加固设计的依据。静刚度与动刚度的计算方法不同，数值也有差别，但又有相同的发展趋势。在现有结构分析中，由于没有明确静刚度与动刚度之间的关

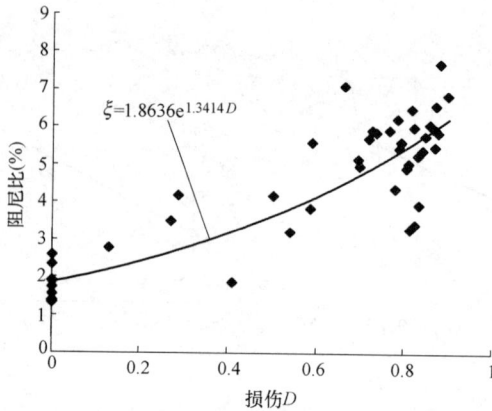

图 8-12　阻尼比 ξ 与动刚度损伤指标 D 的统计分析

系，技术人员常常将这两个概念混淆。本章通过本次墩柱模型拟静力试验和动力试验，探讨柱弯曲静刚度与动刚度之间的统计关系，并将静、动力损伤性能联系起来。

　　在前文中，初始动刚度和各损伤阶段等效动刚度的定义分别为式（8-2）和式（8-3），即只要获取初始和各阶段卸载后的动测基频，就可得到各阶段的动刚度。因此，对初始和各阶段卸载后再加载曲线进行分析，也同样可以得出相应的初始静刚度和等效静刚度。初始静刚度的计算如下式：

$$B_s = E_s I_s = \frac{1}{3}\frac{PL'^3}{f} \tag{8-8}$$

式中，B_s 为柱初始静刚度；L' 为柱计算长度，拟静力试验时采用加载点至柱根部的长度；P、f 分别取为钢筋混凝土柱初始加载开裂前的水平荷载及对应的变形。

　　根据本次试验分析，初始静刚度与初始动刚度的比值在 0.86～0.98 之间，平均为 0.94。

　　利用等效概念，钢筋混凝土柱在弹性阶段的等效静刚度为：

$$\overline{B}_{si} = \frac{1}{3}\frac{P_{i+1}L'^3}{f_{i+1}} \tag{8-9}$$

式中，$\overline{B}_{si}$ 为各损伤阶段的等效静刚度；P_{i+1}、f_{i+1} 分别取为钢筋混凝土柱在各阶段损伤后重新加载时弹性阶段的水平荷载及对应的变形。

　　由式（8-3）和式（8-9）分别计算出损伤柱的等效动刚度和等效静刚度，对等效动刚度和等效静刚度进行线性回归分析，如图 8-13 所示，得出等效截面静刚度与等效截面动刚度的关系，相关系数为 0.986。

$$\overline{B}_s = 1.7804 + 0.8529 \times \overline{B}_d \tag{8-10}$$

　　式（8-6）中给出了动刚度损伤指标为 D_i，为了与之区别，静刚度损伤指标

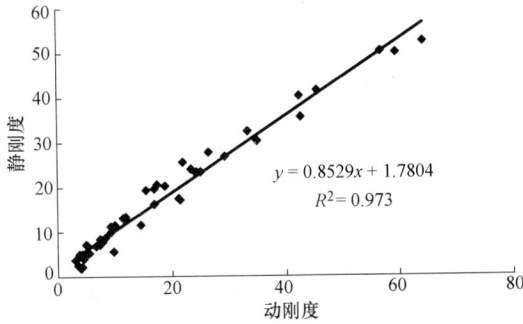

图 8-13　等效静刚度与等效动刚度回归分析（单位：kN/mm²）

用 D_{si} 表示。

$$D_{si}=1-\overline{B}_{si}/\overline{B}_{s0}=1-\overline{B}_{si}/B_{s} \tag{8-11}$$

令

$$\lambda_i=\overline{B}_{si}/\overline{B}_{di} \tag{8-12}$$

将式（8-12）代入式（8-11）中，得

$$D_{si}=1-\overline{B}_{si}/B_{s}=1-\frac{\overline{B}_{si}}{\overline{B}_{di}}\times\frac{\overline{B}_{di}}{B_{d}}\times\frac{B_{d}}{B_{s}}=1-\lambda_i\frac{\omega_i^2}{\omega_0^2}\frac{B_{d}}{B_{s}} \tag{8-13}$$

这样，静刚度损伤与动测数据建立了联系。对本次试验中所有的实测阻尼比 ξ 与静刚度损伤指标 D_s 进行统计分析，如图 8-14 所示。

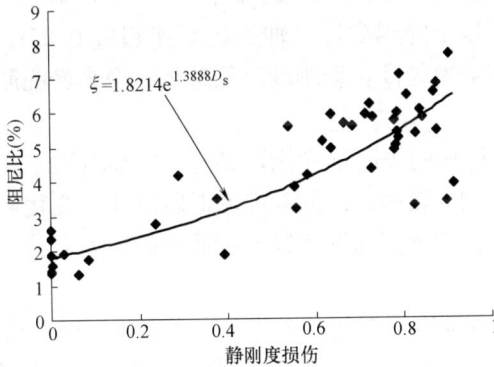

图 8-14　阻尼比 ξ 与静刚度损伤指标 D_s 的统计分析

阻尼比 ξ 与静刚度损伤指标 D_s 统计公式如下：

$$\xi=1.8214e^{1.3888D_s} \tag{8-14}$$

统计相关系数 $R=0.876$。

　　根据式（8-10）和式（8-14），钢筋混凝土柱等效静刚度与等效动刚度和阻尼比建立了直接联系，则通过静力分析可得到动力参数，可以简化震后钢筋混凝土柱动力损伤评价问题。反之亦然，在实际损伤钢筋混凝土柱测试中，可通过较为方便的动力测试而得出损伤钢筋混凝土柱的静力性能。

8.4　结　　论

　　采用自由衰减法分别测试了无损（初始）阶段、弹性开裂阶段、屈服阶段和不同塑性阶段的振动特性，得到了不同损伤阶段的自由衰减时程曲线和频谱图，定量分析了低周循环损伤对钢筋混凝土柱刚度和阻尼比的影响，得到主要结论如下：

　　（1）试验表明，各钢筋混凝土柱初始阻尼比多数在 $1\%\sim2\%$ 之间。随着水平力或循环位移的增大，钢筋混凝土柱频率减小，阻尼比逐渐增大。阻尼比试验数据较为离散，但随着损伤的发展，阻尼比增大的趋势明显。

　　从初始到柱屈服阶段，柱基频下降了 $45\%\sim55\%$，阻尼比从初始的 $1\%\sim2\%$ 发展为长柱的 $3\%\sim5\%$ 和短柱的 $4\%\sim6\%$。在纵筋屈服之后，基频下降减慢，而柱阻尼比仍快速发展。在长柱延性位移为 4、短柱延性位移接近 2 的条件下，柱基频下降了 $50\%\sim65\%$，阻尼比达到 $5\%\sim7\%$，比初始阻尼比增大了 3～5 倍。

　　（2）钢筋混凝土柱的动刚度随循环位移的增大而逐渐减小，屈服阶段前下降很快，在屈服后降低减慢。在同等的低周循环条件下，轴压比在 0～0.2 之间时，随轴压比增大，动刚度下降越少，但轴压比不能超过 0.25；剪跨比越小，动刚度降低越快；纵筋配筋率越高，动刚度降低越少，但纵筋配筋率对动刚度的影响较小。

　　（3）钢筋混凝土柱在同等的低周循环条件下，轴压比在 0～0.2 之间时，随轴压比增大，阻尼比增大较多；纵筋配筋率对阻尼比的变化影响较为显著，在相同位移循环下，阻尼比的增大速率随纵筋配筋率的增大而减小；剪跨比越小，阻尼比增大越多。

　　（4）钢筋混凝土柱动刚度损伤基本能反映阻尼比发展的趋势，对本次试验的所有实测阻尼比与动刚度损伤采用指数关系统计分析，皮尔逊指数 $P<0.0001$，说明阻尼比与动刚度损伤有较强的统计关系，建立了与动刚度损伤相联系的阻尼比试验统计计算公式。

　　（5）回归分析得到了损伤柱等效静刚度与等效动刚度之间的关系式，进一步建立了阻尼比与静刚度损伤的试验统计计算公式，从而将静力损伤和动力损伤问题联系起来。

参 考 文 献

[1]　石建军，胡绍全. 钢筋混凝土材料阻尼值的试验研究 [J]. 四川建筑科学研究，2003，29（3）：14-15.

[2]　尚世英，董至仁. 钢筋混凝土构件阻尼值试验研究 [J]. 工程抗震，1993，12（4）：18-19.

[3]　马宁. 几种构件的非比例阻尼比试验研究 [J]. 工程抗震，2003，3（1）：37-41.

[4]　柯国军，郭长青. 轻骨料混凝土阻尼比研究 [J]. 混凝土，2002，（10）：34-37.

[5]　刘铁军，欧进萍. 水泥砂浆强度和阻尼增强掺料及试验 [J]. 低温建筑技术，2003，（1）：7-9.

[6]　Hart G C，Vasndevan R. Earthquake design of building：damping [J]. Journal of the Structural Division，1975，101（1）：185-192.

[7]　Benjamin J，Lazan. Damping of materials and members in structural mechanics [M]. Oxford：Pergamon Press，1966.

[8]　比尔兹 C F. 结构振动分析 [M]. 朱世杰，陈玉琼，译. 北京：中国铁道出版社，1998.

[9]　刘洪瑞. 地震荷载作用下梁桥弹塑性阻尼变化规律探讨 [J]. 中南公路工程，1995，6（2）：38-41.

[10]　张相庭. 结构阻尼耗能假设及其在振动计算中的应用 [J]. 振动与冲击，1982，8（2）：12-22.

[11]　Celebi M. Comparison of damping in buildings under low-amplitude and strong motions [J]. Journal of Wind Engineering and Industrial Aerodynamics，1996，59（2-3）：309-323.

[12]　Liang Z，Lee G C. Representation of damping matrix [J]. Journal of the Structural Engineering，1991，117（5）：560-565.

[13]　Clough R W，Penzien J. Dynamics of structures (Second edition) [M]. New York：McGram-Hill Inc.，1993.

[14]　董聪，范立础，陈肇元. 结构智能健康诊断的理论与方法 [J]. 中国铁道科学，2002，23（11）：11-24.

[15]　黄宗明. 结构地震反应时程分析中的阻尼研究 [D]. 重庆：重庆建筑大学，1995.

第9章　钢筋混凝土梁损伤后识别方法研究

9.1　一种基于应变测试量的结构损伤识别方法

工程结构在环境侵蚀、材料老化和荷载的长期效应作用下，疲劳效应与突变效应（如地震作用）等灾害因素的耦合作用将不可避免地导致结构的损伤积累和抗力衰减。为了保障工程结构的安全性、完整性、适用性与耐久性，有必要对既有的工程结构采用有效的手段进行监测和评定其健康状况、修复以及控制损伤。

迄今为止，结构损伤识别算法总体上分为两大类：动力识别法和静力识别法。一般认为结构的损伤表现为结构局部刚度的降低，从而导致结构模态、刚度参数的变化，因此，对于动力识别法，是将获得的现场振动测试数据通过与模态有关的动力学分析算法或信息数学算法实现结构的损伤识别、定位与状态评价[1-7]，这些方法预先要进行多阶模态识别，根据理论分析，高阶模态更容易识别结构的损伤，但是结构的复杂性和噪声信息的影响，实测一般不能得到较为精确的高阶振型，因此，该方法进入实际应用还有很多研究工作要做。无论采用何种方法识别损伤，最终的目的是使这些方法具有实用性、智能性，能够应用于实际的工程当中[8-10]。

目前，我国已有的结构可靠性评价和损伤鉴定标准主要依据静态测试方法，通过测量材料的强度和弹性模量来确定结构的工作性能，静态测试方法的结果直接且可靠，从工程应用的角度来看，基于静态测试的损伤识别方法更加会得到工程界的青睐。静力测试是桥梁工程中应用最为普遍的一种结构测试方法，现有文献中主要应用静应变残差、静力位移进行损伤的识别和定位[11-12]，并利用改进的遗传算法及以静力位移和前几阶固有频率构造出的神经网络模型或基于静态应变及位移测量的结构刚度参数评估技术，进行损伤程度的标定[13-15]。

结构的静力识别具有较高的精度及稳定性，Hajela 和 Soerio[16]、Sanayei 和 Saletnik[17]、Banan 和 Hjelmstad[18]等对静力识别的应用前景均抱乐观态度。

本章提出的结构损伤识别方法是基于结构损伤时单元的应变发生变化，来实现结构的损伤识别、定位与损伤程度估计，文中的算例证明了该方法的有效性，并对比了两种类型静力荷载下的损伤识别效果。

9.1.1　损伤特征信息提取的理论依据

三维空间中，结构位移 $\{X\}$ 在 x、y、z 三个方向的分量分别为 $\{U\}$、

$\{V\}$、$\{W\}$，根据弹性力学原理，应变与位移之间的关系为：

$$
\begin{bmatrix} \varepsilon_x & \alpha_{yx} & \alpha_{zx} \\ \alpha_{xy} & \varepsilon_y & \alpha_{zy} \\ \alpha_{xz} & \alpha_{yz} & \varepsilon_z \end{bmatrix} = \begin{bmatrix} \dfrac{\partial u}{\partial x} & \dfrac{\partial v}{\partial x} & \dfrac{\partial w}{\partial x} \\ \dfrac{\partial u}{\partial y} & \dfrac{\partial v}{\partial y} & \dfrac{\partial w}{\partial y} \\ \dfrac{\partial u}{\partial z} & \dfrac{\partial v}{\partial z} & \dfrac{\partial w}{\partial z} \end{bmatrix}
\tag{9-1}
$$

其中，ε_x、ε_y、ε_z 为正应变，$\gamma_{xy} = \alpha_{yx} + \alpha_{xy}$，$\gamma_{yz} = \alpha_{zy} + \alpha_{yz}$，$\gamma_{zx} = \alpha_{xz} + \alpha_{zx}$ 为剪应变。所以

$$
\begin{bmatrix} \varepsilon_x & \alpha_{yx} & \alpha_{zx} \\ \alpha_{xy} & \varepsilon_y & \alpha_{zy} \\ \alpha_{xz} & \alpha_{yz} & \varepsilon_z \end{bmatrix} = \begin{bmatrix} \dfrac{\partial}{\partial x}(\{U\} & \{V\} & \{W\}) \\ \dfrac{\partial}{\partial y}(\{U\} & \{V\} & \{W\}) \\ \dfrac{\partial}{\partial z}(\{U\} & \{V\} & \{W\}) \end{bmatrix}
\tag{9-2}
$$

一般利用应变计来测量应变时，通常只能测量正应变，只考虑正应变时，有：

$$
[\varepsilon] = \begin{bmatrix} \varepsilon_x \\ \varepsilon_y \\ \varepsilon_z \end{bmatrix} = \begin{bmatrix} \dfrac{\partial}{\partial x}\{U\} \\ \dfrac{\partial}{\partial y}\{V\} \\ \dfrac{\partial}{\partial z}\{W\} \end{bmatrix}
\tag{9-3}
$$

所以，$[\varepsilon]$ 的一阶微分增量为：

$$
[\Delta\varepsilon] = \begin{bmatrix} \Delta\dfrac{\partial}{\partial x}\{U\} \\ \Delta\dfrac{\partial}{\partial y}\{V\} \\ \Delta\dfrac{\partial}{\partial z}\{W\} \end{bmatrix} = \begin{bmatrix} \Delta\{U'_x\} \\ \Delta\{V'_y\} \\ \Delta\{W'_z\} \end{bmatrix}
\tag{9-4}
$$

上式表明，结构损伤导致的应变变化 $[\Delta\varepsilon]$ 与结构位移的一阶微分变化有关，且 $[\Delta\varepsilon]$ 与 $\{U'_x\}$、$\{V'_y\}$、$\{W'_z\}$ 的变化存在一致的对应关系。因此，采用正应变类参数作为损伤指标可以对结构进行精确的损伤定位。

文献 [19] 认为，以应变类参数为基础的损伤识别方法明显优于以位移类参数为基础的损伤识别方法。

定义有限元离散单元平均正应变平方的变化率为损伤识别指标：

$$
R_i = \frac{\varepsilon_i^{d^2} - \varepsilon_i^2}{\varepsilon_i^2}
\tag{9-5}
$$

这里，ε_i、ε_i^d 为损伤前后单元的正应变。

9.1.2　修正算法

定义有限元离散单元平均应变变化率的平方为损伤识别指标：

$$R_i' = \frac{(\varepsilon_i^d - \varepsilon_i)^2}{\varepsilon_i^2} \tag{9-6}$$

这里，ε_i、ε_i^d 为损伤前后单元的正应变。

9.1.3　损伤分析

图 9-1 所示为 4 根截面尺寸完全相同的三维简支梁，梁 A、B、C 分别遭受

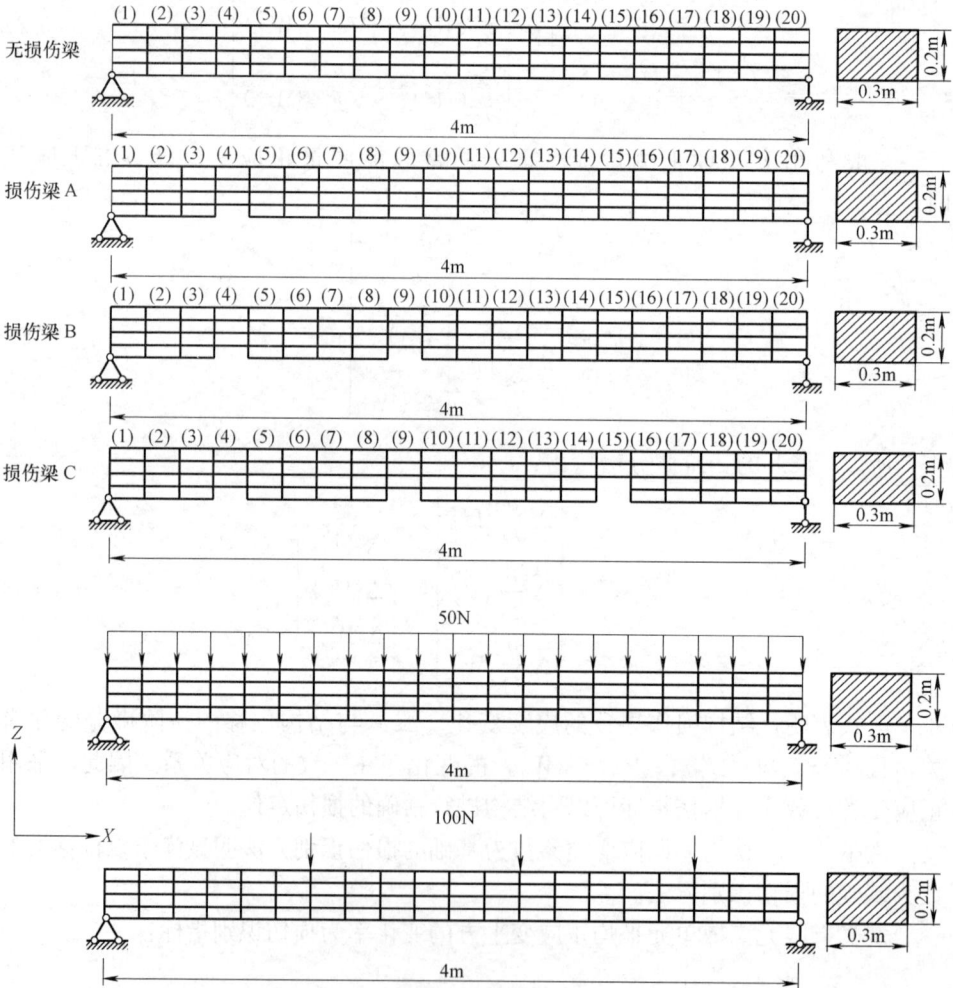

图 9-1　有限元网格离散及荷载类型

不同程度损伤。梁长 4m，截面尺寸为 0.3m×0.2m，有限元模型离散成 20×4×4 个单元，梁的材料参数是：弹性模量 $E=3e10Pa$，密度 $\rho=2500kg/m^3$，泊松比 $\mu=0.17$，假设结构在第 4、9、15 号单元的底部破损，其破损程度分别是 $h_1=1/4h$，$h_2=1/4h$，$h_3=1/2h$，h 为梁截面高度。结构损伤识别考虑两种工况：工况 1：静力荷载为均布荷载；工况 2：静力荷载为集中力。4 根梁分别承受均布荷载为 50N 和 3 个 100N 的集中力作用，其作用点和方向均完全相同。

以简支梁顶部表面层的单元为研究对象，来识别结构底部的损伤。

（1）两种类型的静力荷载作用下表层单元的平均应变（x 向应变）

由图 9-2、图 9-3 可以看到，在两种不同荷载作用下，损伤位置处的梁表层单元平均正应变（x 向）都发生了比较明显的变化，尤其是在集中荷载作用下，应变曲线在损伤位置处突变程度明显。

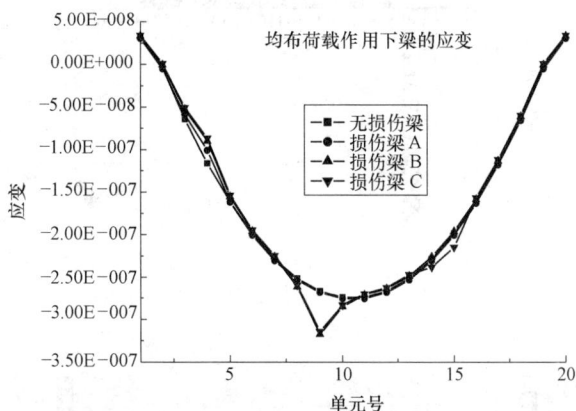

图 9-2　均布荷载作用下梁表层单元应变图

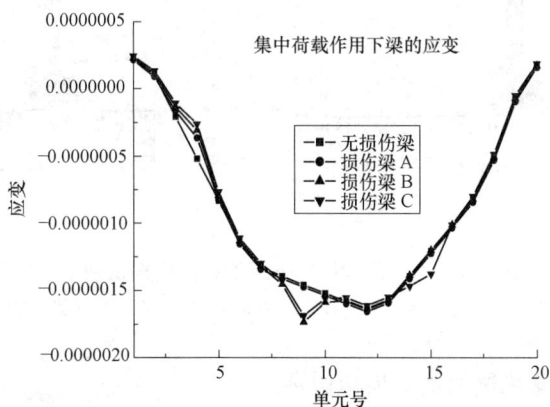

图 9-3　集中荷载作用下梁表层单元应变图

（2）两种类型的静力荷载作用下损伤识别和定位

下面对两种工况下的损伤识别结果分别进行讨论：

1）均布荷载作用下梁的损伤识别

① 正应变的平方变化率损伤识别法

用本章提出的原始算法对 3 根损伤梁进行损伤识别，归一化后的损伤指标值如图 9-4 所示。梁 A 在表层第 4 单元、梁 B 在表层第 4、9 单元、梁 C 在表层第 4、9、15 单元位置处，损伤指标发生突变，存在局部极大值，其他单元损伤指标变化比较缓慢，而损伤属于局部特征，因此，可以断定在损伤指标数值较大、突变位置处有损伤发生。

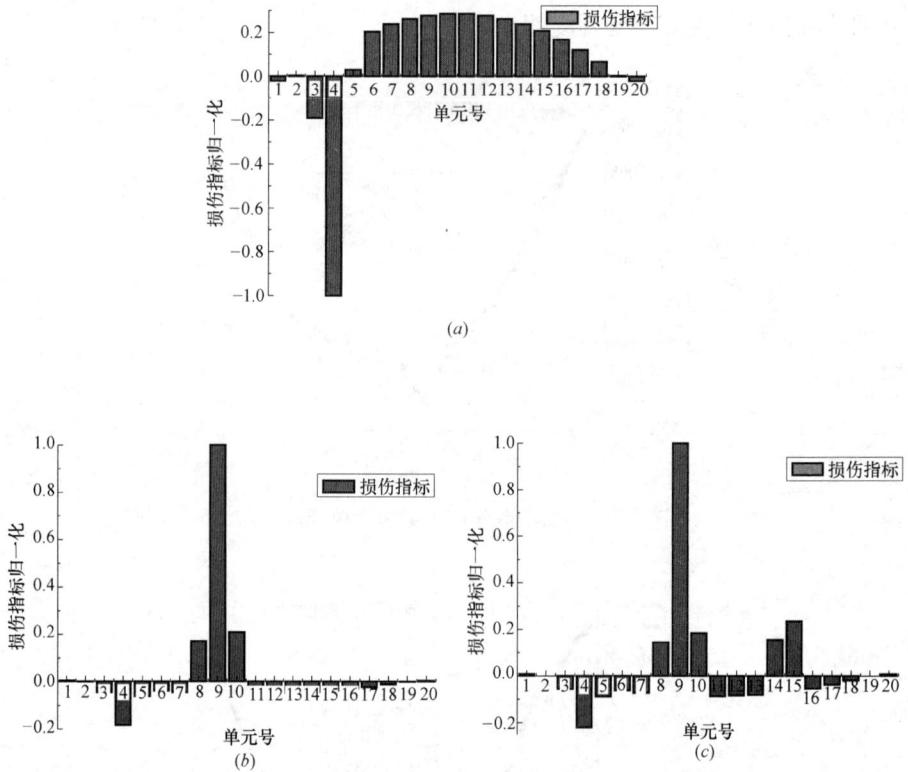

图 9-4　均布荷载作用下原始算法损伤识别结果

（a）损伤梁 A 识别结果；（b）损伤梁 B 识别结果；（c）损伤梁 C 识别结果

② 正应变差变化率的平方损伤识别法

采用修正算法识别损伤梁，归一化后的损伤指标值如图 9-5 所示，可以清楚地看到梁 A 在表层第 4 单元、梁 B 在表层第 4、9 单元、梁 C 在表层第 4、9、15

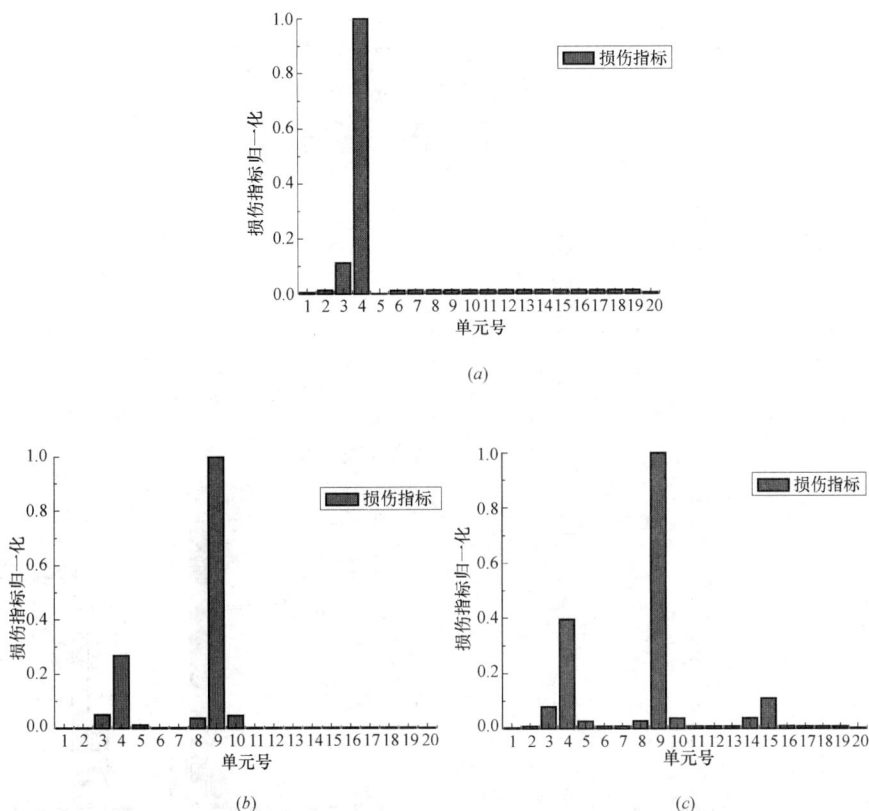

图 9-5　均布荷载作用下修正算法损伤识别结果
(*a*) 损伤梁 A 识别结果；(*b*) 损伤梁 B 识别结果；(*c*) 损伤梁 C 识别结果

单元位置处损伤指标值比较大，可以断定该处有损伤发生。同①比较，没有发生损伤的部位，损伤指标值非常小。

2) 集中荷载作用下梁的损伤识别

① 正应变的平方变化率损伤识别法

在集中力作用下，归一化后的损伤指标值如图 9-6 所示，能看到，发生损伤位置处的表层单元损伤指标值明显较大，识别效果较好。

② 正应变差变化率的平方损伤识别法

采用修正算法，归一化后的损伤指标值如图 9-7 所示，在各损伤位置处，梁的损伤指标均发生了突变，指标具有明显的局部最大值特点，说明损伤指标对该算法比较敏感，很好地反映了损伤情况，可以断定在该位置处有损伤发生，并且定位具有唯一性，识别效果非常理想。

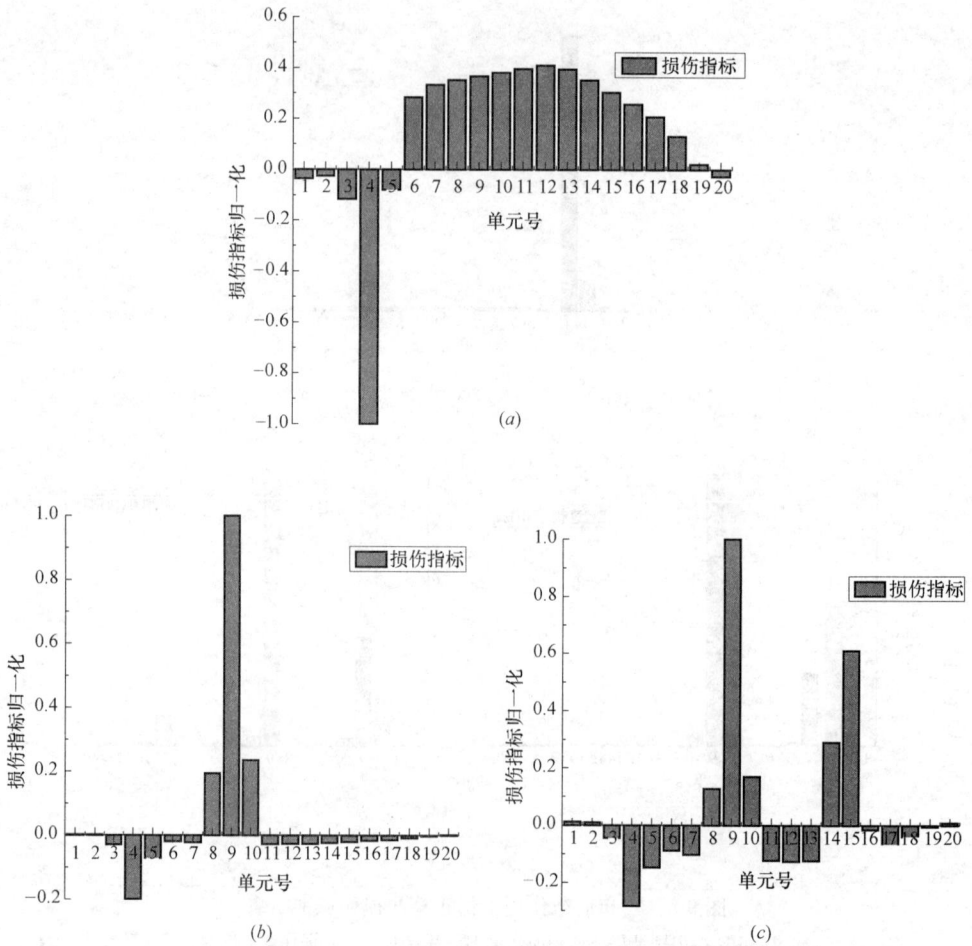

图 9-6　集中荷载作用下原始算法损伤识别结果

(a) 损伤梁 A 识别结果；(b) 损伤梁 B 识别结果；(c) 损伤梁 C 识别结果

9.1.4　损伤程度估计

损伤程度估计指标：

$$D_k = \left[\sum_{i=1}^{n} (\varepsilon_i^{\mathrm{d}} - \varepsilon_i)^2 \right]_k \tag{9-7}$$

式中，k 为损伤梁 A、B、C；n 为表层单元。

对损伤程度估计指标进行归一化，如图 9-8 所示。通过图示可以看到损伤梁 A、B、C 归一化后的损伤程度指标逐渐增大，说明梁 A、B、C 的损伤程度是依次增加的，与实际情况相符，这样就定性的估计了梁的损伤程度。

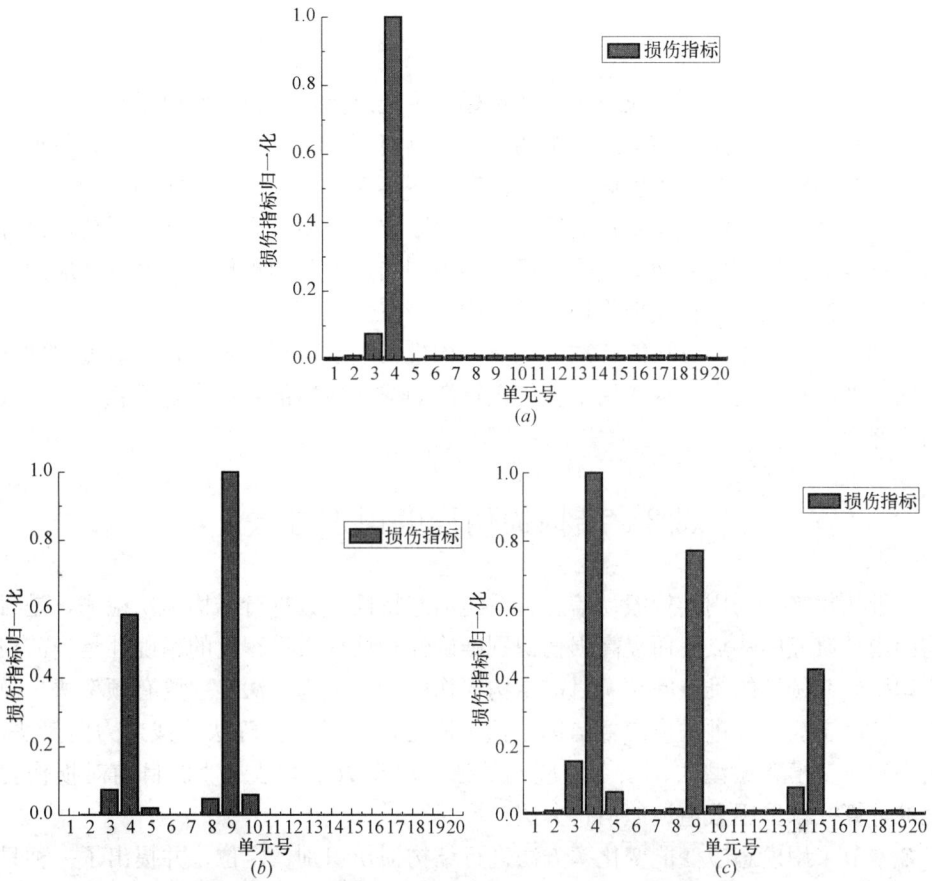

图 9-7　集中荷载作用下修正算法损伤识别结果

(a) 损伤梁 A 识别结果；(b) 损伤梁 B 识别结果；(c) 损伤梁 C 识别结果

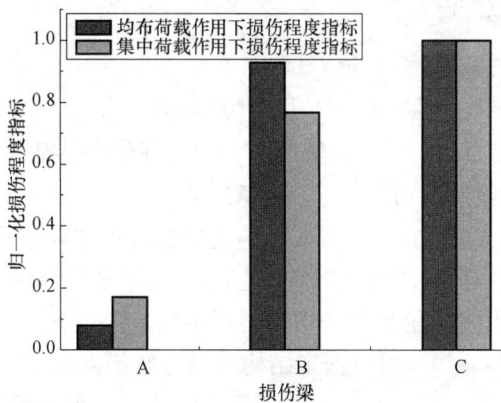

图 9-8　归一化损伤程度指标

9.1.5　结论

本节建立了一种基于应变的损伤指标值，通过算例分析得到以下结论：

（1）采用静态量对结构进行损伤识别，具有直接性，无须从振动测试数据中识别结构的模态，避免了虚假模态、模态振型不充分、噪声等干扰因素的影响。

（2）基于静态测试量变化的结构破损诊断方法简便、有效，通过分析，该方法不仅能够识别结构表面的损伤，还能够识别结构内部的损伤，完全可以应用于实际大型桥梁工程的在线损伤识别领域中。

（3）本文提出的方法能够准确地对结构进行损伤识别、定位，并能近似估计损伤程度；在受集中荷载作用下，修正算法的损伤指标值对损伤更敏感，识别效果更好。

9.2　结构损伤程度识别方法

近几年来，利用结构振动信息和系统动态特性参数进行结构损伤检测，是目前国内外研究的热点，而提高损伤识别准确性和估计损伤程度的精确性是当前损伤识别研究领域的难点问题。目前结构损伤的动力识别方法，主要有频率法、模态置信因子法、改进的模态置信因子法、阻尼法、柔度矩阵法、残余力向量法、曲率和应变模态振型法、频率响应函数法、信息数学算法[19-30]。目前对损伤程度的计算，都采用数值近似估计方法[31-35]。

本节采用模态应变能变化率方法进行结构损伤识别、定位，并提出了一种只需低阶模态即可精确求解损伤程度的解析解方法；通过数值算例证明了该方法是有效的，并研究了其抗噪性。

9.2.1　结构损伤定位方法

多自由度体系的运动微分方程为：

$$[M]\{\ddot{y}\}+[C]\{\dot{y}\}+[K]\{y\}=\{f(t)\} \tag{9-8}$$

忽略阻尼时方程（9-8）的齐次解确定方程特征值的特征向量，即：

$$[K]\{\phi\}_i-\omega_i^2[M]\{\phi\}_i=0 \tag{9-9}$$

任何由于损伤造成的 $[M]$ 与 $[K]$ 的变化都将表现在频率及振型的量测值的变化上。如果发现当前所测的结构频率与振型与原来的频率与振型有差别，可以认为 $[M]$ 与 $[K]$ 发生了变化，即出现了损伤。一般情况下，结构损伤不涉及质量损伤，即 $[\Delta M]=0$，可以假定结构质量分布不变。

定义结构破损前后，第 j 个单元关于第 i 阶模态的单元模态应变能（MSE）如下：

$$MSE_{ij} = \{\phi_i\}^{\mathrm{T}}[k_j]\{\phi_i\} \tag{9-10a}$$

$$MSE_{ij}^{\mathrm{d}} = \{\phi_i^{\mathrm{d}}\}^{\mathrm{T}}[k_j^{\mathrm{d}}]\{\phi_i^{\mathrm{d}}\} \tag{9-10b}$$

式中，上标"d"表示单元破损，$[k_j^{\mathrm{d}}]$ 表示结构损伤后的第 j 个单元刚度矩阵，$[k_j]$ 表示结构未损伤的第 j 个单元的刚度矩阵，$\{\phi_i^{\mathrm{d}}\}$ 表示结构损伤后的单元第 i 振型，$\{\phi_i\}$ 表示结构未损伤的单元第 i 振型。由于结构损伤后的单元刚度矩阵 $[k_j^{\mathrm{d}}]$ 未知，这里用损伤前的单元刚度矩阵 $[k_j]$ 来代替，其模态应变能的变化对损伤更敏感。定义结构损伤的定位指示因子为单元的模态应变能变化率（$MSECR_{ij}$）：

$$MSECR_{ij} = (MSE_{ij}^{\mathrm{d}} - MSE_{ij})/MSE_{ij} \tag{9-11}$$

其中，$MSECR_{ij}$ 是第 j 个单元关于第 i 阶模态的模态应变能变化率。

为了降低试验模态振型随机噪声的影响，可同时采用多阶模态振型来诊断结构的损伤位置：

$$MSECR_{ij} = \frac{1}{m}\sum_{i=1}^{m}\frac{MSECR_{ij}}{MSECR_{i\max}} \tag{9-12}$$

9.2.2　结构损伤程度确定

假定结构的损伤是由弹性模量的折减引起的，即，

$$E^{\mathrm{d}} = (1-\alpha)E \tag{9-13}$$

其中，α 为弹性模量的损伤百分比。

设整个结构采用 n 个损伤变量来描述结构的损伤：

$$\alpha_i \in [0,1], i = 1\sim n \tag{9-14}$$

设与第 i 个单元相关联的损伤变量为 α_i，则第 i 个单元刚度矩阵可表示为：

$$[k_j^{\mathrm{d}}] = (1-\alpha_j)[k_j] \tag{9-15}$$

所以

$$\alpha_j = \frac{[k_j] - [k_j^{\mathrm{d}}]}{[k_j]} \tag{9-16}$$

α_j 为单元损伤程度的指示因子。当 $\alpha_j = 0$ 时，单元没有损伤；当 $\alpha_j = 1$ 时，单元完全损伤。

9.2.3　损伤程度指示因子的精确求解

文中所采用的振型满足质量归一化条件：

$$\{\varphi\}^{\mathrm{T}}[M]\{\varphi\} = \{I\} \tag{9-17}$$

所有单元第 i 阶模态应变能的总和为：

$$MSE_i = \sum_{j=1}^{n} MSE_{ij} = \sum_{j=1}^{n}\{\phi_j^{\mathrm{d}}\}_i^{\mathrm{T}}[k_j^{\mathrm{d}}]\{\phi_j^{\mathrm{d}}\}_i = \sum_{j=1}^{n}(1-\alpha_j)\{\phi_j^{\mathrm{d}}\}_i^{\mathrm{T}}[k_j]\{\phi_j^{\mathrm{d}}\}_i$$

$$\tag{9-18}$$

有正交条件：

$$\{\phi^{\mathrm{d}}\}_i^{\mathrm{T}}[K]^{\mathrm{d}}\{\phi^{\mathrm{d}}\}_j = \begin{cases} \{\omega_i^{\mathrm{d}^2}\} & i=j \\ 0 & i\neq j \end{cases} \tag{9-19}$$

根据能量守恒原理，损伤结构第 i 阶模态的总应变能等于结构各单元第 i 阶模态应变能的总和。所以

$$MSE_i = \{\phi^{\mathrm{d}}\}_i^{\mathrm{T}}[K]^{\mathrm{d}}\{\phi^{\mathrm{d}}\}_i = \{\omega_i^{\mathrm{d}^2}\} \tag{9-20}$$

即

$$\sum_{j=1}^{n}(1-\alpha_j)\{\phi_j^{\mathrm{d}}\}_i^{\mathrm{T}}[k_j]\{\phi_j^{\mathrm{d}}\}_i = \{\omega_i^{\mathrm{d}^2}\} \tag{9-21}$$

其中 $\omega_i^{\mathrm{d}^2}$ 为损伤结构的第 i 阶模态特征值，j 为单元号，i 为模态阶次。只要方程数大于未知数个数，则式（9-21）具有唯一精确解。损伤结构的测试模态振型 $\{\phi_j^{\mathrm{d}}\}_i$、特征值 $\omega_i^{\mathrm{d}^2}$，用其有限元模型的计算来模拟。

9.2.4 算例分析

算例 1：

两端固定的梁，长 7.2m，有限元模型为 12 个梁单元、13 个节点。梁的几何和材料参数是：弹性模量 $E=7.5e11\mathrm{N/m}^2$，惯性矩 $I_{zz}=7.56\times10^{-7}\mathrm{m}^4$，面积 $A=0.001\mathrm{m}^2$，密度 $\rho=7800\mathrm{kg/m}^3$。单元 4 和 9 的弹性模量损失分别为 15% 和 25%。如图 9-9 所示：

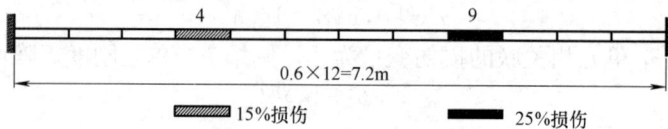

图 9-9　固端梁及损伤情况

无损结构和损伤结构的自振频率理论计算值见表 9-1。

<table>
<tr><td colspan="6" align="center">自振频率</td><td align="right">表 9-1</td></tr>
<tr><td rowspan="2">模态阶次</td><td colspan="5" align="center">频率（Hz）</td></tr>
<tr><td>1</td><td>2</td><td>3</td><td>4</td><td>5</td></tr>
<tr><td>未损伤结构</td><td>18.5181</td><td>51.0390</td><td>100.0537</td><td>165.4408</td><td>247.3534</td></tr>
<tr><td>损伤结构</td><td>18.4210</td><td>49.3677</td><td>98.4514</td><td>164.4846</td><td>240.6670</td></tr>
</table>

采用模态应变能变化率方法对固端梁损伤定位的结果如图 9-10、图 9-11 所示。

对损伤定位因子的计算，我们能发现在单元 4 和单元 9 产生了突变，损伤定位因子比较大，可知单元 4 和 9 发生了损伤。接下来，计算损伤程度指示因子，

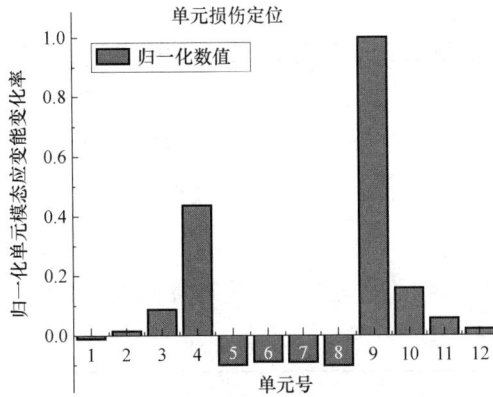

图 9-10　$m=1$ 时的损伤定位因子

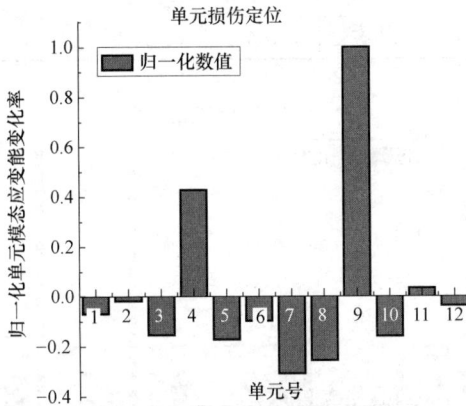

图 9-11　$m=2$ 时的损伤定位因子

其中 $\alpha_4 \neq 0$、$\alpha_9 \neq 0$，其他单元的 $\alpha_j = 0$；只有两个未知变量，因此取结构的前两阶振型进行分析，$\omega_1^{d^2} = 1.3396e4$、$\omega_2^{d^2} = 9.6216e4$，代入式（9-21），求解得：$\alpha_4 = 0.15$，$\alpha_9 = 0.25$。

利用式（9-21）求得的损伤程度因子与假定的损伤程度因子很吻合，数值误差为零。

算例 2：

考虑一多跨连续梁结构，梁长 30m，共 5 跨，每跨跨距 6m，截面为 $2m \times 0.5m$；材料参数：弹性模量 $E = 2e11N/m^2$，密度 $\rho = 7800kg/m^3$。梁上共 5 处损伤，第一跨一处，第二跨两处，第三跨没有损伤，第四跨和第五跨各一处，单元 3、14、17、35、46 的刚度损伤因子为 10%、20%、20%、30%、30%。每跨划分为 10 个单元，共 50 个单元。如图 9-12 所示：

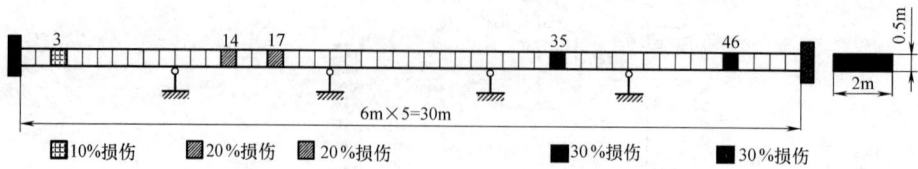

图 9-12　多跨连续梁及损伤情况

（1）无噪声损伤识别

无损伤结构和损伤结构的自振频率理论计算值见表 9-2。

自振频率　　　　　　　　　　　　　　　　　表 9-2

模态阶次	频率（Hz）						
	1	2	3	4	5	6	7
未损伤结构	35.2775	44.1040	55.5365	65.2.6671	72.0386	84.4092	133.3322
损伤结构	34.5891	43.1874	55.0833	65.5649	71.1094	83.0683	131.8968

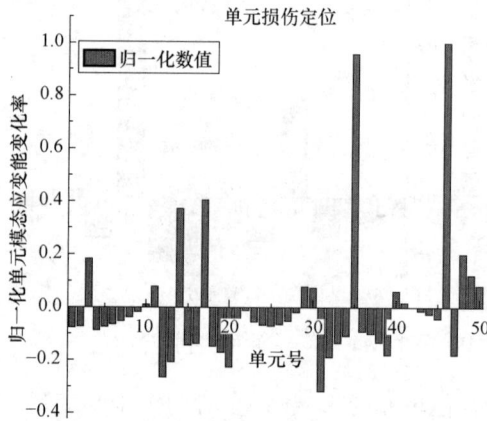

图 9-13　$m=1$ 时的损伤定位因子

通过图 9-13，损伤因子发生突变且数值较大的单元分别是单元 3、14、17、35、46，另外，在单元 12 和单元 31 处，损伤因子也比较大，这些都是有可能发生损伤的单元。假定这些单元的损伤因子 $\alpha_j \neq 0$，其他单元的 $\alpha_j = 0$；取前 7 阶振型分析：$\omega_1^{d^2} = 4.7232e4$、$\omega_2^{d^2} = 7.3633e4$、$\omega_3^{d^2} = 1.1978e5$、$\omega_4^{d^2} = 1.6971e5$、$\omega_5^{d^2} = 1.9662e5$、$\omega_6^{d^2} = 2.7241e5$、$\omega_7^{d^2} = 6.8680e$，将其代入式（9-21）求得：$\alpha_3 = 0.1$、$\alpha_{14} = 0.2$、$\alpha_{17} = 0.2$、$\alpha_{35} = 0.3$、$\alpha_{46} = 0.3$、$\alpha_{12} = 0$、$\alpha_{31} = 0$。

可见，单元 12 和单元 31 是没有损伤的。单元的损伤因子与假定的情况完全吻合，数值误差为零，修正了因为损伤定位而造成的误判。

（2）考虑噪声的损伤识别

为了模拟实际测量误差，引入如下白噪声模型：

$$\bar{\phi}_{ij} = \phi_{ij}(1 + \gamma_i^\phi \rho^\phi |\phi_{max,j}|) \tag{9-22}$$

式中，$\bar{\phi}_{ij}$ 和 ϕ_{ij} 分别为有噪声和无噪声的第 i 个自由度的第 j 个振型；γ_i^ϕ 为具有均值为零、均方差为 1 的同一随机变数；ρ^ϕ 为随机噪声大小。

引入 5% 的噪声，噪声信号如图 9-14 所示。

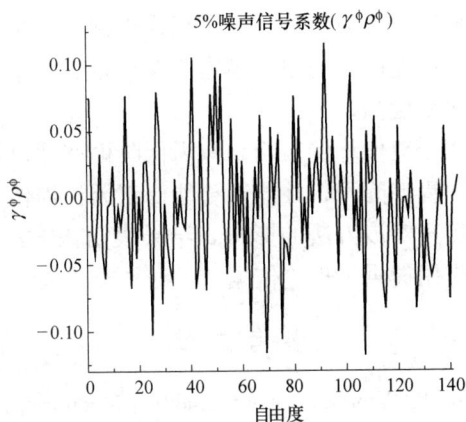

图 9-14　随机噪声信号

含 5% 噪声的损伤定位因子如图 9-15 所示。我们可以发现，含 5% 噪声的损伤定位因子数值与不含噪声的损伤定位因子数值非常接近，这表明，损伤定位因子受噪声影响很小，抗噪性较好。仍旧假定单元 3、12、14、17、31、35、46 有损伤。取前 7 阶振型分析，由式（9-21）可以求得损伤程度为：$\alpha_3 = 0.1092$、$\alpha_{14} = 0.1933$、$\alpha_{17} = 0.2333$、$\alpha_{35} = 0.2781$、$\alpha_{46} = 0.3278$、$\alpha_{12} = -0.0011$、$\alpha_{31} = 0.0018$。

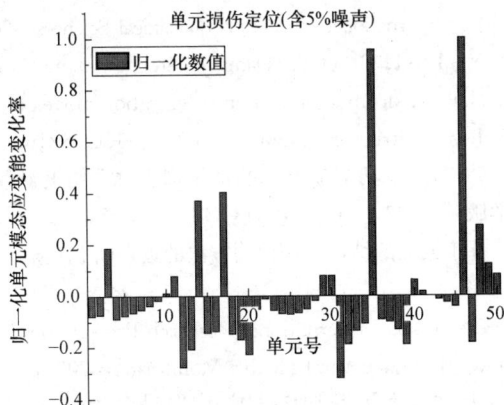

图 9-15　含 5% 噪声的损伤定位因子

　　由损伤程度指标可以看出，损伤单元的损伤程度与理论假定值非常接近，误差在 1.5% 以下；单元 12 的损伤因子为负值，根据文中的假定 $\alpha \in [0,1]$，这与假定产生了矛盾，说明该单元并未发生损伤；而单元 31 的损伤程度指标非常小，接近于 0，所以单元 31 也并未发生损伤，因此该方法智能化地修正了因为损伤定位而造成的误判。

9.2.5　结论

　　(1) 采用模态应变能方法对结构进行了损伤识别、定位，并引入了损伤程度因子，基于结构的模态应变能量与单元模态应变能量的关系提出了求解损伤程度的解析解方法，该方法精度高。

　　(2) 将此方法应用于数值算例表明，只需低阶模态即可精确地求解固端梁和多跨连续梁结构的损伤程度因子，并能够智能修正因为损伤定位而造成的误判。

　　(3) 研究了测量噪声对该方法的影响，结果表明该方法具有很强的鲁棒性，为在实际工程中得以应用提供了理论依据。

参 考 文 献

[1]　Carden E P, Fanning P. Vibration Based Condition Monitoring: A Review [J]. Structural Health Monitoring, 2004, 3 (4): 355-377.

[2]　Kim J T. Stubbs unimproved damage identification method based on modal information [J]. Journal of Sound and Vibration, 2002, 252 (2): 223-238.

[3]　Pandey A K, Biswas M. Damage detection in structures using changes in flexibility [J]. Journal of Sound and Vibration, 1994, 169 (1): 3-17.

[4]　孙增寿，韩建刚，任伟新. 基于小波分析的结构损伤检测研究进展 [J]. 地震工程与工程振动，2005，25 (2): 93-99.

[5]　Lu C J, Hsu Y T. Vibration analysis of an inhomogeneous string for damage detection by wavelet transform [J]. International Journal of Mechanical Sciences, 2002, 44: 745-754.

[6]　Hong J C, Kim Y Y, Lee H C, et al. Damage detection using the Lipschitz exponent estimated by the wavelet transform: application to vibration modes of a beam [J]. International Journal of Solids & Structures, 2002, 39 (7): 1803-1816.

[7]　丁幼亮，李爱群，韩晓林. 基于小波包分析的结构实时损伤报警数值研究 [J]. 东南大学学报（自然科学版），2003，33 (5): 643-646.

[8]　韩大建，王文东. 基于振动的结构损伤识别方法的近期研究进展 [J]. 华南理工大学学报（自然科学版），2003，31 (1): 91-96.

[9]　Auweraer H V D, Peeters B. International Research Projects on Structural Health Monitoring: An Overview [J]. Structural Health Monitoring, 2003, 2 (4): 341-358.

[10]　李国强，李杰. 工程结构动力检测理论与应用 [M]. 北京：科学出版社，2002：2-3.

[11]　薛祥，霍达，滕海文. 基于改进遗传算法的公路桥梁损伤程度标定的两阶段法 [J].

世界地震工程，2006，22（3）：60-65.

[12] 向天宇，赵人达，刘海波. 基于静力测试数据的预应力混凝土连续梁结构损伤识别 [J]. 土木工程学报，2003，36（11）：79-82.

[13] 邓焱，严普强. 梁及桥梁应变模态与损伤测量的新方法 [J]. 清华大学学报（自然科学版），2000，40（11）：123-127.

[14] 袁旭东，周晶，黄梅. 基于静力位移及频率的结构损伤识别神经网络方法 [J]. 哈尔滨工业大学学报，2005，37（4）：488-490.

[15] 崔飞，袁万城，史家钧. 基于静态应变及位移测量的结构损伤识别法 [J]. 同济大学学报，2000，28（1）：5-8.

[16] Hajela P，Soerio F J. Recent developments in damage detection based on system identification methods [J]. Structural Optimization，1990，2（1）：1-10.

[17] Sanayei M，Saletnik M J. Parameter estimation of structure from static strain measurements I：Formulation [J]. Journal of Structural Engineering，1996，122（5）：555-562.

[18] Banan M R，Hjelmstad K D. Parameter estimation of structures from static response I：Computational aspects [J]. Journal of Structural Engineering，1994，120（11）：3243-3258.

[19] 董聪，丁辉，高嵩. 结构损伤识别和定位的基本原理与方法 [J]. 中国铁道科学，1999，20（3）：89-94.

[20] Salawu O S. Detection of structural damage through changes in frequency：a review [J]. Engineering Structures，1997，19（9）：718-723.

[21] Allemang R J，Brown D L. Correlation coefficient for modal vector analysis [R]. Proceedings of the International Modal Analysis Conference，Orlando，Florida，USA，1982，110-115，2.

[22] Lieven N A J，Ewins D J. Spatial correlation of mode spaces：the coordinate modal assurance criterion（COMAC）[R]. Proceedings of the 6th International Modal Analysis Conference，Kissimmee，Florida，USA，1988，1063-1070.

[23] Modena C，Sonda D，Zonta D. Damage location in reinforced concrete structures by using damping measurements [J]. Key Eng Mat，1995，132-141.

[24] Pankey A K，Biswas M. Experimental verification of flexibility difference method for location damage in structures [J]. Journal of Sound and Vibration，1995，184（2）：311-328.

[25] Kosmatka J B，Ricles J M. Damage detection in structures by modal vibration characterization [J]. Journal of Structure Engineering，1999，125（12）：1384-1492.

[26] Wahab M M A，Roeck G D. Damage detection in bridges using modal curvatures applications to a real damage scenario [J]. Journal of Sound and Vibration，1999，226（2）：217-730.

[27] Cha P D，Tuck-Lee J P. Updating structural system parameters using frequency re-

sponse data [J]. Journal of Engineering Mechanics，2000，126 (12)：1240-1245.

[28]　孙增寿，韩建刚，任伟新. 基于小波分析的结构损伤检测研究进展 [J]. 地震工程与工程振动，2005，25 (2)：93-99.

[29]　Lu C J，Hsu Y T. Vibration analysis of an inhomogeneous string for damage detection by wavelet transform [J]. International Journal of Mechanical Sciences，2002，44 (4)：745-754.

[30]　Hong J C，Kim Y Y，Lee H C，et al. Damage detection using the Lipschitz exponent estimated by the wavelet transform：application to vibration modes of a beam [J]. International Journal of Solids & Structures，2002，39 (7)：1803-1815.

[31]　史治宇，罗绍湘，张令弥. 结构破损定位的单元模态应变能变化率法 [J]. 振动工程学报，1998，11 (3)：356-360.

[32]　史治宇，吕令毅. 由模态应变能法诊断结构破损的实验研究 [J]. 东南大学学报，1999，29 (2)：134-138.

[33]　史治宇，张令弥，吕令毅. 基于模态应变能诊断结构的修正方法 [J]. 东南大学学报，2000，30 (3)：84-87.

[34]　刘晖，瞿伟廉，袁润章. 基于模态应变能耗散理论的结构损伤识别方法 [J]. 振动与冲击，2004，23 (2)：118-121.

[35]　王学广，贺国京. 高精度模态应变能法结构损伤检测研究 [J]. 铁道学报，2005，27 (5)：92-95.

第 10 章 既有结构混凝土累积损伤原位评估方法

10.1 引 言

混凝土桥梁、刚性混凝土路面与机场跑道、轨枕、吊车梁、海洋平台和核反应堆压力容器安全壳等混凝土结构长期承受疲劳作用，这些结构的可靠性与混凝土结构疲劳损伤的实际状态有关，从这些承受重复荷载作用的老龄混凝土结构严重损伤的现状表明，疲劳累积损伤对结构的使用寿命和安全性产生了严重影响，工程实践中迫切需要对这些长期承受疲劳作用的混凝土有损结构进行评估和维修决策。目前，各国学者通过试验和理论研究，建立了 Miner 准则、Corten-Dolan 模型、P-M 准则、Shah 模型等疲劳累积损伤准则，为有效预测混凝土累积损伤程度与疲劳寿命奠定了基础。然而目前的疲劳损伤研究有优点也有局限性，局限性主要体现在以下特征中的一个或多个[1]：（1）按混凝土的应力幅来计算疲劳损伤度，没有从本质上考虑混凝土的疲劳损伤；（2）准则中的参数值较多，其取值不仅与材料特性有关，而且与荷载特性有关；（3）没有考虑荷载加载次序的影响，所以很难通过疲劳累积损伤准则准确判断既有结构混凝土的累积损伤程度。近年来，一些学者通过疲劳试验统计[2-6]或数值分析的方法[7-8]研究混凝土的疲劳累积损伤问题，根据明确的荷载作用历程，获取了混凝土总应变、残余应变、刚度和强度与加载应力幅、疲劳次数等相关参量的关系，得出了混凝土弹性模量退化、残余应变增大及强度衰减规律，大大推进了混凝土累积损伤分析和寿命预测问题的研究。但是，实际混凝土结构的作用历程往往不知，损伤后的应力重分布以及在服役过程中受疲劳、徐变、温度和收缩等多种时变效应的非线性耦合影响，使得既有结构混凝土的累积损伤程度评估更为复杂，采用简化的疲劳累积损伤分析方法预测结果往往与实际相差很大。因此，亟需一种能够直接判明既有结构混凝土累积损伤程度的原位评估方法。

许多疲劳试验结果表明[2-5]，混凝土的损伤和破坏是内部微裂纹的扩展直至产生宏观裂缝，当裂纹长度达到某一临界长度后，将发生不稳定扩展直至破坏。而且在各种时变效应下，混凝土损伤的统一内因也是混凝土内部微裂纹的扩展造成混凝土力学性能的劣化[9]。文献[10]提出了基于微裂纹扩展机理的损伤混凝土强度和临界裂纹长度实用评估方法，但是由于混凝土材料组成不均匀，除微裂纹外还存在随机分布的微空隙等初始缺陷，单从细观机理评估混凝土损伤过于复杂且难以达到较高的精度。弹性模量和残余应变能够宏观反映混凝土的细观损伤机制，而且与加载历程无关，是混凝土原位评估很好的选择。基于残余应变定义的损伤物理意义明确，然而残余应变在现场还无法直接测试；弹性模量虽然是可测试的参量，但其应用范围有一定局限性[11]，导致结构混凝土累积损伤原位评估始终是一个难题。为此，本章基于"变形唯一性"假定和混凝土材料在静态荷载与疲劳荷载作用下破坏的相似性，以混凝土实测弹性模量为评估参量，提出混凝土损伤后静力等效应变和残余应变计算方法，以及混凝土损伤后强度的估算方法。然后讨论了混凝土各损伤阶段的弹模比限值与静力等效应变、残余应变特征值的关系，提出了一种根据混凝土实测强度和弹模比的快速查表评估方法，直接得出混凝土的残余应变和损伤等级，并用已有试验结果进行了验证。

10.2　混凝土弹性模量参量的选择

混凝土内部微裂纹扩展宏观上表现为弹性模量的退化，根据损伤力学的定义，受力方向的混凝土损伤可用变形模量与基体弹性模量表征：

$$D = 1 - E_f/E \qquad\qquad (10\text{-}1)$$

式中，E_f 为混凝土变形模量；E 为混凝土基体弹性模量。

混凝土在疲劳荷载作用下的应力—应变包络线与单调应力—应变曲线基本一致[12]，因此，混凝土受压疲劳包络线可采用单轴受压应力—应变曲线表示，如图 10-1 所示，变形模量 E_f 是从原点出发的割线模量。在多次加卸载的疲劳裂纹扩展过程中，由于混凝土内部残余应力释放、裂纹尖端的微塑性和损伤以及受压混凝土微空隙压密、裂纹摩擦滑移等损伤机制[13]，造成了混凝土卸载后产生残余应变，使得变形模量在疲劳损伤后难以直接测试。谢和平等[11]对式（10-1）进行了改进，提出了考虑不可逆残余应变影响的弹塑性材料损伤定义。

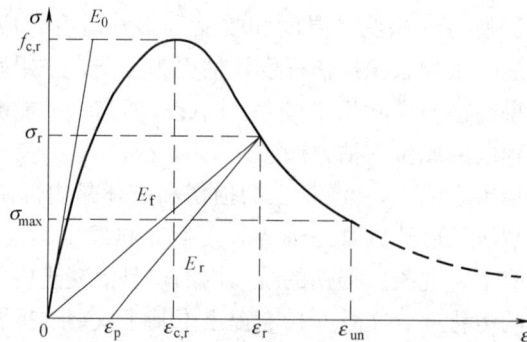

图 10-1　混凝土单轴受压应力—应变曲线

$$D=1-\frac{\varepsilon-\varepsilon_{p}}{\varepsilon}\left(\frac{E_{r}}{E_{0}}\right) \tag{10-2}$$

式中，ε 为材料的总应变；ε_{p} 为残余应变；E_{0} 为无应力状态下的切线模量；E_{r} 为卸载弹性模量。

应用上式计算时需要获知混凝土的疲劳累积应变和残余应变，但当混凝土结构应力状态已知或现场采用应力释放法仅可以得到混凝土的弹性应变，即使采用混凝土长期应变监测方法，并设置无应力计消除温度变化、收缩变形的影响，测试应变中还包含了徐变应变，由于混凝土徐变的影响因素复杂，其计算结果与实际往往差距很大，混凝土的疲劳累积应变的误差就会很大，更不用说残余应变。由于残余应变产生的机理非常复杂，不少研究者基于混凝土的疲劳破坏和静载破坏两者的破坏机理一致和"变形唯一性假设"，建立了混凝土疲劳损伤时的应变发展公式[5,14]，以及混凝土结构疲劳损伤等效静力分析方法[7-8]。这些公式和方法从初始状态研究混凝土的疲劳累积损伤过程，在一定条件下揭示了混凝土累积损伤的机理，但是考虑实际混凝土结构加载历程不明确、应力重分布和时变效应影响，这些公式和方法显然不适用于混凝土残余应变的现场确定。基于以上原因，混凝土损伤评估中常采用卸载后实测弹性模量与初始无损伤弹性模量的比值来度量其弹性损伤程度，损伤指标可用式（10-3）表示。

$$D_{r}=1-E_{r}/E \tag{10-3}$$

一些学者通过试验研究，认为混凝土残余应变 ε_{p} 与卸载弹性模量损伤指标 D_{r} 是等比例的线性关系[15]，遗憾的是现在还没有明确给出不同强度等级的混凝土比例因子。而且式（10-3）在实际应用中，初始弹性模量的定义也存在争议，若取混凝土初始切线模量 E_{0} 作为初始值，则计算中可能出现负损伤，这也偏离了对损伤的定义，并且初始缺陷损伤难以考虑；以静力受压弹性模量 E_{c} 为初始值，也很难区分初始缺陷损伤和受力损伤。但是根据损伤力学的定义，初始无损弹性模量是混凝土基体的弹性模量，所以从简化分析和实用评估的角度，初始弹性模量应选择与定义最接近的模量参数。

静力受压弹性模量 E_{c} 可能比初始切线模量 E_{0} 更接近于基体弹性模量，参照《普通混凝土力学性能试验方法标准》GB/T 50081—2002，弹性模量 E_{c} 是在 1/3 混凝土轴心抗压强度作用下，经过 3 次反复预压得到的试验值，在混凝土裂纹基本不扩展的情况下消除了大部分内部初始微缺陷的影响。例如，根据我国《混凝土结构设计规范》GB 50010—2010（以下简称《规范》）规定的应力—应变曲线，初始切线模量可按式（10-4）计算，与《混凝土结构设计规范》GB 50010—2010 表 4.1.5 中的弹性模量统计值 E_{c} 比较结果如表 10-1 所示。

$$E_{0}=\frac{\mathrm{d}\sigma}{\mathrm{d}\varepsilon}\bigg|_{\sigma=0}=n\frac{f_{c,r}}{\varepsilon_{c,r}} \tag{10-4}$$

式中，$f_{c,r}$ 为混凝土抗压强度标准值；$\varepsilon_{c,r}$ 为峰值压应变；n 为形状系数，$f_{c,r} \leqslant$ 50MPa 时，$n=2$，$f_{c,r}>50$MPa 时，$n=2-(f_{c,r}-50)/60$。

受压混凝土初始切线模量 E_0 与弹性模量 E_c 比较（单位：10^4N/mm^2）　　**表 10-1**

弹性模量	C20	C25	C30	C35	C40	C45	C50	C55	C60	C65	C70	C75	C80
E_c	2.55	2.80	3.00	3.15	3.25	3.35	3.45	3.55	3.60	3.65	3.70	3.75	3.80
E_0	1.82	2.14	2.45	2.72	3.00	3.19	3.38	3.44	3.47	3.48	3.47	3.43	3.36
E_0/E_c	0.715	0.765	0.816	0.865	0.922	0.953	0.980	0.970	0.965	0.954	0.937	0.914	0.885

由表 10-1 可以看出，按《混凝土结构设计规范》GB 50010—2010 规定的应力—应变曲线计算的 E_0 值均小于静力受压弹性模量 E_c。混凝土强度等级小于或等于 C50 情况下，随强度等级增大，E_0/E_c 比值从 C20 的 0.715 升高至 C50 的 0.980；混凝土大于 C50 时，E_0/E_c 比值从 C55 的 0.970 减小至 C80 的 0.885。因此，混凝土初始弹性模量宜选用弹性模量 E_c，式（10-3）可变更为：

$$D_r = 1 - E_r/E_c \tag{10-5}$$

王时越等[16]通过对 C15 混凝土静载及等幅循环荷载疲劳试验得出，当混凝土接近疲劳破坏时，卸载弹性模量 E_r 与静力弹性模量 E_c 的比值在 $0.474 \sim 0.757$ 之间，平均为 0.63。Holmen[2]的疲劳试验研究平均为 0.60。疲劳破坏时的弹模比离散性较大，主要原因在于混凝土材料本身的离散性，即使是同强度等级、同龄期的混凝土，由于成型工艺、养护条件等方面的原因，其静力弹性模量 E_c 也有较大的差异[15]。所以在既有结构混凝土损伤测试评估中，弹性模量 E_c 应采用实测值。

10.3　基于混凝土疲劳包络线的残余应变与静力等效应变关系

混凝土累积损伤破坏从力学意义上讲，是材料的微观变形达到了变形承载能力极限，这与 Holmen[2]给出的"可以利用混凝土极限应变作为混凝土疲劳破坏的准则"相吻合，大量的疲劳试验结果也验证了这一点；而且对于各种强度的混凝土，疲劳残余应变的发展较为稳定且具有代表性[1,3]。因此，如何获取残余应变就成为结构混凝土累积损伤现场评估的关键。基于混凝土疲劳包络线的Berkeley 加卸载模型为 Karsan 和 Jirsa 模型[17]的简化形式，卸载和再加载曲线都以直线形式表示，残余应变 ε_p 与静力等效应变 ε_r 的关系如式（10-6）所示。过镇海等[18]根据试验研究也得出了式（10-7）所示的统计公式。Berkeley 加卸载模型计算的残余应变值与过镇海模型计算值比较接近，总体稍微偏大一些。

$$\frac{\varepsilon_p}{\varepsilon_{c,r}} = 0.145 \times \left[\frac{\varepsilon_r}{\varepsilon_{c,r}}\right]^2 + 0.13 \times \left[\frac{\varepsilon_r}{\varepsilon_{c,r}}\right] \quad \left[\frac{\varepsilon_r}{\varepsilon_{c,r}}\right] < 2 \tag{10-6a}$$

$$\frac{\varepsilon_p}{\varepsilon_{c,r}}=0.707\times\left[\frac{\varepsilon_r}{\varepsilon_{c,r}}-2\right]+0.834 \qquad \left[\frac{\varepsilon_r}{\varepsilon_{c,r}}\right]\geqslant 2 \qquad (10\text{-}6b)$$

$$\frac{\varepsilon_p}{\varepsilon_{c,r}}=0.247\times\left[\frac{\varepsilon_r}{\varepsilon_{c,r}}\right]^{1.77} \qquad\qquad (10\text{-}7)$$

现有研究表明[7,19]，混凝土在疲劳荷载作用下疲劳破坏时的最大应变与单调加载软化段最大应力所对应的应变相当，如图 10-1 中的 ε_{un}，但是此值与混凝土所受的软化段最大应力 σ_{max} 有关，不易准确确定。现在一般采用"疲劳残余应变 ε_p 等于 $0.4\varepsilon_{c,r}$"作为疲劳破坏实用失效准则[5,20]。实际结构中混凝土受力不均匀，发生损伤的部位往往是局部的，但超过此限值时结构通常严重开裂，承载力下降，不能再有效使用。因此，本章也采用了这个失效准则，并提出此准则下如式（10-8）所示的残余应变与累积应变的实用关系式，与 Berkeley 加卸载模型和过镇海模型的比较见图 10-2。可以看出本章关系式计算的残余应变曲线处于 Berkeley 加卸载模型和过镇海模型曲线之间，更接近于过镇海模型曲线，也验证了本章关系式的合理性。当残余应变 $\varepsilon_p=0.4\varepsilon_{c,r}$ 时，对应的累积应变按式（10-8）计算为 $1.3\varepsilon_{c,r}$。

$$\frac{\varepsilon_p}{\varepsilon_{c,r}}=0.186\times\left[\frac{\varepsilon_r}{\varepsilon_{c,r}}\right]^2+0.067\times\left[\frac{\varepsilon_r}{\varepsilon_{c,r}}\right] \qquad \left[\frac{\varepsilon_r}{\varepsilon_{c,r}}\right]\leqslant 1.3 \qquad (10\text{-}8)$$

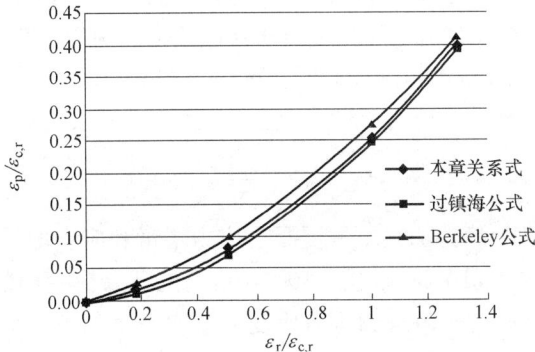

图 10-2　混凝土残余应变与疲劳累积应变的关系曲线

10.4　基于混凝土实测弹性模量的静力等效应变分析方法

为了在现场得到混凝土的残余应变，本章提出一种基于混凝土卸载弹性模量的静力等效应变和残余应变的分析方法。根据 Sinha 等[12]提出的混凝土变形唯一性假设：不管以前承受的重复荷载历程如何，只要残余变形相同，则在此基础上施加相同的重复荷载，其荷载与变形的关系将保持不变，而与以前的荷载变形历程无关。这一假设目前已被许多试验所证实，因此以残余应变为等效参量，可以得出疲劳荷载与静载分析的等效关系。在《混凝土结构设计规范》GB 50010—2010 给出的单轴受压混凝土本构关系的基础上，摒弃荷载循环能量耗散规律的复杂性，假定混凝土损伤后加卸载的弹性模量采用如图 10-1 所示的线性发展模式，即混凝土实测弹性模量与加卸载弹性模量相等，结合式（10-8）建立了受压混凝土累积损伤的静力等效应变分析方法，由计算的静力等效应变和应力得出受压混凝土的残余应变，进一步可以推定混凝土损伤后的强度。具体测试与分析步骤如下：

步骤一：利用超声波、冲击波等无损检测方法或取芯法，在有代表性的混凝土构件或部位测试与分析无损伤混凝土的力学参数，包括混凝土抗压强度 $f_{c,r}$、混凝土的弹性模量 E_c 和峰值压应变 $\varepsilon_{c,r}$。

步骤二：根据混凝土实际抗压强度 $f_{c,r}$ 和弹性模量 E_c 做出单轴受压应力—应变全曲线，计算公式见下式：

$$\sigma = (1-d_c)E_c\varepsilon \tag{10-9}$$

式中，σ、ε 分别为混凝土的压应力和压应变；d_c 为混凝土受压损伤演化参数，详见《混凝土结构设计规范》GB 50010—2010 第 C.2.4 条。

步骤三：利用无损检测方法或静力加载及应变测试系统现场测量结构混凝土关键测点（一般为主要受力构件的最不利受力截面受压区边缘）的弹性模量 E_r；以静力加载为例，通过对结构混凝土施加弹性范围内的静力荷载，由静力平衡条件得出混凝土应力增量和实测的应变增量，按式（10-10）计算卸载弹性模量 E_r。

$$E_r = \frac{\Delta\sigma}{\Delta\varepsilon} \tag{10-10}$$

式中，$\Delta\sigma$、$\Delta\varepsilon$ 分别为静力加载下的混凝土应力增量和应变增量。

步骤四：根据式（10-7）或式（10-8）给出的残余应变与静力等效应变的关系，与式（10-11）联立求解静力等效应变 ε_r。

$$E_r = \frac{(1-d_c)E_c\varepsilon_r}{\varepsilon_r - \varepsilon_p} \tag{10-11}$$

步骤五：按式（10-12）计算 ε_r 对应的静力等效应力 σ_r，混凝土残余应变值 ε_p 由式（10-13）求得。

$$\sigma_r = (1-d_c)E_c\varepsilon_r \tag{10-12}$$

$$\varepsilon_p = \varepsilon_r - \sigma_r/E_r \tag{10-13}$$

步骤六：根据混凝土应力—应变曲线和静力等效应变 ε_r 推断混凝土损伤后剩余强度：$\varepsilon_r \leqslant \varepsilon_{c,r}$ 时，混凝土强度不下降，剩余强度仍为 $f_{c,r}$；$\varepsilon_r > \varepsilon_{c,r}$ 时，混凝土强度下降，按式（10-12）计算的静力等效应力 σ_r 即为混凝土损伤后剩余强度。

需要指出的是，以混凝土疲劳包络线为基础的加卸载弹性模量线性假设，对于评估混凝土大应变低周疲劳效应是合理的，而与实际混凝土的随机疲劳滞回曲线及高周疲劳损伤后再加载曲线发展模式[21]不完全相符，导致高周疲劳损伤后的混凝土实测弹性模量往往大于按此假设确定的卸载弹性模量，计算的静力等效应变偏小，不利于结构安全评估。鉴于不同加载方式下，相同静力等效应变或残余应变对应的损伤弹性模量实际是一个变化值，卸载弹性模量与静力弹性模量的比值（简称弹模比）的取值宜以区间来表征。因此，对于混凝土累积损伤评估，由疲劳包络线确定的线性加卸载弹模比仅可看作是下限值，而对于高周疲劳作用下的混凝土弹模比则需要确定上限值。

在疲劳包络线的上升段，静力等效应变在 $0 < \varepsilon_r \leqslant \varepsilon_{c,r}$ 范围内，无论是高周疲劳还是低周疲劳，损伤后的混凝土强度基本不变。此阶段静力等效应变对应残余应变特征点的确定如下：当 $\varepsilon_r = \varepsilon_{c,r}$ 时，按式（10-8）计算的残余应变为 $0.253\varepsilon_{c,r}$，Berkeley 加卸载模型和过镇海模型的计算结果分别为 $0.275\varepsilon_{c,r}$ 和 $0.247\varepsilon_{c,r}$，统一取为 $0.25\varepsilon_{c,r}$，与《混凝土结构设计规范》GB 50010—2010 方法计算结果相等；根据混凝土在静力应力 $\leqslant 0.75f_{c,r}$ 作用下的宏观弹性工作[22]，计算出的 C20~C80 混凝土的应变在 $0.75f_{c,r}$ 时介于 $0.45\varepsilon_{c,r}$~$0.55\varepsilon_{c,r}$ 之间，统一取为 $0.5\varepsilon_{c,r}$，相应的残余应变近似等于 $0.08\varepsilon_{c,r}$。由此可以得出 $\varepsilon_r = 0.5\varepsilon_{c,r}$ 和 $\varepsilon_r = \varepsilon_{c,r}$ 卸载后的弹性应变分别为 $0.42\varepsilon_{c,r}$ 和 $0.75\varepsilon_{c,r}$，对应的静力等效应力分别用 $\sigma_{0.5\varepsilon_{c,r}}$ 和 $f_{c,r}$ 表示，所以混凝土静力或低周疲劳弹模比的下限值，$\varepsilon_r = 0.5\varepsilon_{c,r}$ 或 $\varepsilon_p = 0.08\varepsilon_{c,r}$ 时可取为 $\sigma_{0.5\varepsilon_{c,r}}/(0.42\varepsilon_{c,r})$，$\varepsilon_r = \varepsilon_{c,r}$ 或 $\varepsilon_p = 0.25\varepsilon_{c,r}$ 时为 $f_{c,r}/(0.75\varepsilon_{c,r})$。

混凝土高周疲劳则不同，试验研究表明混凝土初期的弹性模量降低和残余应变增大较快[3-5]，但从试验数据来看，混凝土卸载弹性模量的降低量小，疲劳累积应变超出静力弹性应变就会对混凝土强度有降低影响[8,11,23]。因此，根据混凝土高周疲劳损伤后的强度变化特征，在 $\varepsilon_r = 0.5\varepsilon_{c,r}$ 或 $\varepsilon_p = 0.08\varepsilon_{c,r}$ 时的弹模比上限值可取为 1；而取 $\varepsilon_p = 0.08\varepsilon_{c,r}$ 时的静力弹模比下限值 $\sigma_{0.5\varepsilon_{c,r}}/(0.42\varepsilon_{c,r})$ 作为高周疲劳 $\varepsilon_r = \varepsilon_{c,r}$ 或 $\varepsilon_p = 0.25\varepsilon_{c,r}$ 的弹模比上限值。由于在少量疲劳作用后，弹模比的降低量就超出此限值，这也解释了混凝土高周疲劳为什么总是造成强度下降的原因。

在疲劳包络线的下降段，当残余应变 $\varepsilon_p = 0.4\varepsilon_{c,r}$ 时，按式（10-8）计算的静力等效应变为 $1.3\varepsilon_{c,r}$，直接反映了残余静载强度降低量，同样可取 $\sigma_{1.3\varepsilon_{c,r}}/(0.9\varepsilon_{c,r})$ 作为 $\varepsilon_r = 1.3\varepsilon_{c,r}$ 或 $\varepsilon_p = 0.4\varepsilon_{c,r}$ 时的弹模比下限值。混凝土高周疲劳性能更复杂，试验研究表明[1,3,5]：$\varepsilon_p = 0.4\varepsilon_{c,r}$ 时的混凝土疲劳总应变稳定地近似静力峰值应变值 $\varepsilon_{c,r}$，疲劳寿命接近 90%；而实测的混凝土弹模比一般大于按 $f_{c,r}/(0.75\varepsilon_{c,r})$ 确定的弹模比下限值 $f_{c,r}/(0.75\varepsilon_{c,r})$，更接近于 $f_{c,r}/(0.6\varepsilon_{c,r})$，因此近似取此值为 $\varepsilon_p = 0.4\varepsilon_{c,r}$ 时的弹模比上限值。此外，混凝土的初始缺陷也能造成残余应变的变化，但此值很难准确计算，本章计算约等于 $0.02\varepsilon_{c,r}$。

　　根据以上分析，将基于残余应变特征值的混凝土弹模比上限值和下限值分别列于表 10-2、表 10-3 中，可以分别在混凝土高周疲劳和低周疲劳后评估时采用。可以看出 C20～C80 混凝土的弹模比随残余应变的增大而逐渐减小，平均弹模比上限值从 1.000 减小至 0.810，平均弹模比下限值从 0.943 减小至 0.517；混凝土强度对弹模比的影响较大，随混凝土强度越低弹模比降低量越大。

受压混凝土卸载弹性模量（上限值）与静力弹性模量的比值　　　　表 10-2

残余应变	C20	C25	C30	C35	C40	C45	C50	C55	C60	C65	C70	C75	C80	平均
$0.08\varepsilon_{c,r}$	1.000	1.000	1.000	1.000	1.000	1.000	1.000	1.000	1.000	1.000	1.000	1.000	1.000	1.000
$0.25\varepsilon_{c,r}$	0.776	0.819	0.862	0.901	0.945	0.967	0.986	1.000	1.000	1.000	1.000	1.000	1.000	0.943
$0.4\varepsilon_{c,r}$	0.596	0.637	0.680	0.721	0.769	0.794	0.817	0.844	0.877	0.908	0.937	0.962	0.984	0.810

受压混凝土卸载弹性模量（下限值）与静力弹性模量的比值　　　　表 10-3

残余应变	C20	C25	C30	C35	C40	C45	C50	C55	C60	C65	C70	C75	C80	平均
$0.08\varepsilon_{c,r}$	0.776	0.819	0.862	0.901	0.945	0.967	0.986	1.000	1.000	1.000	1.000	1.000	1.000	0.943
$0.25\varepsilon_{c,r}$	0.493	0.527	0.563	0.597	0.636	0.657	0.676	0.698	0.726	0.752	0.776	0.796	0.814	0.670
$0.4\varepsilon_{c,r}$	0.425	0.445	0.466	0.485	0.508	0.517	0.523	0.532	0.545	0.556	0.566	0.573	0.578	0.517

　　本章重点讨论混凝土高周疲劳后损伤评估问题，当 $\varepsilon_p = 0.4\varepsilon_{c,r}$ 时，C20～C60 混凝土的弹模比上限值降低为 0.596～0.877，而 C60 以上的混凝土弹模比最大只减小了 0.092，说明弹性模量对较低强度等级混凝土的损伤较为敏感，而对于高强混凝土则不太理想。

10.5　混凝土累积损伤程度评估

10.5.1　混凝土损伤指标的比较

　　将静力等效应力 σ_r 和静力等效应变 ε_r 代入式（10-1），并用 E_c 代替 E，按式（10-14）可以计算出以变形模量表征的混凝土累积损伤指标。

$$D = 1 - \frac{\sigma_r}{E_c \varepsilon_r} \qquad (10\text{-}14)$$

　　分别计算混凝土强度等级 C20～C80 的变形模量损伤指标 $D_{20}～D_{80}$，如图 10-3所示。变形模量损伤指标总体随应变增大近似线性发展，但是混凝土强度不同时的指标发展趋势不一致：低强度混凝土（小于 C40）表现为"前快后慢"，高强度混凝土（大于 C50）表现为"前慢后快"。在应变特征点处的指标也较为离散，峰值应变 $\varepsilon_{c,r}$ 时的损伤指标在 0.41～0.64 之间，$1.3\varepsilon_{c,r}$ 时介于 0.64～0.74 之间。因此，以变形模量评估混凝土累积损伤时必须考虑混凝土强度的影响。

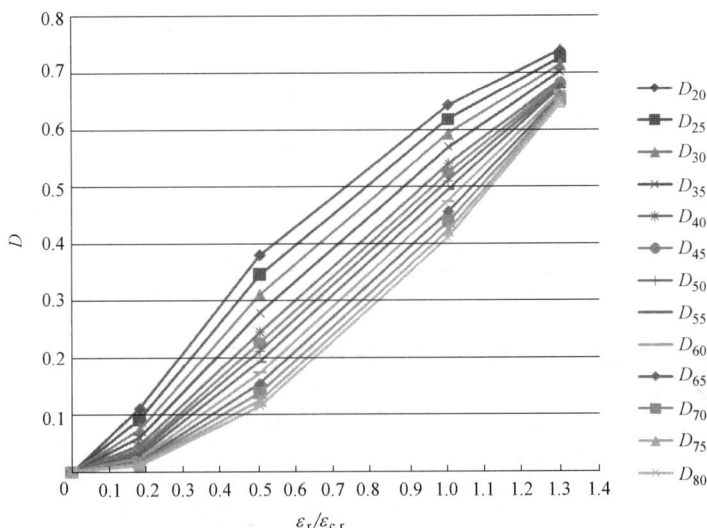

图 10-3　混凝土变形模量损伤指标

为了使变形模量损伤指标最大值为 1，并考虑高周疲劳破坏实用失效准则，将其归一化处理为：

$$D_f = \frac{1 - E_f/E_c}{1 - E_{fz}/E_c} \tag{10-15}$$

式中，E_{fz} 为混凝土失效（$\varepsilon = 1.3\varepsilon_{c,r}$）时的变形模量。

以混凝土残余应变和静力等效应变计算的实用损伤指标可分别表示为：

$$D_p = \frac{\varepsilon_p}{0.4\varepsilon_{c,r}} \tag{10-16}$$

$$D_\varepsilon = \frac{\varepsilon_r}{1.3\varepsilon_{c,r}} \tag{10-17}$$

式中，D_p 为混凝土残余应变表征的损伤指标；D_ε 为混凝土静力等效应变表征的损伤指标。

残余应变损伤指标 D_p 与归一化后的变形模量损伤指标 D_f 以及静力等效应变损伤指标 D_ε 比较如图 10-4、图 10-5 所示。D_f 与混凝土强度相关，而且不同强度的发展趋势不一致，D_p 和 D_ε 与混凝土强度无关；D_f 平均值和 D_ε 随着应变增大而线性增大，只有 D_p 能够体现随应变增大各阶段损伤加速发展的特征。因此，在混凝土累积损伤评估中采用残余应变损伤指标 D_p 更合理，与静力等效应变的统计关系可表示为：

$$D_p = 0.465 \times \left[\frac{\varepsilon_r}{\varepsilon_{c,r}}\right]^2 + 0.167 \times \left[\frac{\varepsilon_r}{\varepsilon_{c,r}}\right] \quad \left[\frac{\varepsilon_r}{\varepsilon_{c,r}}\right] \leqslant 1.3 \qquad (10\text{-}18)$$

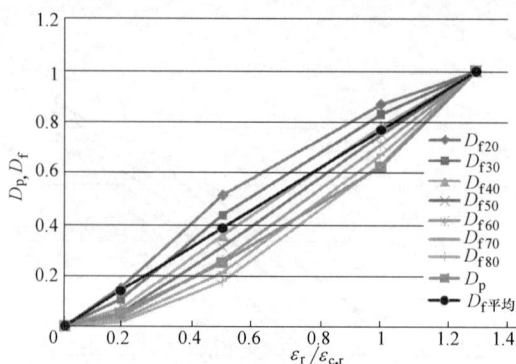

图 10-4 混凝土残余应变损伤指标 D_p 与变形模量损伤指标 D_f 的比较

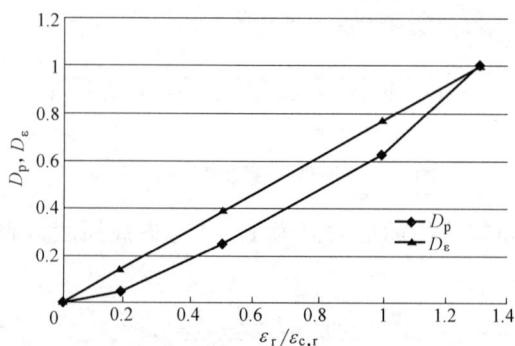

图 10-5 混凝土残余应变损伤指标 D_p 与静力等效应变损伤指标 D_ε 的比较

10.5.2 混凝土累积损伤等级评定

混凝土结构损伤评估往往需要分等级评定，根据本章第 4 节损伤阶段特征值的分析，将高周疲劳受压混凝土累积损伤程度划分为良好、中等、严重和失效 4 个等级，相应的评定标准如表 10-4 所示。

受压混凝土累积损伤程度评定　　　　　　　　　　　表 10-4

损伤程度等级	损伤指标 D_p	静力等效应变	残余应变	损伤后强度	备注
良好	$0.0 < D_p \leqslant 0.20$	$0.0 < \varepsilon_r \leqslant 0.5\varepsilon_{c,r}$	$0.0 < \varepsilon_p \leqslant 0.08\varepsilon_{c,r}$	$f_{c,r}$	等效应力—应变曲线的上升段，混凝土强度基本不变。等效应力—应变曲线的下降段，混凝土强度按式(10-12)、式(10-13)计算
中等	$0.20 < D_p \leqslant 0.625$	$0.5\varepsilon_{c,r} < \varepsilon_r \leqslant \varepsilon_{c,r}$	$0.08\varepsilon_{c,r} < \varepsilon_p \leqslant 0.25\varepsilon_{c,r}$	$f_{c,r}$	
严重	$0.625 < D_p \leqslant 1$	$\varepsilon_{c,r} < \varepsilon_r \leqslant 1.3\varepsilon_{c,r}$	$0.25\varepsilon_{c,r} < \varepsilon_p \leqslant 0.4\varepsilon_{c,r}$	σ_r	
失效	$D_p > 1$	$\varepsilon_r > 1.3\varepsilon_{c,r}$	$\varepsilon_p > 0.4\varepsilon_{c,r}$	σ_r	

10.6　基于弹模比的混凝土累积损伤快速评估方法及验证

弹模比虽然仅能反映混凝土的弹性损伤程度，不同混凝土强度的弹模比发展规律也不一致，但是对于混凝土高周疲劳情况，根据结构混凝土的实测强度和弹模比查表 10-2 中对应的残余应变值（中间数值可以近似直线内插），由表 10-4 可以对混凝土累积损伤程度快速评估，直接判别混凝土高周疲劳的累积损伤程度和损伤后强度。为验证方法的可靠性和实用性，选择孟宪宏[6]的受压混凝土疲劳试验第 4 组和第 7 组数据进行分析，试验混凝土初始强度在 C35～C40 之间，分别在最大应力水平 0.75 和 0.85 的情况下进行了 2 万次和 1 千次等幅加载，然后测试了剩余弹性模量和剩余强度。根据试验数据计算出弹模比和剩余强度与初始强度比，与评估值的对比列于表 10-5 中，可以看出，采用弹模比的上限值能较好地评估高周疲劳后混凝土的剩余强度，而且得到了以残余应变表征的损伤指标，直接评判混凝土已经进入了严重损伤状态。

受压混凝土疲劳损伤后的等级评定和剩余强度评估　　　　　　　　表 10-5

初始强度	试件编号	弹模比	剩余强度/初始强度		损伤指标 D_p	试件编号	弹模比	剩余强度/初始强度		损伤指标 D_p
			试验值	评估值				试验值	评估值	
22.50	4-3	0.898	0.949	0.951	0.775	7-3	0.892	0.930	0.946	0.788
23.13	4-4	0.913	0.965	0.964	0.742	7-4	0.876	0.932	0.936	0.822
23.37	4-5	0.900	0.951	0.952	0.771	7-5	0.851	0.924	0.918	0.877
23.39	4-6	0.898	0.957	0.952	0.774	7-6	0.860	0.916	0.920	0.857
23.96	4-7	0.913	0.955	0.960	0.743	7-7	0.923	0.957	0.964	0.720
24.01	4-8	0.890	0.958	0.947	0.793	7-8	0.927	0.950	0.970	0.713
24.23	4-9	0.935	0.977	0.977	0.695	7-9	0.944	0.974	0.980	0.675
25.01	4-10	0.940	0.974	0.978	0.684	7-10	0.912	0.940	0.960	0.744
25.36	4-11	0.942	0.974	0.980	0.678	7-11	0.937	0.966	0.976	0.691
25.89	4-12	0.946	0.985	0.986	0.670	7-12	0.935	0.965	0.976	0.695

评估结果还可以揭示高周疲劳累积损伤对混凝土桥梁受弯极限承载力降低的影响不显著[24]，其原因为：由测试的弹模比分析残余应变大小，当残余应变 ε_p ≤0.25$\varepsilon_{c,r}$ 时，混凝土材料强度不变，纵筋弹性工作，则受弯极限承载力基本不变；0.25$\varepsilon_{c,r}$<ε_p<0.4$\varepsilon_{c,r}$ 时，从表 10-5 中的试验数据可知混凝土材料强度下降量很少，即使 ε_p＝0.4$\varepsilon_{c,r}$ 时剩余强度与初始强度比评估值还可以达到 0.88，而且截面受压区损伤仅在边缘部分，所以受弯极限承载力下降很少，仍然保持 95% 左右的受弯极限承载力。残余应变 ε_p＝0.25$\varepsilon_{c,r}$ 及对应的弹模比上限值可作为混凝

土桥梁受弯极限承载力是否降低的界限。此外，获取实际结构的混凝土残余应变，可对损伤混凝土桥梁的现存应力、应变状态和变形能力，以及是否造成混凝土桥梁发生超筋梁脆性破坏的危险性进行具体分析。

10.7　结　　论

（1）既有结构混凝土弹性损伤评估中，为避免混凝土初始缺陷造成的评估误判，建议混凝土初始无损弹性模量采用静力弹性模量 E_c，并宜采用实测值。

（2）根据《混凝土结构设计规范》GB 50010—2010 混凝土应力—应变曲线和残余应变与累积应变的实用关系式，提出了基于卸载弹性模量的混凝土静力等效应变和残余应变的计算方法，给出混凝土结构现场测试与分析的详细步骤和弹模比与残余应变的相关特征值，适用于现场获取结构混凝土的残余应变。

（3）通过比较混凝土变形模量、静力等效应变和残余应变表征的损伤指标，发现残余应变损伤指标能够体现随应变增大的各阶段损伤加速发展特征，因此建议采用残余应变损伤指标，并给出了残余应变损伤指标与静力等效应变的关系式。

（4）将受压混凝土累积损伤程度划分为良好、中等、严重和失效 4 个等级，给出了各等级的残余应变损伤指标、静力等效应变和残余应变范围，以及推定混凝土损伤后强度的方法。提出了根据结构混凝土实测强度和弹模比的快速查表评估方法，大大简化了评估过程，可应用于结构混凝土损伤的实用评估。

（5）直接基于弹模比和残余应变的混凝土累积损伤评估方法，避免了复杂的加载历程和时变效应分析，进一步可对既有损伤混凝土结构的现存应力应变状态、剩余承载能力和变形能力等进行评估。

参 考 文 献

[1]　刘国军，杨永清. 一种基于残余应变的混凝土疲劳损伤模型 [J]. 材料导报 B：研究篇，2014，28（3）：141-144.

[2]　Holmen J. Fatigue of concrete by constant and variable amplitude loading [J]. ACI Special Publication, 1982, 75：71-110.

[3]　李朝阳，宋玉普，赵国藩. 混凝土疲劳残余应变性能研究 [J]. 大连理工大学学报，2001，41（3）：355-358.

[4]　王时越，张立翔，徐人平，等. 混凝土疲劳刚度衰减规律试验研究 [J]. 力学与实践，2003，25（5）：55-57.

[5]　王瑞敏，赵国藩，宋玉普. 混凝土的受压疲劳性能研究 [J]. 土木工程学报，1991，24（4）：38-47.

[6]　孟宪宏. 混凝土疲劳剩余强度试验及理论研究 [D]. 大连：大连理工大学，2006.

[7]　朱劲松，朱先存. 钢筋混凝土桥梁疲劳累计损伤失效过程简化分析方法 [J]. 工程力学，2012，29 (5)：107-121.

[8]　王青，卫军，刘晓春，等. 钢筋混凝土梁疲劳损伤过程的等效静力分析方法 [J]. 中南大学学报（自然科学版），2016，47 (1)：247-253.

[9]　刘国军，杨永清，魏召兰. 时变效应导致的混凝土损伤研究进展 [J]. 材料导报 A：综述篇，2014，28 (5)：92-96.

[10]　钟铭，徐骋. 基于裂纹扩展机理的损伤混凝土强度预测方法研究 [J]. 建筑科学，2015，31 (7)：6-11.

[11]　谢和平，鞠杨，董毓利. 经典损伤定义中的"弹性模量法"探讨 [J]. 力学与实践，1997，19 (2)：1-5.

[12]　Sinha B P, Gerstle K H, Tulin L G. Stress-strain relations for concrete under cyclic loading [J]. ACI Journal Proceedings，1964，61 (2)：195-212.

[13]　冯西桥，余寿文. 准脆性材料细观损伤力学 [M]. 北京：高等教育出版社，2002.

[14]　王瑞敏，宋玉普，赵国藩. 混凝土疲劳破坏的概率分析 [J]. 大连理工大学学报，1991，31 (3)：331-336.

[15]　易成，朱红光，王青，等. 疲劳荷载下混凝土梁弯曲损伤指标的探究 [J]. 应用力学学报，2009，26 (1)：71-75.

[16]　王时越，张立翔，徐人平. 弹性模量对混凝土疲劳性能的影响 [J]. 昆明理工大学学报，2001，26 (5)：18-20，25.

[17]　Karsan I D, Jirsa J O. Behavior of concrete under compressive loadings [J]. Journal of Structures Division，1969，95 (12)：2543-2563.

[18]　过镇海，张秀琴. 混凝土在反复荷载作用下的应力—应变全曲线 [J]. 工业建筑，1981，18 (9)：14-17.

[19]　朱劲松，肖汝诚，宋玉普. 混凝土疲劳特性与疲劳损伤后的等效单轴本构关系 [J]. 建筑材料学报，2005，8 (5)：484-489.

[20]　混凝土疲劳专题组. 混凝土受弯构件疲劳可靠性验算方法的研究 [M]. 北京：中国建筑工业出版社，1994.

[21]　雷兵，宋玉普. 基于 ANSYS 的部分预应力混凝土梁疲劳性能模拟 [J]. 工业建筑，2013，43 (9)：71-76.

[22]　过镇海. 钢筋混凝土原理 [M]. 北京：清华大学出版社，2012.

[23]　欧进萍，林燕清. 混凝土高周疲劳损伤的性能劣化试验研究 [J]. 土木工程学报，1999，32 (5)：15-22.

[24]　张建仁，彭晖，张克波，等. 锈蚀钢筋混凝土旧桥超限及极限荷载作用的现场破坏性试验研究 [J]. 工程力学，2009，26 (增刊 II)：213-224.

第 11 章 疲劳损伤后钢筋混凝土桥梁
承载性能实用评估方法

11.1 引 言

近年来，随着世界范围内既有桥梁在频繁超载、环境侵蚀等因素作用下因疲劳累积损伤导致的失效坍塌的事故频发，桥梁疲劳累积损伤问题越来越突出。大量的混凝土梁试验研究表明[1-4]，疲劳荷载作用下混凝土梁的破坏特征一般为一根或部分受拉主筋疲劳断裂，钢筋失效后混凝土梁的承载力会明显下降，造成结构"突然死亡"。而对于未发生疲劳破坏的混凝土梁，受弯截面的平均应变仍符合平截面假定，跨中截面的受压区高度基本保持不变（与上限荷载有关）；受压区混凝土仍处于弹性阶段，混凝土疲劳弹性模量不断衰减；受拉区混凝土的裂缝宽度增大，造成了混凝土梁的受弯刚度降低，残余变形增大，受拉钢筋应力增大。因此，未发生疲劳破坏的混凝土桥梁，其疲劳损伤后的工作状态、剩余承载能力等问题成为桥梁界关注的焦点。

在混凝土桥梁承载能力评定方面，我国已形成较为完善的规范体系，一般通过结构检测结合检算分析，但损伤较严重结构的承载能力计算对现在而言依旧是个难题。在检算困难时，往往采用普遍认为较为可靠的荷载试验进行验证。但是，传统的静力荷载试验其实只能评定"试验荷载"下的桥梁性能，其实质是根据结构刚度或截面刚度的变化评定正常使用的承载能力，然后由弹性行为间接反映极限承载能力，理论基础牵强。检测技术人员进行结构承载力评定时经常出现这样的疑惑：按传统的静力荷载试验评定为承载力下降的桥梁，而实际桥梁破坏试验得出承载力未下降？例如，张建仁等[5]对于一座服役 43 年的长期超限车载作用的钢筋混凝土简支梁实施了现场破坏试验，结果表明疲劳累积损伤对桥梁静力极限承载力降低影响不显著，结构反应分析显示了超载致使结构力学行为由弹性向塑性转变。余志武等[6]和孙晓燕等[7]也通过试验研究发现，混凝土梁未发生疲劳破坏时，相应的剩余极限承载力几乎没有变化。仔细分析这些试验结果可以发现，在未发生主筋锈蚀或各主筋锈蚀量均小于 5% 的情况下，疲劳累积损伤主要降低了结构的变形性能和正常使用承载力，而对结构的极限承载力影响很小。那么极限承载力在什么条件下才下降，桥梁正常使用承载力下降的量值或能够承受的活载水平是多少，这些问题亟待需要进一步分析和深入研究。

在理论分析方面，现在的研究主要集中于基于材料损伤的结构累积损伤程度分析和寿命预测问题。王春生等[8]提出了基于钢筋 S-N 曲线和断裂力学的混凝土桥梁疲劳寿命评估方法，朱劲松等[9]和王青等[10]建立了混凝土桥梁疲劳失效全过程分析方法。上述分析方法应用时需要获知荷载的作用历程，但实际桥梁的作用历程往往不明确，加上损伤后的结构或截面应力重分布，以及在服役过程中受疲劳、徐变、温度和收缩等多种时变效应的非线性耦合影响，使得既有混凝土桥梁的累积损伤后承载性能评估更为复杂，采用简化的疲劳累积损伤分析预测往往与实际结果相差很大。因此，本章针对未发生疲劳破坏的钢筋混凝土桥梁，在第 10 章研究的基础上，采用结构分析方法实现桥梁现存应力、应变状态和剩余承载力评估。

11.2　钢筋混凝土桥梁永久荷载下的工作状态

根据第 10 章混凝土残余应变的分析与评定，在平截面假定的条件下，可对钢筋混凝土梁的现存应力、应变状态进行评估。为考虑残余应变的影响，提出"等效恒载弯矩"概念，以利于与原恒载弯矩区分，并应用于钢筋混凝土梁的剩余承载力的评估。以常见的 T 形截面钢筋混凝土受弯构件为例，如图 11-1 所示，其他截面类同，具体分析步骤如下：

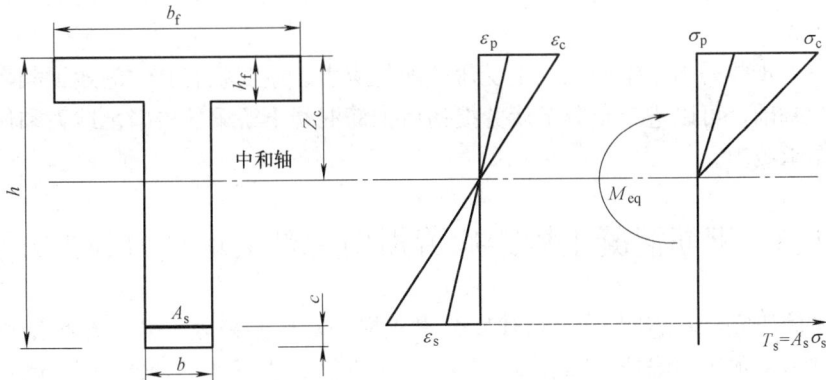

图 11-1　钢筋混凝土受弯截面实际应变分布和等效弯矩计算图

步骤一：根据混凝土疲劳破坏实用失效准则，比较跨中截面受压区边缘混凝土残余应变 ε_p 与 $0.4\varepsilon_{c,r}$ 的大小，由混凝土残余应变 ε_p 评估钢筋混凝土梁的损伤程度界限状态：

（1）当混凝土残余应变 $\varepsilon_p > 0.4\varepsilon_{c,r}$ 时，钢筋混凝土梁破损严重、失效，往往不具有维修加固价值，评估不再进行；

（2）当混凝土残余应变 $\varepsilon_p \leqslant 0.4\varepsilon_{c,r}$ 时，对钢筋混凝土梁的工作状态进行评估。

步骤二：当混凝土残余应变 $\varepsilon_p \leqslant 0.4\varepsilon_{c,r}$ 时，根据 $\sigma_e = M_g Z_c / I_{cr}$ 得出恒载作用下跨中截面受压区的混凝土弹性应力 σ_e。其中，M_g 为跨中截面的恒载弯矩；I_{cr} 为换算截面惯性矩；Z_c 为实测的跨中截面受压区高度。

步骤三：根据 $\varepsilon_e = \sigma_e / E_r$ 得出混凝土弹性应变 ε_e；并根据 $\varepsilon_c = \varepsilon_e + \varepsilon_p$ 得到混凝土总应变 ε_c。

步骤四：由 $\varepsilon_s = \varepsilon_c \times (h - c - Z_c) / Z_c$ 得出受拉纵筋总应变 ε_s，由于疲劳荷载作用下受拉钢筋处于弹性阶段，其弹性模量基本不变，则由 $\sigma_s = E_s \times \varepsilon_s$ 得出纵筋应力；考虑不闭合裂缝的影响，其实际应力可根据计算的钢筋应力乘以 $1.1 \sim 1.2$ 的应力增大系数[2-3]。其中，c 为受拉区混凝土保护层厚度；h 为截面高度。

步骤五：由 $M_{eq} = A_s \times \sigma_s \times 0.9h_0$（矩形截面取 $0.87h_0$）近似得出"等效恒载弯矩" M_{eq}。其中，M_{eq} 为恒载下考虑受压区混凝土残余应变影响（纵筋应力增大后）的跨中截面受弯等效弯矩，其显然大于或等于实际的恒载弯矩 M_g；A_s 为受拉纵筋截面面积；h_0 为有效截面高度，$h_0 = h - c$。

步骤六：为计算简便，偏于安全地将恒载下受压区混凝土应力图形近似等效为三角形，如图 11-1 所示，由 $\sigma_c = M_{等效} Z_c / I_{cr}$ 得出恒载下跨中截面的混凝土等效压应力 σ_c。

以上步骤得出了钢筋混凝土受弯截面的应力、应变状态和"等效恒载弯矩"，以此为基础，可以进一步分析疲劳损伤后钢筋混凝土桥梁的极限承载力和使用阶段剩余承载力。

11.3　钢筋混凝土桥梁疲劳损伤后剩余承载力分析方法

试验研究已经表明[5-7]，超载疲劳累积损伤对桥梁极限承载力影响很小，极限承载力基本不下降或下降极少，甚至由于纵筋屈服强化而使承载力有所增大，远远超过按静力荷载试验评定的承载力。分析其原因，主要是由于钢筋混凝土桥梁按适筋梁设计，其极限承载能力受混凝土和纵筋的材料性能及截面尺寸控制，若材料性能和截面尺寸未改变或退化很小，极限承载力基本不变或下降极少。考虑低周疲劳作用的钢筋混凝土构件的试验研究及分析也证明[11-12]，当纵筋屈服但未进入荷载—变形曲线的下降段时，低周疲劳损伤造成的构件屈服承载力和极限承载力退化很小，只有构件真正进入荷载—变形曲线的下降段，承载力才逐渐下降，而低周疲劳循环对变形性能的影响更大。钢筋混凝土桥梁在使用阶段很少能够进入荷载—变形曲线的下降段，受压混凝土严重损伤部分往往占整个截面的面积较小，钢筋弹性工作，所以极限承载力几乎不变。而现在按传统静力荷载试验评定的承载力仅仅是正常使用阶段的承载力，当然远小于极限承载力。基于上述分析，依据材料性能退化的程度可以评估疲劳损伤后的结构承载力，暂且不考虑截面尺寸改变和钢筋锈蚀的影响，仍以图 11-1 所示的 T 形截面为例来说明实用评估过程。

首先，由实测的混凝土抗压强度 $f_{c,r}$ 及钢筋混凝土梁实际截面尺寸，分别计算未发生疲劳累积损伤的极限承载弯矩 M_{jj} 和使用阶段承载弯矩 M_{dc}。极限承载弯矩 M_{jj} 计算如式（11-1）所示。使用阶段最大承载弯矩 M_{dc} 的计算公式与极限承载弯矩 M_{jj} 计算公式形式完全相同，只是用混凝土和纵筋的材料设计值代替标准值。

$$当 f_{sk} A_s \leqslant f_{c,r} b_f h_f 时，M_{jj} = f_{c,r} b_f h_f (h_0 - h_f/2) \tag{11-1a}$$

$$当 f_{sk} A_s > f_{c,r} b_f h_f 时，M_{jj} = f_{c,r} [bx(h_0 - x/2) + (b_f - b)h_f(h_0 - h_f/2)]$$
$$\tag{11-1b}$$

式中，b_f 为 T 形截面受压翼缘的有效宽度；h_f 为 T 形截面受压翼缘的有效厚度；b 为 T 形截面腹板宽度；f_{sk} 为纵筋抗拉强度标准值；x 为截面破坏时的混凝土受压区高度。

然后，根据混凝土疲劳破坏实用失效准则，由混凝土静力等效应变或残余应变判断混凝土损伤后强度是否下降，并评估疲劳损伤后钢筋混凝土梁的实际极限承载弯矩 M_{zj} 和使用承载弯矩 M_{zc}：

当 $\varepsilon_r \leqslant \varepsilon_{c,r}$ 或 $\varepsilon_p \leqslant 0.25\varepsilon_{c,r}$ 时，混凝土强度不变，则有：

$$M_{zj} = M_{jj}，M_{zc} = M_{dc} \tag{11-2a}$$

当 $\varepsilon_{c,r} < \varepsilon_r \leqslant 1.3\varepsilon_{c,r}$ 或 $0.25\varepsilon_{c,r} < \varepsilon_p \leqslant 0.4\varepsilon_{c,r}$ 时，混凝土强度下降，则有：

$$M_{zj} = 95\% M_{jj}，M_{zc} = 95\% M_{dc} \tag{11-2b}$$

需要说明的是，根据现有的试验研究[7,11]，疲劳损伤造成的极限承载力下降程度一般小于或等于 5%，因此承载力折减系数偏于安全地统一取为 95%。桥梁承载力评估时通常需要获知结构承受活载的水平，作为评定其承受超载的能力（超载现象客观存在）或限载的依据。使用阶段的活载承载最大弯矩 M_{hc} 计算时应考虑相应的安全系数，按我国桥梁规范[13]规定的荷载分项系数取值，$M_{hc} = (M_{zc} - 1.2M_{eq})/1.4$。

综合上述分析，疲劳损伤后钢筋混凝土桥梁的极限承载力没有下降或下降极少，而人们通常认为的疲劳损伤后结构"承载力下降"，其根本原因在于疲劳作用下的结构混凝土应变、残余应变增大，使得跨中截面的"等效恒载弯矩"大于恒载弯矩，所以结构所能够承受的实际活载弯矩水平下降。

以上主要进行了疲劳损伤后钢筋混凝土桥梁承载性能评估方法的研究，而疲劳作用对混凝土桥梁变形性能的降低影响更大，由本章提出的静力等效应变和残余应变分析方法及残余应变实用损伤指标可进行初步评估，相关结构变形性能的分析及评估值得深入研究。

11.4　钢筋混凝土桥梁应力相关裂缝宽度的分离技术

11.4.1　基于裂缝特征评估结构承载能力存在的问题

钢筋混凝土桥梁在经过若干年的服役后，受外界环境、超载因素、自然灾害等影响，不可避免地产生结构损伤，导致结构裂缝扩展、刚度下降。工程实践和设计经验表明，结构裂缝扩展是影响混凝土结构非线性响应的重要因素，其扩展深度与张开位移是评价结构安全性的重要指标，甚至在某些情况下对结构起控制作用，因此，各国混凝土桥梁设计规范和检测规范都给出了结构裂缝宽度的限值要求，但服役钢筋混凝土桥梁常常出现裂缝宽度超过规范限值的情况。由于裂缝特征值在现场易于观测得到，所以如何根据实测裂缝特征快速评估结构工作状态和承载能力一直是国内外研究的热点。现在一些研究者根据结构分析或裂缝特征统计，给出了基于结构裂缝宽度或高度快速评估结构承载能力的方法[14-16]，但是在实际应用中存在以下问题：混凝土抗拉性能差，且抗拉强度离散性较大，使得钢筋混凝土梁的裂缝高度与外部作用的相关性差（PC 梁裂缝高度与外部作用的相关性好）；具体表现为：钢筋混凝土桥梁在使用荷载作用下开裂后，增大较小的荷载，裂缝的高度就快速扩展，在较短的使用期内就发展到接近中和轴的位置，从而进入裂缝扩展的稳定阶段；此阶段中和轴的位置相对稳定，裂缝高度变化很小，而裂缝宽度逐渐增大。所以裂缝高度只能定性评定结构的承载能力是否满足设计或规范要求。

结构裂缝宽度与外部作用的相关性好，是值得采用的指标。但是现场观测到的结构裂缝宽度受多种因素综合影响，除了受外部荷载的影响外，结构裂缝宽度的扩展还受到荷载疲劳作用、温度变化及混凝土收缩徐变等的影响，本方法将其分为应力相关裂缝宽度（荷载、疲劳作用及温度变化、收缩与徐变受到约束产生的应力）和自由变形裂缝宽度（温度变化、收缩与徐变未受到约束产生的自由变形）两部分。应力相关裂缝宽度的增大与结构刚度的劣化相关，而自由变形裂缝宽度反映了结构的长期自由变形，造成梁桥的挠度增大；但自由变形裂缝宽度与结构的刚度无关，所以现场测试所得的总体结构裂缝宽度，并不能反映结构真实的受力状态。因此，只有将应力相关裂缝宽度从总体裂缝宽度中分离出来，才能更准确地评估桥梁承载能力，而且将自由变形裂缝宽度从总体裂缝宽度中分离出来对于研究非荷载因素的影响也有重要意义。

11.4.2　永久荷载下的应力相关裂缝宽度分离方法

根据本章第 2 节混凝土残余应变的分析与评定，在平截面假定的条件下，可对服役钢筋混凝土梁桥应力相关裂缝宽度进行分离。通过实测永久荷载下钢筋混凝土梁跨中区域的梁底裂缝宽度和间距特征值，包括实测最大裂缝宽度 $w_{g,max}$、实测平均裂缝宽度 $w_{g,m}$ 和实测平均裂缝间距 l_m；评定实测最大裂缝宽度 $w_{g,max}$ 是否满足设计或规范要求，满足要求则评定结束；不满足时，将总体受弯裂缝宽度划分为应力相关裂缝宽度 w_c 和自由变形裂缝宽度 w_z；为了分析方便，将应力相关裂缝宽度又分为自重下短期最大裂缝宽度 w_{ej} 和长期应力相关裂缝宽度 w_f；钢筋混凝土梁跨中区域分为受压、受拉及不受力的中性区，对各区域的"弹性模量"进行超声波或冲击弹性波无损检测，其中跨中截面为关键截面；根据在关键截面的中性区测得的混凝土弹性模量 E_c，推算混凝土抗压强度 $f_{c,r}$；根据在关键截面受压区域测得的混凝土"弹性模量" E_r，分析混凝土残余应变 ε_p，得出混凝土总应变 ε_c；根据平截面变形条件，得到应力相关裂缝宽度，由实测裂缝宽度 w_g 得出自由变形裂缝宽度 w_z，并进一步将长期应力相关裂缝宽度 w_f 从应力相关裂缝宽度 w_c 中分离出来。包括以下步骤：

步骤一：现场实测永久荷载下钢筋混凝土梁跨中区域的梁底裂缝宽度和间距特征值，包括实测最大裂缝宽度 $w_{g,max}$、实测平均裂缝宽度 $w_{g,m}$ 和实测平均裂缝间距 l_m。

步骤二：根据步骤一得到的实测平均裂缝间距 l_m，按公式 $w_{ej}=c_p\times\sigma_s\times l_m/E_s$ 得出自重下的短期最大裂缝宽度 w_{ej}。

其中，$\sigma_s=M_g/(0.87A_sh_0)$，$\sigma_s$ 为永久荷载作用下的钢筋应力；M_g 为永久荷载下梁桥跨中截面的受弯弯矩，可由结构分析确定；A_s 为受拉纵筋截面面积；$h_0=h-c$，h_0 为有效截面高度，h 为截面高度，c 为受拉区混凝土保护层厚度。c_p 为考虑混凝土裂缝间距和裂缝宽度的离散性所引入的最大裂缝宽度与平均裂缝宽度的比值，$c_p=$ 实测最大裂缝宽度 $w_{g,max}$/实测平均裂缝宽度 $w_{g,m}$。E_s 为钢筋弹性模量。

钢筋混凝土梁桥采用适筋梁设计，通常在较短的使用期内，使用荷载作用下裂缝扩展已经进入稳定阶段。钢筋混凝土梁桥由于实际状态与设计状态的差异，实测平均裂缝间距 l_m 与计算平均裂缝间距 l_{mj} 有所差别是允许的，其中计算平均裂缝间距 l_{mj} 按《混凝土结构设计规范》GB 50010—2010 规范公式 $l_{mj}=1.9c+0.08d/\rho$ 计算。实测平均裂缝间距 l_m 一般在 $0.5l_{mj}\leqslant l_m\leqslant 1.5l_{mj}$ 范围内，如超出此范围，应查找原因。l_m 值偏大往往是如下的原因：（1）设计过于保守，使得受弯裂缝扩展尚未进入稳定阶段，此时最大裂缝宽度往往较小且在规范限值之内，安全性有保障；（2）施工质量不佳造成的钢筋与混凝土粘结性能差以及钢筋锈蚀引起的粘结性能退化等，严重影响钢筋与混凝土共同工作，此种情况应特殊处理，不在本方法范围之内。l_m值偏小的原因主要有实测时将非结构性裂缝当作结构裂缝对待或将主要结构裂缝的分支当作新的结构裂缝等。

步骤三：对实测最大裂缝宽度 $w_{g,max}$ 与自重下的短期最大裂缝宽度 w_{ej} 及规范规定的裂缝宽度限值 $[w_{g,max}]$ 进行比较评定，具体如下：

当 $w_{g,max} \leqslant w_{ej}$ 时，总体裂缝宽度满足设计要求，承载能力满足设计要求，评定结束；此时不进行应力相关裂缝宽度的分离。

当 $w_{ej} < w_{g,max} \leqslant [w_{g,max}]$ 时，总体裂缝宽度满足规范要求，承载能力满足规范要求，评定结束；此时不进行应力相关裂缝宽度的分离。

当 $w_{g,max} \geqslant [w_{g,max}]$ 时，继续进行应力相关裂缝宽度的分离。

其中，$[w_{g,max}] = [w_{max}] - w_{hj}$，$[w_{max}]$ 为桥梁检测规范规定的裂缝宽度限值，w_{hj} 为标准活载作用下的最大裂缝宽度，按公式 $w_{hj} = c_p M_活 l_m / (0.87 A_s h_0 E_s)$ 计算，$M_活$ 为标准活载作用下梁桥跨中截面的受弯弯矩。

根据现有钢筋混凝土梁桥的试验及设计计算经验，当总体裂缝宽度满足规范限值要求时，承载能力可以满足要求。这里又细分为两种情况：（1）由于结构设计人员通常额外保留设计承载能力的安全空间，设计要求高于规范规定，当 $w_{g,max} \leqslant w_{ej}$ 时，钢筋混凝土梁安全性储备高，直接判定承载能力满足设计要求；（2）当 $w_{ej} < w_{g,max} \leqslant [w_{g,max}]$ 时，实际已经存在自由变形裂缝宽度，但数值很小且总体裂缝宽度满足规范限值要求，承载能力满足规范要求。以上两种情况下，可根据实际裂缝宽度近似反算钢筋应力，从而评估实际承载能力。本方法主要关注的是 $w_{g,max} \geqslant [w_{g,max}]$ 的情况，这也是服役钢筋混凝土桥梁经常存在且急需要评估其承载能力的情况，自由变形裂缝宽度的影响不可忽略，需要将应力相关裂缝宽度从总体裂缝宽度中分离出来。

服役钢筋混凝土梁裂缝宽度的影响因素复杂，在长期的使用中裂缝宽度增大的原因包括：受压区混凝土发生徐变；混凝土弹性模量降低；受拉区裂缝间混凝土与钢筋之间的粘结退化，钢筋平均应变增大；以及受压区与受拉区混凝土收缩不一致，构件曲率增大等。现有研究表明，长期服役的钢筋混凝土梁，其受弯截面的平均应变仍符合平截面假定，中和轴位置基本保持不变（与上限荷载有关），且受压区混凝土仍处于弹性阶段，其应力—应变呈线性关系，但由于混凝土变形模量不断降低，受拉区混凝土的裂缝宽度增大，造成了钢筋混凝土梁的受弯刚度降低，结构残余变形增大，纵筋应力增大。

受压区混凝土变形模量的降低直接反映了结构受力历程的累积损伤效应，根据受弯截面的平均应变仍符合平截面假定，受拉区混凝土受力条件下的裂缝宽度增大可通过受压区混凝土变形模量降低分析计算，这在相关荷载疲劳试验研究中得到了证实，因此由受压区混凝土变形模量和平截面假定推算的裂缝宽度，属于应力相关裂缝宽度范畴。

在桥梁服役期内，造成受压区混凝土变形模量降低的原因，除了荷载及其疲劳作用外，温度变化、收缩与徐变受到约束产生的应力参与到长期受力历程中，以及长期超载产生的高应力混凝土徐变损伤，将造成混凝土变形模量降低，因此这些因素引起的裂缝宽度扩展也属于应力相关裂缝宽度范畴。而未受到约束的混凝土收缩徐变、温度变化等将引起梁桥的自由变形，未造成混凝土损伤，即受压区混凝土的变形模量不变，主要对裂缝间混凝土与钢筋之间的粘结退化有一定影响，但服役混凝土桥梁中混凝土与钢筋仍共同工作，钢筋平均应变和结构刚度也基本不变，所产生的裂缝宽度增大现象属于自由变形裂缝宽度范畴。

受压区混凝土变形模量降低包括了混凝土残余应变和自身"弹性模量"（卸载/再加载变形模量）退化两部分，而混凝土长期受力后的"弹性模量"是现场可以测试到的量值，因此，如何根据实测的"弹性模量"分析混凝土的残余应变，进一步获取应力相关裂缝宽度就是本方法的关键。

步骤四：当实测最大裂缝宽度 $w_{\mathrm{g,max}}$ 大于裂缝宽度限值 $\left[w_{\mathrm{g,max}}\right]$ 时，根据钢筋混凝土梁实际受力情况，将钢筋混凝土梁跨中区域划分为受压区、受拉区及不受力的中性区。

步骤五：对跨中区域受压区、受拉区及中性区的混凝土弹性模量进行无损检测；无损检测的方法为超声波无损检测或冲击弹性波无损检测，在无损检测时，跨中区域的受压、受拉及不受力中性区的测区数量均不少于 10 个。

该无损检测的具体步骤为：

（1）利用超声波或冲击弹性波 P 波的波速，测试出受压区、受拉区及中性区混凝土的动弹性模量 E_{d}。

（2）确定结构的动弹性模量与波速 V_{p2} 的关系。对于在混凝土桥梁顶板或者腹板测试的 P 波，其波速 V_{p2} 认为是二维弹性波，按公式 $V_{\mathrm{p2}}{}^{2}=E_{\mathrm{d}}/\rho(1-\mu^{2})$ 确定其与结构的动弹性模量间的关系，其中，ρ 为测试区域混凝土的密度，μ 为测试区域混凝土的泊松比。

（3）对动弹性模量 E_{d} 进行修正。按公式 $E_{\mathrm{cd}}=(E_{\mathrm{d}}-\rho_{\mathrm{s}}E_{\mathrm{sd}})/(1-\rho_{\mathrm{s}})$ 对动弹性模量 E_{d} 进行修正。其中：E_{cd} 为修正后的混凝土动弹性模量；ρ_{s} 为配筋率，根据设计值确定；E_{sd} 为钢筋的动弹性模量，取 206GPa。

（4）确定混凝土的静弹性模量 E_{ct}，按公式 $E_{\mathrm{ct}}=0.83E_{\mathrm{cd}}$ 得到混凝土的静弹性模量 E_{ct}。

（5）确定中性区的混凝土弹性模量 E_{c} 及关键截面的受压区的混凝土弹性模量 E_{r}。在中性区域，其静弹性模量 E_{ct} 即为混凝土弹性模量 E_{c}；在受压区域，其静弹性模量 E_{ct} 即为受压区的混凝土弹性模量 E_{r}。

步骤六：根据步骤五中测得的中性区混凝土弹性模量 E_{c} 以及公式 $f_{\mathrm{c,r}}=$

$34.74/(100/E_c - 2.2)$，得出混凝土抗压强度 $f_{c,r}$。

当混凝土为特种混凝土包括掺入粉煤灰的混凝土、掺入火山灰的混凝土以及掺入粒化高炉矿渣的混凝土等，对步骤六中的 E_c 和 $f_{c,r}$ 关系进行标定。

步骤七：根据步骤五中测得的受压区混凝土弹性模量 E_r，得出跨中区域受压区混凝土残余应变 ε_p；具体步骤参见 10.4 节中的分析步骤四、步骤五。

步骤八：比较受压区混凝土残余应变值 ε_p 与 $0.4\varepsilon_{c,r}$ 的大小，评定钢筋混凝土梁的损伤程度界限状态，其中 $\varepsilon_{c,r}$ 为混凝土的峰值应变；评定步骤具体为：

(1) 当混凝土残余应变 $\varepsilon_p > 0.4\varepsilon_{c,r}$ 时，钢筋混凝土梁破损严重、失效，不具有维修加固价值。

(2) 当混凝土残余应变 $\varepsilon_p \leqslant 0.4\varepsilon_{c,r}$ 时，继续对钢筋混凝土梁的受弯裂缝状态进行评估。

步骤九：当受压区混凝土残余应变 $\varepsilon_p \leqslant 0.4\varepsilon_{c,r}$ 时，根据公式 $\sigma_e = M_g Z_c / I_{cr}$ 得出永久荷载下的跨中截面受压区混凝土弹性应力 σ_e；其中，I_{cr} 为跨中开裂截面的惯性矩，Z_c 为跨中开裂截面的受压区高度。

步骤十：根据公式 $\varepsilon_e = \sigma_e / E_r$ 得出受压区混凝土弹性应变 ε_e，并根据公式 $\varepsilon_c = \varepsilon_e + \varepsilon_p$ 得到受压区混凝土总应变 ε_c。

说明：这里考虑了受压混凝土弹性模量的退化，由 σ_e 和 E_r 计算 ε_e；根据受压混凝土总应变 ε_c 对受弯截面应力状态进行分析，由公式 $\varepsilon_s = \varepsilon_c \times (h-c-Z_c)/Z_c$ 得出受拉纵筋的总应变 ε_s，从而得到受拉纵筋的实际应力，可进一步评估结构的承载能力。

步骤十一：得出应力相关裂缝宽度，包括有应力相关平均裂缝宽度 $w_{c,m}$ 和应力相关最大裂缝宽度 $w_{c,max}$；先根据公式 $w_{c,m} = \varepsilon_c \times l_m \times (h-Z_c)/Z_c$ 得出梁底受拉边缘的应力相关的平均裂缝宽度 $w_{c,m}$，然后根据公式 $w_{c,max} = c_p \times w_{c,m}$ 得出梁底受拉边缘的应力相关最大裂缝宽度 $w_{c,max}$。

步骤十二：分离出自由变形裂缝宽度 w_z，包括自由变形平均裂缝宽度 $w_{z,m}$ 和自由变形最大裂缝宽度 $w_{z,max}$；根据公式 $w_{z,m} = w_{g,m} - w_{c,m}$ 得出自由变形平均裂缝宽度 $w_{z,m}$，根据公式 $w_{z,max} = c_p \times w_{z,m}$ 得出自由变形最大裂缝宽度 $w_{z,max}$。

步骤十三：分离出长期应力相关裂缝宽度，包括长期应力相关最大裂缝宽度 $w_{f,max}$ 和长期应力相关平均裂缝宽度 $w_{f,m}$；根据公式 $w_{f,max} = w_{c,max} - w_{ej}$ 得出长期应力相关最大裂缝宽度 $w_{f,max}$，根据公式 $w_{f,m} = w_{c,m} - w_{ej}$ 得出长期应力相关平均裂缝宽度 $w_{f,m}$。

步骤十四：根据分离得到的应力相关裂缝宽度 w_c 评估结构受力状态、结构的承载能力，根据分离得出的自由变形裂缝宽度 w_z 分析非荷载因素的影响，并根据分离得出的长期应力相关裂缝宽度 w_f 分析长期应力作用的影响。

通过步骤十一至步骤十四，实现了永久荷载下实际总体裂缝宽度中应力相关裂缝宽度与自由变形裂缝宽度的分离，进一步分离出长期应力相关裂缝宽度，在此基础上，结合现有研究成果[14-16]，可快速评估结构的承载能力。

11.5　结　论

（1）提出了考虑残余应变影响的钢筋混凝土桥梁恒载下的现存应力、应变状态评估方法及"等效恒载弯矩"概念，适用于既有钢筋混凝土桥梁工作状态的评估。

（2）分析了疲劳损伤后钢筋混凝土桥梁剩余承载力基本不变或下降极少的主要原因，给出结构剩余承载力实用评估方法。指出所谓"承载力下降"，其根本原因是由于疲劳作用产生的结构混凝土等效应变或残余应变增大，导致桥梁能够承受的实际活载水平下降。

（3）基于混凝土残余应变分析方法及损伤指标可对混凝土桥梁的变形性能进行初步评估，提出了一种服役钢筋混凝土梁桥应力相关裂缝宽度的分离方法，结合现有研究成果可快速评估结构的承载能力，同时也为分析长期应力作用和非荷载因素（混凝土收缩徐变等）的影响提供技术支持。

参 考 文 献

[1]　Naaman A E，Founas M. Partially prestressed beams under random-amplitude fatigue loading [J]. Journal of Structural Engineering，1991，117 (12)：3742- 3761.

[2]　混凝土疲劳专题组. 混凝土受弯构件疲劳可靠性验算方法的研究 [M]. 北京：中国建筑工业出版社，1994.

[3]　钟铭，王海龙，刘仲波，等. 高强钢筋高强混凝土梁静力和疲劳性能试验研究 [J]. 建筑结构学报，2005，26 (2)：94-99.

[4]　余志武，李进洲，宋力. 重载铁路桥梁疲劳试验研究 [J]. 土木工程学报，2012，45 (12)：115-126.

[5]　张建仁，彭　晖，张克波，等. 锈蚀钢筋混凝土旧桥超限及极限荷载作用的现场破坏性试验研究 [J]. 工程力学，2009，26 (增刊Ⅱ)：213-224.

[6]　余志武，李进洲，宋力. 疲劳荷载后重载铁路桥梁剩余静载承载力试验研究 [J]. 铁道学报，2014，36 (4)：76-85.

[7]　孙晓燕，王海龙，黄承逵. 超载运营对服役桥梁受弯性能影响的试验研究 [J]. 浙江大学学报（工学版），2008，42 (1)：152-156，163.

[8]　王春生，周江，吴全有，等. 既有混凝土桥梁疲劳寿命与使用安全评估 [J]. 中国公路学报，2012，25 (6)：101-107.

[9]　朱劲松，朱先存. 钢筋混凝土桥梁疲劳累计损伤失效过程简化分析方法 [J]. 工程力学，2012，29 (5)：107-121.

[10]　王青，卫军，刘晓春，等. 钢筋混凝土梁疲劳损伤过程的等效静力分析方法 [J]. 中

南大学学报（自然科学版），2016，47（1）：247-253.

[11]　张勤，贡金鑫，马颖. 单调和反复荷载作用下弯剪破坏钢筋混凝土柱荷载—变形关系试验研究及简化模型［J］. 建筑结构学报，2014，35（3）：138-148.

[12]　钟铭. 钢筋混凝土柱低周疲劳全过程累积损伤性能简化分析方法［J］. 土木工程学报. 2016，49（8）：89-91.

[13]　中华人民共和国行业标准. JTG D60-2004 公路桥涵设计通用规范［S］. 北京：人民交通出版社，2004.

[14]　崔青海. 基于裂缝状况对梁桥快速评价方法研究［D］. 重庆：重庆交通大学，2010.

[15]　梁鹏，王秀兰，楼灿洪，等. 基于裂缝特征库的混凝土梁桥承载能力快速评定［J］. 中国公路学报，2014，27（8）：32-41.

[16]　贺拴海，宋一凡，赵小星，等. 钢筋混凝土梁式结构裂缝特征与损伤评估方法试验研究［J］. 土木工程学报，2003，36（2）：6-9.

第12章 钢筋混凝土桥墩损伤后承载性能分析案例

12.1 工程概况及分析方法

12.1.1 工程概况

某一城市跨线公路立交桥的一个匝道桥，其桥墩为方形钢筋混凝土等截面实心墩，双排单列钻孔灌注桩基础，其上部梁为钢筋混凝土箱型梁，梁及其上部车辆荷载重 120t，位于七级地震设防区（基本地震加速度为 0.1g）。

墩身为等截面矩形截面，其尺寸为 1300mm×1000mm，墩身高度为 9m（从承台算起）；承台截面也为矩形，其尺寸为 5200mm×2200mm，承台高 1.8m，上覆土层厚 0.8m；箱型梁高 2m，箱梁跨度为 32mm，其上宽为 9.2m，下宽为 3.2m；钻孔灌注桩直径 1.2m。具体几何尺寸及有关情况如图 12-1 所示。

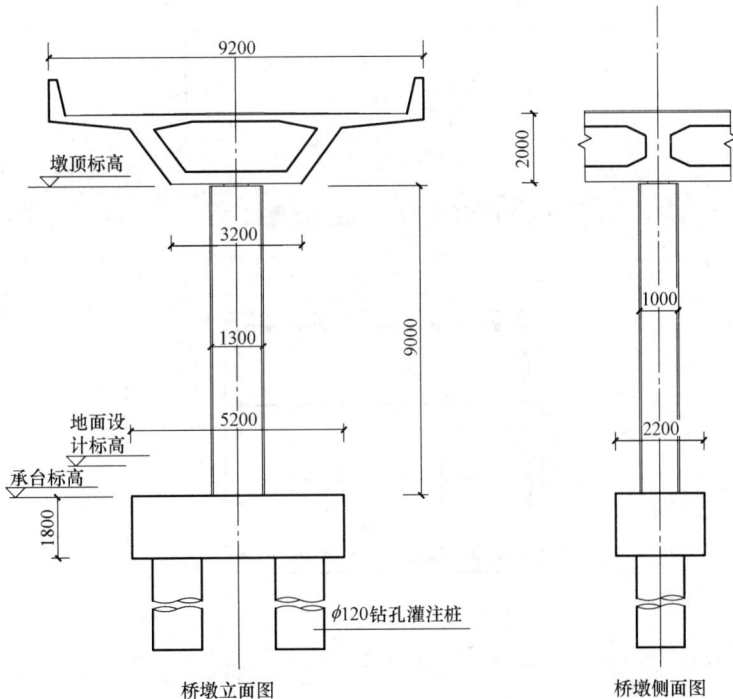

图 12-1 墩身立、侧面图（单位：mm）

　　墩身和承台采用 C30 混凝土。墩身混凝土保护层厚度为 50mm,纵向钢筋环行配置,钢筋规格为直径 28mm 的 Ⅱ 级钢筋;箍筋为直径 12mm 的 Ⅱ 级钢筋,墩顶至以下 1m 处箍筋间距为 100mm,承台至以上 1m 处箍筋间距为 150mm,中间部分间距为 200mm。墩顶外露部分钢筋是伸入箱梁的那部分钢筋,墩身配筋详细情况如图 12-2 和图 12-3 所示。

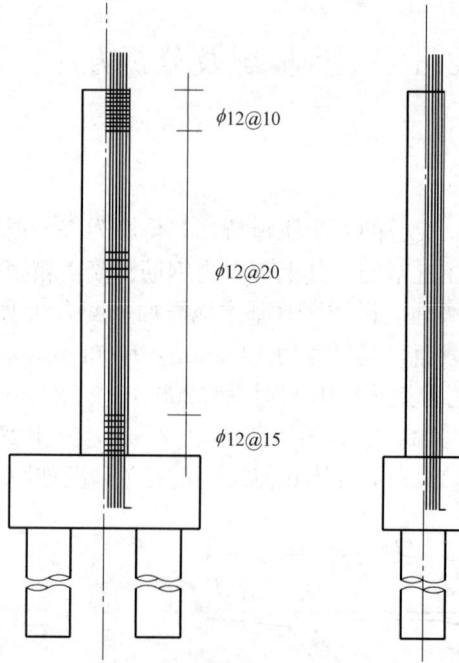

图 12-2　墩身钢筋配置图

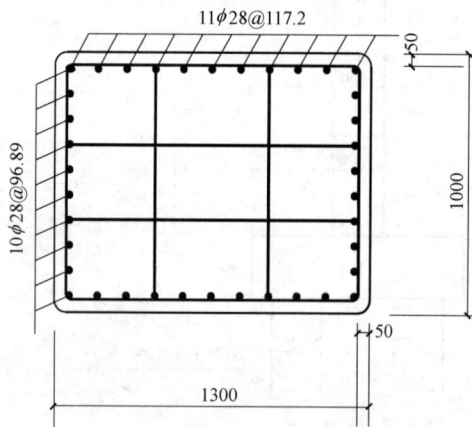

图 12-3　墩身截面钢筋配置详图 (单位:mm)

根据同时期浇筑桥墩混凝土所保留的试块进行室内试验，取得桥墩混凝土的实际强度分别为：轴心抗压强度标准值为 $f_{ck}=17.5N/mm^2$，轴心抗拉强度标准值为 $f_{tk}=1.75N/mm^2$；在考虑箍筋约束效应时，按 Mander 模型计算混凝土的抗压强度可提高至 $f_u=21.0N/mm^2$。混凝土的初始弹性模量取为 $E_c=3.0\times10^4$ N/mm^2。纵筋轴心抗拉强度标准值为 $f_{sk}=340N/mm^2$，纵筋的弹性模量为 $E_g=200\times10^3N/mm^2$。

12.1.2　分析方法

采用非线性的分析方法分析混凝土墩各截面的模量变化及其对应的曲率变化，并简化成等效刚度。具体分析过程为：

（1）计算在前一级加载作用下混凝土桥墩各截面处的应变、应力。

（2）利用 Loland 模型计算在前一级加载作用下截面的模量损伤变化情况和对应的曲率变化情况。具体模量损伤变化规律为：

在应力达到峰值以前有：

$$\widetilde{E}_t=E[1-(D_0+C_1\varepsilon^\beta)] \tag{12-1}$$

在应力达到峰值以后有：

$$\widetilde{E}_t=E\{1-[D(\varepsilon_p)+C_2(\varepsilon-\varepsilon_p)]\} \tag{12-2}$$

其中，

$$\beta=\frac{\sigma_p}{E\varepsilon_p-\sigma_p} \tag{12-3}$$

$$C_1=\frac{1-D_0}{1+\beta}\varepsilon_p \tag{12-4}$$

$$C_2=\frac{1-D(\varepsilon_p)}{\varepsilon_u-\varepsilon_p} \tag{12-5}$$

式中，E 为加载前的模量；$\widetilde{E}_t$ 为加载后的模量；D_0 为初始损伤；ε_p 是对应于应力峰值点的应变值。

（3）用调整后的模量、刚度计算在新的一级加载作用下混凝土桥墩各截面处的应力、模量、曲率。

（4）重复步骤（2）和步骤（3）直到钢筋屈服、混凝土压溃或者加载完成为止。

12.2　桥墩分析模型

12.2.1　截面条带划分

为了对混凝土桥墩各个截面的曲率进行数值计算，必须把混凝土截面划分成

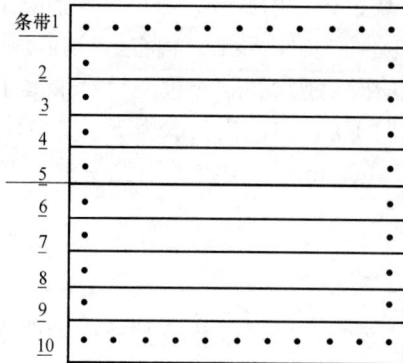

图 12-4 截面条带划分

许多条带，并假定每一条带中的混凝土和钢筋（面积分别为 A_c 和 A_g）上的应力 σ_c 和 σ_g 是均匀分布的。如图 12-4 所示，采用全截面划分条带的方法把截面划分为 10 个条带。每个条带的长度均为 $b=1300\text{mm}$，条带 1 和条带 10 的宽度为 $a_1=a_{10}=112.445\text{mm}$，其余条带的宽度均为 96.889mm。条带 1 和条带 10 的钢筋数均为 11，其余条带钢筋数都为 2。现将各条带的有关数据列于表 12-1、表 12-2 中。

各条带混凝土和钢筋的截面面积　　　　　　表 12-1

条带	钢筋数	钢筋截面面积 $A_g(\text{mm}^2)$	混凝土截面面积 $A_c(\text{mm}^2)$	条带截面面积 (mm^2)
1	11	6774	139343.9	146117.9
2	2	1232	124723.7	125955.7
3	2	1232	124723.7	125955.7
4	2	1232	124723.7	125955.7
5	2	1232	124723.7	125955.7
6	2	1232	124723.7	125955.7
7	2	1232	124723.7	125955.7
8	2	1232	124723.7	125955.7
9	2	1232	124723.7	125955.7
10	11	6774	139343.9	146117.9

各条带中心线到受拉区底面的距离　　　　　　表 12-2

条带	钢筋数	条带中心线到受拉区底面的距离(mm)（中心线以钢筋中心为准）
1	11	64.00
2	2	160.89
3	2	257.78
4	2	354.67
5	2	451.56
6	2	548.45
7	2	645.33

续表

条带	钢筋数	条带中心线到受拉区底面的距离(mm)(中心线以钢筋中心为准)
8	2	742.22
9	2	839.11
10	11	936.00

12.2.2　分析模型建立

由于该桥上部梁及其车辆荷载重为 120t，所以作用于墩顶的压力为 $N=mg/2=588kN$，可以认为它作用于桥墩的中心。该桥墩的墩顶水平作用力可以认为是由地震力产生的，由于位于七级设防区，基本地震设计加速度为 $0.1g$，所以墩顶水平力的大小为 $P=\dfrac{0.1mg}{2}=58.8kN$，由于本桥墩承台上覆土层相对较薄且基础又是桩基承台，所以可以把墩身的受力形式简化成一下部固结于承台、上部自由的杆件，则沿桥墩墩顶至墩底（承台上顶面）各截面处的弯矩如图 12-5 所示。

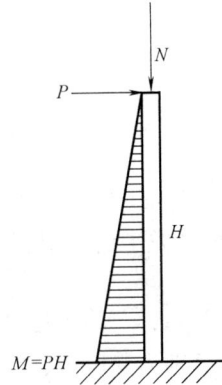

图 12-5　桥墩各截面弯矩图

设截面至墩底处的距离为 h，则在墩底处有 $h=0$，墩顶处有 $h=H=9.0m$。各截面处的弯矩 M 的表达式为：$M=P\times(9-h)$，在墩顶轴向压力作用下桥墩各截面产生的压应力为：$\sigma_N=588kN/1.3\ m^2=0.45231N/mm^2$。

12.2.3　计算原理

假设该混凝土桥墩的各截面在弯矩作用下满足平截面假定，则在弯矩作用下截面各处的应变值（ε）与到中性轴的距离大小成正比线性变化规律，如图 12-6 所示。

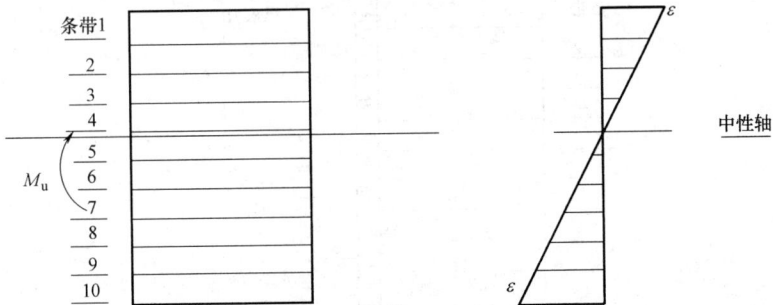

图 12-6　弯矩应变图

　　截面各个条带的混凝土和钢筋的应力分别为 $\sigma_c = E_c \times \varepsilon$、$\sigma_g = E_g \times \varepsilon$，其中 ε 为该条带中心线所对应的应变。所以截面各个条带的混凝土和钢筋的受力大小为 $N_c = \sigma_c \times A_c = E_c \times \varepsilon \times A_c$、$N_g = \sigma_g \times A_g = E_g \times \varepsilon \times A_g$，如图 12-7 所示。

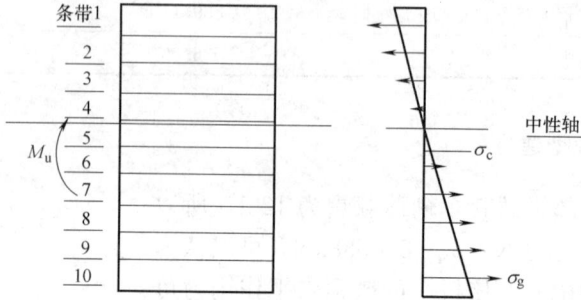

图 12-7　弯矩应力图

　　由受力平衡原则有：

$$\sum N'_{ci} + \sum N'_{gi} + N_d + \sum N_{gi} + \sum N_{ci} = 0 \tag{12-6}$$

　　式中，$\sum N'_{ci}$、$\sum N_{ci}$ 分别为受压区、受拉区各条带混凝土压力之和，$\sum N'_{gi}$、$\sum N_{gi}$ 分别为受压区、受拉区各条带钢筋压力之和，N_d 为墩顶的压力，设压力为正，拉力为负。

　　对中性轴取矩，由力矩平衡原则有：

$$M_u = \sum N'_{ci} l_i + \sum N'_{gi} l_i + \sum N_{gi} l_i + \sum N_{ci} l_i + \sum N_d l_i \tag{12-7}$$

　　其中，l_i 为各条带中心线到中性轴的距离。

12.3　基于损伤的混凝土桥墩截面抗弯承载能力分析

　　在墩顶作用力下，以混凝土桥墩墩底截面处为研究对象。设混凝土桥墩的初始损伤 D_0 为零。设受压区顶面离中性轴的距离为 x，则在未进行任何加载之前，该截面的中性轴离受压区顶面的距离为 500mm，即 $x = 500\text{mm}$，如图 12-8 所示。

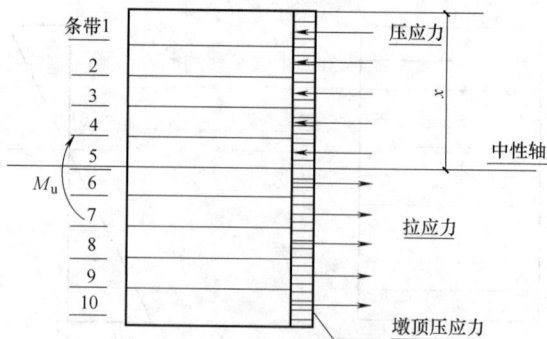

图 12-8　中性轴的初试位置

采用分级加载的形式计算该截面混凝土的损伤情况（不考虑钢筋的模量折减），具体加载顺序以及大小为：$P_1 = 20\text{kN}$，$P_2 = 40\text{kN}$，$P_3 = 60\text{kN}$，$P_4 = 80\text{kN}$，$P_5 = 81\text{kN}$，$P_6 = 82\text{kN}$。在同一条带编号处的钢筋和混凝土的应变相同，所以同一条带编号处的钢筋和混凝土的应力与材料的模量成正比，即 $\sigma_{gi} = E_g / E_{ci} \sigma_{ci}$。

12.3.1　第一级加载作用下的模量折减和弯矩—曲率关系

第一级加载 $P_1 = 20\text{kN}$、$h = 9\text{m}$，所以 $M_1 = 20 \times 9 = 180\text{kN} \cdot \text{m}$。由于加载的弯矩很小，这时墩体的工作情况与匀质弹性体相似，混凝土基本处于弹性工作状态，由于有墩顶压力的存在，所以加载后中性轴要发生移动，如图 12-9 所示。

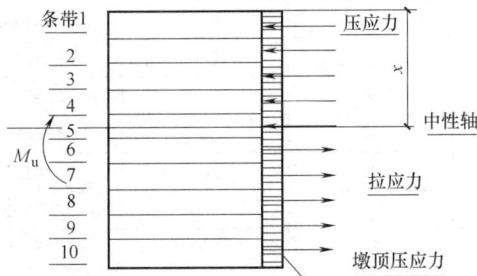

图 12-9　加载后中性轴位置以及应力分布图

1. 计算加载后各条带折减后的模量 E_{c1}

以受拉区条带中心线到中性轴距离为负，受压区条带中心线到中性轴距离为正，各条带中心线到中性轴的距离见表 12-3。条带 1 处的应变为 $(x - 63.9995)\bar{\varepsilon}$，所以有条带 1 处的应力为 $(x - 63.9995)\bar{\varepsilon} \times E_{c0}$，作用力为 $(x - 63.9995)\bar{\varepsilon} \times E_{c0} \times 184563.85$，其他条带也采用相同的表示方法可以得到混凝土和钢筋的应力。由式（12-6）、式（12-7）得到各条带的应变以及混凝土和钢筋的应力（见表 12-4），然后根据 Loland 模型计算混凝土折减后的模量值。

各条带中心线到中性轴的距离　　　　　　　　　　　　　　表 12-3

条带	到中性轴的距离（mm）
1	$x - 63.9995$
2	$x - 160.8885$
3	$x - 257.7775$
4	$x - 354.6665$
5	$x - 451.5555$
6	$x - 548.4445$

条带	到中性轴的距离(mm)
7	$x-645.3335$
8	$x-742.2225$
9	$x-839.1115$
10	$x-936.0005$

各条带的应变以及混凝土和钢筋的应力　　　　　表 12-4

条带	应变值 (10^{-7})	E_{c0} $(10^3\,\mathrm{N/mm^2})$	E_g $(10^3\,\mathrm{N/mm^2})$	σ_{c1} $(\mathrm{N/mm^2})$	σ_{g1} $(\mathrm{N/mm^2})$
1	744.39	30	200	2.2331999	14.8879996
2	544.9	30	200	1.6345736	10.8971572
3	345.3	30	200	1.0359472	6.9063148
4	145.7	30	200	0.4373209	2.9154724
5	-53.8	30	200	-0.1613055	-1.0753700
6	-253.3	30	200	-0.7599319	-5.0662124
7	-452.8	30	200	-1.3585582	-9.0570548
8	-652.4	30	200	-1.9571846	-13.0478972
9	-851.9	30	200	-2.5558109	-17.0387396
10	-1051.5	30	200	-3.1544373	-21.0295820

　　由于墩顶在加载之前就已经有压力作用，可以认为压应力在混凝土中产生了初始损伤，则有：

$$D_0 = C_1 \varepsilon^\beta \tag{12-8}$$

　　根据有关混凝土压缩试验峰值应变 ε_{cr} 的值一般在 0.0015～0.0025 之间波动，通常取为 $\varepsilon_{cr}=0.002$，极限压应变可取为 $\varepsilon_{cu}=0.0033$；混凝土峰值拉应变和极限拉应变取为相应压应变的 1/10，分别为 $\varepsilon_{tr}=0.0002$ 和 $\varepsilon_{tu}=0.00033$。

　　下面根据 Loland 模型计算混凝土折减后的模量值，分析过程中为了区分混凝土受拉和受压折减后的模量值，分别用 $\widetilde{E}_t$ 和 $\widetilde{E}_c$ 表示。

　　(1) 受拉区混凝土折减后的模量

$\varepsilon \leqslant \varepsilon_{tr}$ 时，

$$\beta = \frac{f_{tk}}{E_c \varepsilon_{tr} - f_{tk}} = 1.75/[(30 \times 10^3) \times 0.0002 - 1.75] = 0.41176$$

$$C_1 = \frac{1}{1+\beta} \varepsilon_{tk} = \frac{1}{1+0.41176} \times 0.0002 = 0.000141667$$

$$D_0 = C_1 \varepsilon^\beta = 0.000141667 \varepsilon^{0.41176}$$

因为在墩顶力作用下混凝土的应变 $\varepsilon = 0.45231/30000 = 0.000015077$，代入

D_0，所以有：$D_0 = 0.000001465$

$$\widetilde{E}_t = E_c(1 - 0.000001465 - C_1\varepsilon^\beta) = 30 \times 10^3 (1 - 0.000001465 - 0.000141667\varepsilon^{0.41176})$$

$\varepsilon_{tr} \leqslant \varepsilon \leqslant \varepsilon_{tu}$ 时，

$$C_1 = \frac{1 - D_0}{1 + \beta}\varepsilon_{tr} = (1 - 0.000001465) \times 0.0002/(1 + 0.41176) = 0.000141667$$

$$D(\varepsilon_{tr}) = D_0 + C_1\varepsilon_{tr}^{\beta} = 0.000001465 + C_1\varepsilon_{tr}^{\beta} = 0.000001465 + 0.000004247$$
$$= 0.000005712$$

$$C_2 = \frac{1 - D(\varepsilon_{tr})}{\varepsilon_{tu} - \varepsilon_{tr}} = (1 - 0.000005712)/(0.00033 - 0.0002) = 7692.26$$

$$\widetilde{E}_t = E_c[1 - 0.000005712 - 7692.26\,(\varepsilon - 0.0002)]$$

（2）受压区混凝土折减后的模量

$\varepsilon \leqslant \varepsilon_{cr}$ 时，

$$\beta = \frac{f_{ck}}{E_c\varepsilon_{cr} - f_{ck}} = 17.5/[(30 \times 10^3) \times 0.002 - 17.5] = 0.41176$$

$$C_1 = \frac{1}{1 + \beta}\varepsilon_{cr} = \frac{1}{1 + 0.41176} \times 0.002 = 0.00141667$$

$$\widetilde{E}_c = E_c(1 - D_0 - C_1\varepsilon^\beta) = 30000(1 - 0.000001465 - 0.00141667\varepsilon^{0.41176})$$

$\varepsilon_{cr} \leqslant \varepsilon \leqslant \varepsilon_{cu}$ 时，

$$C_1 = \frac{1 - D_0}{1 + \beta}\varepsilon_{cr} = (1 - 0.000001465) \times 0.002/(1 + 0.41176) = 0.00141667$$

$$D(\varepsilon_{cr}) = D_0 + C_1\varepsilon_{cr}^{\beta} = 0.000001465 + 0.00141667 \times 0.002^{0.41176} = 0.000111097$$

$$C_2 = \frac{1 - D(\varepsilon_{cr})}{\varepsilon_{cu} - \varepsilon_{cr}} = (1 - 0.000111097)/(0.0033 - 0.002) = 769.145$$

$$\widetilde{E}_c = E_c[1 - 0.0001110912 - 769.145\,(\varepsilon - 0.002)]$$

各条带混凝土折减后的模量　　　　　　　　　　表 12-5

条带	应变值 $\varepsilon(10^{-7})$	$E_{c0}(10^3\,\text{N/mm}^2)$	$E_{c1}(10^3\,\text{N/mm}^2)$
1	744.39	30	29.9991077597279
2	544.9	30	29.9992100465364
3	345.3	30	29.9993377718380
4	145.7	30	29.9995225764431
5	−53.8	30	29.9999273020876
6	−253.3	30	29.9999016278589
7	−452.8	30	29.9998869201934

条带	应变值 $\varepsilon(10^{-7})$	$E_{c0}(10^3\,\text{N}/\text{mm}^2)$	$E_{c1}(10^3\,\text{N}/\text{mm}^2)$
8	-652.4	30	29.9998757062516
9	-851.9	30	29.9998663743860
10	-1051.5	30	29.9998582572086

2. 计算该混凝土截面的曲率 φ_1

因为 $\varphi = \dfrac{M}{EI_z}$，所以

$$\varphi_1 = \frac{M_1}{EI_z} = \frac{M_1}{\sum E_i Al_i^2} \tag{12-9}$$

其中，A 为截面条带混凝土面积或者钢筋面积；l_i 为各条带到中性轴的距离；$\sum E_i Al_i^2$ 的计算结果见表 12-6、表 12-7。

混凝土的 $\sum E_i Al_i^2$　　　　　　　　　　表 12-6

条带	E_{ci} $(10^3\,\text{N}/\text{mm}^2)$	$A_{ci}(\text{mm}^2)$	l_i (mm^2)	$E_{ci}A_{ci}l_i^2$ $(\text{N}\cdot\text{mm}^2)$
1	29.9991077597279	184563.85	425.45	1.00219E+15
2	29.9992100465364	132937.03	264.561	2.79131E+14
3	29.9993377718380	132937.03	167.672	1.12119E+14
4	29.9995225764431	132937.03	70.783	1.9981E+13
5	29.9999273020876	132937.03	-26.106	2.71798E+12
6	29.9999016278589	132937.03	-122.995	6.0331E+13
7	29.9998869201934	132937.03	-219.884	1.9282E+14
8	29.9998757062516	132937.03	-316.773	4.00186E+14
9	29.9998663743860	132937.03	-413.662	6.82428E+14
10	29.9998582572086	184563.85	-510.551	1.44326E+15
求和				4.19517E+15

钢筋的 $\sum E_i Al_i^2$　　　　　　　　　　表 12-7

条带	E_{gi} $(10^3\,\text{N}/\text{mm}^2)$	$A_g(\text{mm}^2)$	l_i (mm^2)	$E_{gi}A_g l_i^2$ $(\text{N}\cdot\text{mm}^2)$
1	200	6774	425.45	2.45229E+14
2	200	1232	264.561	1.72462E+13
3	200	1232	167.672	6.92726E+12
4	200	1232	70.783	1.23452E+12

续表

条带	E_{gi} $(10^3 \mathrm{N/mm^2})$	$A_g(\mathrm{mm^2})$	l_i $(\mathrm{mm^2})$	$E_{gi}A_g l_i^2$ $(\mathrm{N \cdot mm^2})$
5	200	1232	−26.106	1.67927E+11
6	200	1232	−122.995	3.72748E+12
7	200	1232	−219.884	1.19132E+13
8	200	1232	−316.773	2.4725E+13
9	200	1232	−413.662	4.2163E+13
10	200	6774	−510.551	3.53145E+14
求和				7.06479E+14

所以，$\varphi_1 = \dfrac{M_1}{EI_z} = \dfrac{M_1}{\sum E_i A l_i^2} = 4.5969 \times 10^{-8}/\mathrm{mm}$

12.3.2　编制程序计算各条带损伤后的模量以及截面曲率—弯矩关系

根据第一级加载作用下模量折减和曲率—弯矩关系的计算方法用 Matlab 编程对该方法进行模拟，其程序如下所示：

```
%%%%%%%%%%%%%%%%%%%%%%%%%%%%%%%%%%%%%%%%%%%%%%%%%%%
clear all;
clc;
format long;
disp('请输入 10 个混凝土模量 Eci;单位为 N/mm^2');
for i=1:10
    Eci(i)=input(strcat(['Eci(',int2str(i),')=']));
end
%Eci=ones(1,10) * 30000;

%X_j——对应条带中心线到中性轴的距离
x_j=[63.9995 160.8885 257.7775 354.6665 451.5555 548.4445 645.3335
742.2225 839.1115 936.0005];
%Aci——截面条带混凝土面积
Aci = [139343.85  124723.7  124723.7  124723.7  124723.7  124723.7
124723.7 124723.7 124723.7 139343.85];
%Agi——钢筋截面面积
Agi=[6774 1232 1232 1232 1232 1232 1232 1232 1232 6774];
```

```
%Eg——钢筋模量
Eg=200000;
CTRL='y';
while CTRL=='y'
    %syms x e eq1 eq2;%eq 表示方程
    x=sym('x');
    e=sym('e');
    eq1=0;
    eq2=0;
    for i=1:10
        eq1=eq1+(x-x_j(i))*e*Aci(i)*Eci(i)+(x-x_j(i))*e*Eg;
        eq2=eq1+(x-x_j(i))^2*e*Aci(i)*Eci(i)+(x-x_j(i))^2*
e*Eg;
    end
    eq1=eq1+588000;
    P=input('请输入墩顶水平力 P(单位 N)\nP=');
    H=input('请输入高度 H(单位 mm)\nH=');
    eq2=eq2+588003*x-294001500-P*H;
    [e_jie,x_jie]=solve(eq1,eq2);
    disp(strcat(['墩顶水平力 P=',num2str(P),'N;高度 H=',num2str
(H),'mm 时原方程的解为']));
    e_jie=subs(e_jie);
    x_jie=subs(x_jie);
    if e_jie(1)>0&&x_jie(1)<500
        e_jie=e_jie(1)
        x_jie=x_jie(1)
    else
        e_jie=e_jie(2)
        x_jie=x_jie(2)
    end
%%%%%%%%%%%%%%%%%%%%%%%%%%%%求解参数 e,x 完毕

%求混凝土与钢筋的应变与应力
YingBian=[];
YingLi_HNT=[];
```

```
YingLi_GJ=[];
for i=1：10
    YingBian(i)=(x_jie-x_j(i))*e_jie;
    YingLi_HNT(i)=YingBian(i)*Eci(i);
    YingLi_GJ(i)=YingBian(i)*Eg;
end
disp('应变为：');
YingBian
disp('混凝土的应力为(单位 N/mm^2)：');
disp(YingLi_HNT);
disp(' 钢筋的应力为(单位 N/mm^2)：');
disp(YingLi_GJ);
%%%%%%%%%%%%%%%%%%%%%%%%%%%%%%%%%%%%%%%
%%%%%%
%求混凝土折减后的模量 Eci_B
%按应变分段计算
for i=1：10
    %beta(i)=1.75/(Eci(i)*0.0002-1.75);
    %c1(i)=0.0002/(1+beta(i));
    if(YingBian(i)<=0)
        if YingBian(i)>-0.0002
            beta(i)=1.75/(Eci(i)*0.0002-1.75);
            c1(i)=0.0002/(1+beta(i));
            Eci_B(i)=Eci(i)*(1-0.000001465-c1(i)*abs(YingBian
(i))^beta(i));
        elseif YingBian(i)>-0.00033
            beta(i)=1.75/(Eci(i)*0.0002-1.75);
            c1(i)=0.0002*(1-0.000001465)/(1+beta(i));
            c2(i)=(1-0.000001465-c1(i)*0.0002^beta(i))/(0.00033-
0.0002);
            Eci_B(i)=Eci(i)*(1-0.000005712-c2(i))*(abs(YingBian
(i))-0.0002);
        else
            Eci_B(i)=0;
        end
```

```
    else
        if YingBian(i)<0.002
            beta(i)=17.5/(Eci(i) * 0.002-17.5);
            c1(i)=0.002/(1+beta(i));
            Eci_B(i)=Eci(i) * (1-0.000001465-c1(i) * YingBian(i)^be-
ta(i));
        elseif YingBian(i)<0.0033
            beta(i)=17.5/(Eci(i) * 0.002-17.5);
            c1(i)=0.002 * (1-0.000001465)/(1+beta(i));
            c2(i)=(1-0.000001465-c1(i) * 0.002^beta(i))/(0.0033-
0.002);
            Eci_B(i)=Eci(i) * (1-0.000111097-c2(i)) * (YingBian(i)-
0.002);
        else
            Eci_B(i)=0;
        end
    end
end
disp('输出重新加载折减后的模量');
Eci_B=abs(Eci_B)
%计算弯矩与曲率的关系
HNT_all=sum(Eci_B. * Aci. * (x_jie-x_j).^2);
GJ_all=sum(Eg * Agi. * (x_jie-x_j).^2);
QuLv=P * H/(HNT_all+GJ_all);
disp(strcat(['计算所得曲率为',num2str(QuLv),'/mm']));
CTRL=input('继续加载吗[Y/N]?','s');
if CTRL=='y'
    Eci=Eci_B;
end
end
```

所以，只需要输入各条带在加载前的初始模量、墩顶作用力的大小和截面到墩顶的距离就可以计算各截面的各条带在加载后的应变大小、各条带对应的混凝土和钢筋的应力大小、加载折减后各条带的混凝土模量大小以及各截面的弯矩—曲率关系。

12.3.3　各级加载作用墩底截面混凝土模量折减和弯矩—曲率关系计算结果

各级加载作用下混凝土桥墩墩底截面的混凝土应力、钢筋应力、折减后的模量和弯矩—曲率关系如下：

（1）$P_1 = 20$kN

条带 1～10 的混凝土应力（N/mm²）依次为：

2.23319993545339　　1.63457357592200　　1.03594721639061

0.43732085685922　　−0.16130550267217　　−0.75993186220356

−1.35855822173495　　−1.95718458126634　　−2.55581094079773

−3.15443730032912

条带 1～10 的钢筋应力（N/mm²）依次为：

14.88799956968930　　10.89715717281336　　6.90631477593743

2.91547237906150　　−1.07537001781444　　−5.06621241469037

−9.05705481156630　　−13.04789720844224　　−17.03873960531817

−21.02958200219410

条带 1～10 的混凝土加载折减后的模量（1×10^4 N/mm²）依次为：

2.99991077597279　　2.99992100465364　　2.99993377718380

2.99995225764431　　2.99999273020876　　2.99999016278589

2.99998869201934　　2.99998757062516　　2.99998663743860

2.99998582572086

计算所得曲率为 $\varphi_1 = 4.5969 \times 10^{-8}$/mm

（2）$P_2 = 40$kN

条带 1～10 的混凝土应力（N/mm²）依次为：

4.87737725083499　　3.69117717735411　　2.50497113884209

1.31875750857027　　0.13253023490157　　−1.05371392843697

−2.23995688019950　　−3.42619906784092　　−4.61244065801477

−5.79868174498232

条带 1～10 的钢筋应力（N/mm²）依次为：

32.51681543264164　　24.60849583457800　　16.70017623651437

8.79185663845074　　0.88353704038711　　−7.02478255767652

−14.93310215574015　　−22.84142175380379　　−30.74974135186742

−38.65806094993106

条带 1～10 的混凝土加载折减后的模量（1×10^4 N/mm²）依次为：

2.99978938784526　　2.99981229744799　　2.99984045820117

2.99987958155627　　2.99996182214452　　2.99997954171720

2.99997580378286　　　2.99997305812343　　　2.99997080736066

2.99996886557608

计算所得曲率为 $\varphi_2 = 9.632 \times 10^{-8}/mm$

（3） $P_3 = 60kN$

条带 1～10 的混凝土应力（N/mm²）依次为：

7.72698055723456　　　5.90758900953736　　　4.08817682776616

2.26873877655169　　　0.44925972405527　　　−1.37028961877891

−3.18983764071036　　−5.00938278527679　　−6.82892572578892

−8.64846682676763

条带 1～10 的钢筋应力（N/mm²）依次为：

51.51682040441398　　39.38639103895322　　27.25596167349244

15.12553230803167　　2.99510294257089　　−9.13532642288988

−21.26575578835065　−33.39618515381142　−45.52661451927220

−57.65704388473298

条带 1～10 的混凝土加载折减后的模量（1×10^4 N/mm²）依次为：

2.99964362794555　　　2.99968132829571　　　2.99972728767141

2.99978982675222　　　2.99991360058593　　　2.99996820957059

2.99996158499819　　　2.99995683298607　　　0.63759354471605

2.03705358382223

计算所得曲率为 $\varphi_3 = 17.832 \times 10^{-8}/mm$

（4） $P_4 = 80kN$

条带 1～10 的混凝土应力（N/mm²）依次为：

12.01477728320331　　8.89659025822580　　　5.77834075923254

2.66001040726904　　−0.45845932865310　　−3.57710393352092

−6.69572540718701　　−9.81433923368810　　−2.74869760026646

−10.89947185363687

条带 1～10 的钢筋应力（1×10^2 N/mm²）依次为：

0.80108031309254　　　0.59316902594320　　　0.38525773879385

0.17734645164451　　−0.03056483550483　　−0.23847612265418

−0.44638740980352　　−0.65429869695286　　−0.86220998410221

−1.07012127125155

条带 1～10 的混凝土加载折减后的模量（1×10^4 N/mm²）依次为：

2.99946973295995　　　2.99952715122871　　　2.99959748767430

2.99969430971192　　　2.99990478684575　　　2.99995351634415

0.53515985281245　　　2.93377531193153　　　　　　　0

　　　　　　　0

计算所得曲率为 $\varphi_4 = 34.932 \times 10^{-8}/mm$

(5) $P_5 = 81kN$

条带 1～10 的混凝土应力（$1 \times 10^5 N/mm^2$）依次为：

1.14960268561324	0.78475742506926	0.41990000398247
0.05502595706867	−0.30988338533393	−0.67480754987950
−0.18547619968739	−1.37365968567621	0
0		

条带 1～10 的钢筋应力（$1 \times 10^6 N/mm^2$）依次为：

0.76653728022705	0.52325409006402	0.27997089990099
0.03668770973796	−0.20659548042507	−0.44987867058810
−0.69316186075113	−0.93644505091416	−1.17972824107719
−1.42301143124022		

条带 1～10 的混凝土加载折减后的模量（$1 \times 10^4 N/mm^2$）依次为：

0　0　0　0　0　0　0　0　0　0

计算所得曲率为 $\varphi_5 = 105.31 \times 10^{-8}/mm$

由上面的数据可以看出，当混凝土的应变很小时，模量的折减是相当小的；当应变接近应变峰值时，模量折减十分明显；当应变超过应变峰值，接近极限应变时，模量迅速折减直至为零。由第四步加载 $P_4 = 80kN$ 时，受压区混凝土的应力已经达到 $12.01478N/mm^2$，钢筋拉应力最大值为 $107.012127N/mm^2$，相比其极限强度 $340N/mm^2$ 还比较小，由于应变已经超过其峰值应变，接近其极限应变，所以模量折减十分迅速，到 $P_5 = 81kN$ 时，模量已经损伤为 0，混凝土应力和钢筋应力大幅度增长，受压区混凝土迅速被压坏，丧失承载能力。

所以，可以取 $P_5 = 81kN$ 对应的弯矩 $M = 81 \times 9 = 972kN \cdot m$ 为该桥墩混凝土截面在损伤作用下的抗弯承载能力。

12.4　基于损伤的混凝土桥墩荷载—位移关系

根据材料力学的理论，当忽略剪切变形时，若已经知道墩沿高度方向的曲率分布函数，则可以用积分的方法直接求墩中任意一截面的转角 $\theta(x)$ 和挠度 $\delta(x)$，但是由前面算出的 M-φ 关系可以知道，钢筋混凝土墩截面的受弯刚度 B 随着弯矩 M 的变化而变化。因为求钢筋混凝土墩的荷载—位移关系将是一个复杂的问题，所以需要一个比较简单的处理方法来计算混凝土墩的荷载—位移关系。

12.4.1　基于损伤的混凝土桥墩荷载—位移关系的计算

为了能用数值的方法解决问题，将墩身沿高度方向划分为 m 等份（见图

12-10)。给定荷载 P，可以得到墩的弯矩分布图。根据墩中任意节点 i 的弯矩 M_i，由截面的 M-φ 关系可以求得该节点处对应的曲率 φ_i。于是节点 i 处墩截面的转角为：

$$\theta_i = \frac{1}{2} \sum_{j=1}^{i} (\varphi_j + \varphi_{j+1}) \Delta x \qquad (12\text{-}10)$$

式中，Δx 为墩中等单元的高度。节点 i 处的位移为：

$$\delta_i = \frac{1}{2} \sum_{j=1}^{i} (\theta_j + \theta_{j+1}) \Delta x \qquad (12\text{-}11)$$

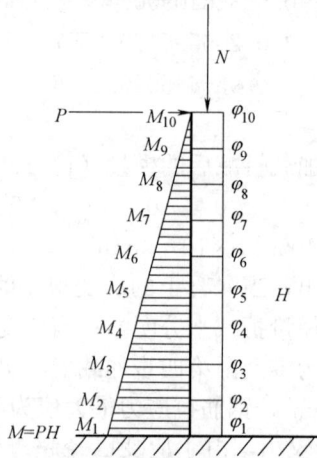

图 12-10　桥墩各单元截面的弯矩—曲率关系图

在本书中把桥墩墩身每隔 1m 划分为一个单元，即 $\Delta x = 1000\text{mm}$，在墩顶荷载作用下其各个单元截面对应的曲率为 φ_i。墩顶荷载分四级加载，顺序及大小分别为 $P_1 = 20\text{kN}$、$P_2 = 40\text{kN}$、$P_3 = 60\text{kN}$、$P_4 = 80\text{kN}$。

各级加载作用下墩顶的 P-Δ 关系计算如下：

（1）$P_1 = 20\text{kN}$

当 $P_1 = 20\text{kN}$ 时，单元各个截面处的曲率、弯矩为：

$\varphi_1 = 4.5969\text{e}-008/\text{mm}$　　　　$M_1 = 180\text{kN} \cdot \text{m}$

$\varphi_2 = 4.0307\text{e}-008/\text{mm}$　　　　$M_2 = 160\text{kN} \cdot \text{m}$

$\varphi_3 = 3.4655\text{e}-008/\text{mm}$　　　　$M_3 = 140\text{kN} \cdot \text{m}$

$\varphi_4 = 2.9041\text{e}-008/\text{mm}$　　　　$M_4 = 120\text{kN} \cdot \text{m}$

$\varphi_5 = 2.3509\text{e}-008/\text{mm}$　　　　$M_5 = 100\text{kN} \cdot \text{m}$

$\varphi_6 = 1.8126\text{e}-008/\text{mm}$　　　　$M_6 = 80\text{kN} \cdot \text{m}$

$\varphi_7 = 1.2982\text{e}-008/\text{mm}$　　　　$M_7 = 60\text{kN} \cdot \text{m}$

$\varphi_8 = 8.1801\text{e}-009/\text{mm}$　　　　$M_8 = 40\text{kN} \cdot \text{m}$

$\varphi_9 = 3.8243e-009/mm$　　　　　$M_9 = 20kN \cdot m$

$\varphi_{10} = 0$　　　　　　　　　　　$M_{10} = 0kN \cdot m$

做出当 $P_1 = 20kN$ 时，单元各个截面处的弯矩—曲率关系图如下：

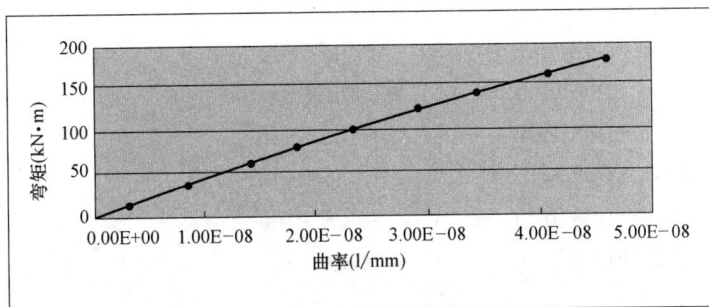

图 12-11　$P_1 = 20kN$ 时桥墩各单元截面的弯矩—曲率关系图

所以

$\theta_1 = 1/2(\varphi_1 + \varphi_2) \times 1000 = 0.000043138$

$\theta_2 = 1/2(\varphi_1 + \varphi_2 + \varphi_2 + \varphi_3) \times 1000 = 8.06E-05$

$\theta_3 = 1/2(\varphi_1 + \varphi_2 + \varphi_2 + \varphi_3 + \varphi_3 + \varphi_4) \times 1000 = 1.12E-04$

$\theta_4 = 1/2(\varphi_1 + \varphi_2 + \varphi_2 + \varphi_3 + \varphi_3 + \varphi_4 + \varphi_4 + \varphi_5) \times 1000 = 1.39E-04$

$\theta_5 = 1/2(\varphi_1 + \varphi_2 + \varphi_2 + \varphi_3 + \varphi_3 + \varphi_4 + \varphi_4 + \varphi_5 + \varphi_5 + \varphi_6) \times 1000 = 1.60E-04$

$\theta_6 = 1/2(\varphi_1 + \varphi_2 + \varphi_2 + \varphi_3 + \varphi_3 + \varphi_4 + \varphi_4 + \varphi_5 + \varphi_5 + \varphi_6 + \varphi_6 + \varphi_7) \times 1000 = 1.75E-04$

$\theta_7 = 1/2(\varphi_1 + \varphi_2 + \varphi_2 + \varphi_3 + \varphi_3 + \varphi_4 + \varphi_4 + \varphi_5 + \varphi_5 + \varphi_6 + \varphi_6 + \varphi_7 + \varphi_7 + \varphi_8) \times 1000 = 1.86E-04$

$\theta_8 = 1/2(\varphi_1 + \varphi_2 + \varphi_2 + \varphi_3 + \varphi_3 + \varphi_4 + \varphi_4 + \varphi_5 + \varphi_5 + \varphi_6 + \varphi_6 + \varphi_7 + \varphi_7 + \varphi_8 + \varphi_8 + \varphi_9) \times 1000 = 1.92E-04$

$\theta_9 = 1/2(\varphi_1 + \varphi_2 + \varphi_2 + \varphi_3 + \varphi_3 + \varphi_4 + \varphi_4 + \varphi_5 + \varphi_5 + \varphi_6 + \varphi_6 + \varphi_7 + \varphi_7 + \varphi_8 + \varphi_8 + \varphi_9 + \varphi_9 + \varphi_{10}) \times 1000 = 1.94E-04$

$\theta_{10} = 0$

因为式（12-11），所以墩顶位移为：

$$\Delta_1 = \delta_9 = 1/2(\delta_1 + \delta_2 + \delta_2 + \delta_3 + \delta_3 + \delta_4 + \delta_4 + \delta_5 + \delta_5 + \delta_6 + \delta_6 + \delta_7 + \delta_7 + \delta_8 + \delta_8 + \delta_9 + \delta_9 + \delta_{10}) \times 1000$$

所以

$$\Delta_1 = 1.26mm$$

（2）$P_2 = 40$kN

当 $P_2 = 40$kN 时，单元各个截面处的曲率、弯矩为：

$\varphi_1 = 9.632e-008$/mm　　　　$M_1 = 360$kN·m

$\varphi_2 = 8.5232e-008$/mm　　　　$M_2 = 320$kN·m

$\varphi_3 = 7.4094e-008$/mm　　　　$M_3 = 280$kN·m

$\varphi_4 = 6.2895e-008$/mm　　　　$M_4 = 240$kN·m

$\varphi_5 = 5.1626e-008$/mm　　　　$M_5 = 200$kN·m

$\varphi_6 = 4.0308e-008$/mm　　　　$M_6 = 160$kN·m

$\varphi_7 = 2.9041e-008$/mm　　　　$M_7 = 120$kN·m

$\varphi_8 = 1.8127e-008$/mm　　　　$M_8 = 80$kN·m

$\varphi_9 = 8.1802e-009$/mm　　　　$M_9 = 40$kN·m

$\varphi_{10} = 0$　　　　$M_{10} = 0$kN·m

做出当 $P_2 = 40$kN 时，单元各个截面处的弯矩—曲率关系图如下：

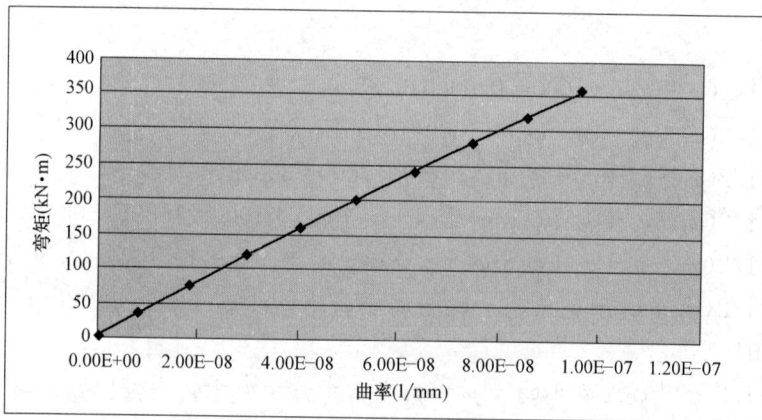

图 12-12　$P_2 = 40$kN 时桥墩各单元截面的弯矩—曲率关系图

所以

$\theta_1 = 9.08E-05$

$\theta_2 = 1.70E-04$

$\theta_3 = 2.39E-04$

$\theta_4 = 2.96E-04$

$\theta_5 = 3.42E-04$

$\theta_6 = 3.77E-04$

$\theta_7 = 4.00E-04$

$\theta_8 = 4.14\mathrm{E}-04$

$\theta_9 = 4.18\mathrm{E}-04$

$\theta_{10} = 0$

所以

$\Delta_2 = 2.70\mathrm{mm}$

（3）$P_3 = 60\mathrm{kN}$

当 $P_3 = 60\mathrm{kN}$ 时，单元各个截面处的曲率、弯矩为：

$\varphi_1 = 1.7832\mathrm{e}-007/\mathrm{mm}$ 　　　 $M_1 = 540\mathrm{kN} \cdot \mathrm{m}$

$\varphi_2 = 1.7731\mathrm{e}-007/\mathrm{mm}$ 　　　 $M_2 = 480\mathrm{kN} \cdot \mathrm{m}$

$\varphi_3 = 1.4102\mathrm{e}-007/\mathrm{mm}$ 　　　 $M_3 = 420\mathrm{kN} \cdot \mathrm{m}$

$\varphi_4 = 9.6321\mathrm{e}-008/\mathrm{mm}$ 　　　 $M_4 = 360\mathrm{kN} \cdot \mathrm{m}$

$\varphi_5 = 7.9671\mathrm{e}-008/\mathrm{mm}$ 　　　 $M_5 = 300\mathrm{kN} \cdot \mathrm{m}$

$\varphi_6 = 6.2896\mathrm{e}-008/\mathrm{mm}$ 　　　 $M_6 = 240\mathrm{kN} \cdot \mathrm{m}$

$\varphi_7 = 4.597\mathrm{e}-008/\mathrm{mm}$ 　　　 $M_7 = 180\mathrm{kN} \cdot \mathrm{m}$

$\varphi_8 = 2.9041\mathrm{e}-008/\mathrm{mm}$ 　　　 $M_8 = 120\mathrm{kN} \cdot \mathrm{m}$

$\varphi_9 = 1.2982\mathrm{e}-008/\mathrm{mm}$ 　　　 $M_9 = 60\mathrm{kN} \cdot \mathrm{m}$

$\varphi_{10} = 0$ 　　　 $M_{10} = 0\mathrm{kN} \cdot \mathrm{m}$

做出当 $P_1 = 20\mathrm{kN}$ 时，单元各个截面处的弯矩—曲率关系图如下：

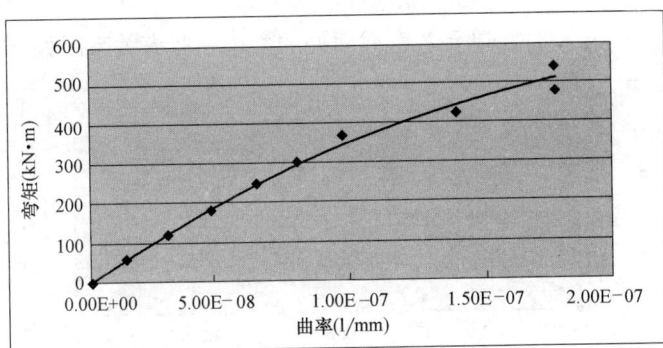

图 12-13　$P_3 = 60\mathrm{kN}$ 时桥墩各单元截面的弯矩—曲率关系图

所以

$\theta_1 = 1.78\mathrm{E}-04$

$\theta_2 = 3.37\mathrm{E}-04$

$\theta_3 = 4.56\mathrm{E}-04$

$\theta_4 = 5.44\mathrm{E}-04$

$\theta_5 = 6.15\mathrm{E}-04$

$\theta_6 = 6.69E-04$

$\theta_7 = 7.07E-04$

$\theta_8 = 7.28E-04$

$\theta_9 = 7.34E-04$

$\theta_{10} = 0$

所以

$\Delta_3 = 4.88mm$

(4) $P_4 = 80kN$

当 $P_4 = 80kN$ 时，单元各个截面处的曲率、弯矩为：

$\varphi_1 = 3.4932e-007/mm$ $M_1 = 720kN \cdot m$

$\varphi_2 = 3.6107e-007/mm$ $M_2 = 640kN \cdot m$

$\varphi_3 = 3.1521e-007/mm$ $M_3 = 560kN \cdot m$

$\varphi_4 = 1.7731e-007/mm$ $M_4 = 480kN \cdot m$

$\varphi_5 = 1.3778e-007/mm$ $M_5 = 400kN \cdot m$

$\varphi_6 = 8.5234e-008/mm$ $M_6 = 320kN \cdot m$

$\varphi_7 = 6.2896e-008/mm$ $M_7 = 240kN \cdot m$

$\varphi_8 = 4.0309e-008/mm$ $M_8 = 160kN \cdot m$

$\varphi_9 = 1.8127e-008/mm$ $M_9 = 80kN \cdot m$

$\varphi_{10} = 0$ $M_{10} = 0kN \cdot m$

做出当 $P_4 = 80kN$ 时，单元各个截面处的弯矩—曲率关系图如下：

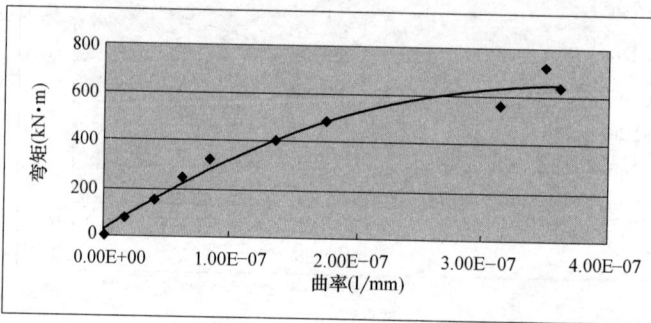

图 12-14 $P_4 = 80kN$ 时桥墩各单元截面的弯矩—曲率关系图

所以

$\theta_1 = 3.55E-04$

$\theta_2 = 6.93E-04$

$\theta_3 = 9.40E-04$

$\theta_4 = 1.10E-03$

$\theta_5 = 1.21E-03$

$\theta_6 = 1.28E-03$

$\theta_7 = 1.33E-03$

$\theta_8 = 1.36E-03$

$\theta_9 = 1.37E-03$

$\theta_{10} = 0$

所以

$\Delta_4 = 9.46mm$

仔细观察图 12-11～图 12-14，可以看出随着荷载的增加，弯矩—曲率关系图越来越趋近于曲线。当作用力为 20kN、40kN 时，所得弯矩—曲率关系图接近于直线，这是因为在较小的作用力下，混凝土应变很小，模量折减不大；当作用力为 60kN 时，曲线的弯曲度加大；当作用力为 80kN 时，曲线的弯曲度进一步加大。由此可以看出，随着荷载的增加，模量通过一级级地叠加折减，折减程度越来越大，损伤越来越严重。

12.4.2　荷载—位移关系图形

墩顶荷载—位移如图 12-15 所示。可以看出随着荷载的递增，混凝土桥墩墩顶位移增量逐渐加大，呈现非线性递增关系。这是因为混凝土模量的折减导致桥墩整体刚度逐渐变小，抵抗变形的能力越来越弱的缘故。

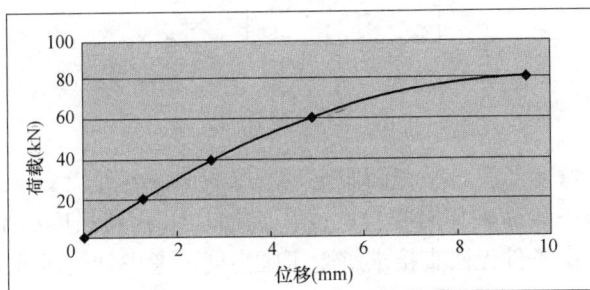

图 12-15　墩顶荷载—位移关系

12.5　依据现有规范分析桥墩的抗弯承载能力和变形能力

12.5.1　桥墩的抗弯承载能力

《公路钢筋混凝土及预应力混凝土桥涵设计规范》JTG D62—2004（以下简

称《公路桥规》）规定了钢筋混凝土受弯构件持久状况承载能力极限状态计算方法。由于该桥墩截面为矩形等截面，且各截面配筋相同，所以各个截面的抗弯承载能力相同。在分析中可以把桥墩截面考虑成双筋矩形截面，由第 12.3 节抗弯承载力的分析可知，桥墩截面在受弯破坏时，受压混凝土被压碎，而受拉、受压纵筋均未达到强度标准值，为超筋梁破坏形式，因此截面破坏时的计算图式如图 12-16 所示。图中，M_u 为截面极限承载弯矩；x 为受压区高度；$T_i = R_{gi}A_{gi}$ 和 $T_i' = R_{gi}'A_{gi}'$ 分别为各排受拉钢筋和受压钢筋所受力的大小，其中 R_{gi} 和 R_{gi}' 分别表示各排受拉钢筋和受压钢筋所受应力大小，A_{gi} 和 A_{gi}' 分别表示各排受拉钢筋和受压钢筋的截面面积；$C = R_a bx$ 为受压区各条带混凝土所受压力之和，R_a 为混凝土受压应力，截面破坏时取 $R_a = f_u$，$b = 1300$mm 为截面宽度；σ_N 为墩顶轴向压力在截面产生的压应力。假设压应力为正，拉应力为负。

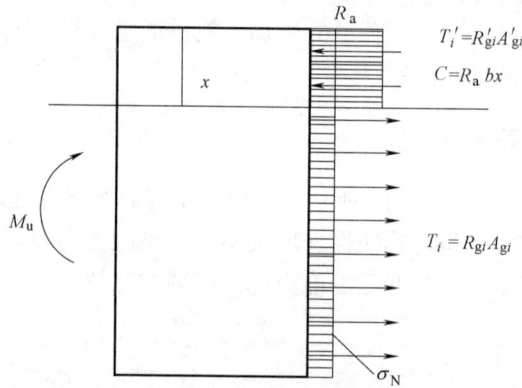

图 12-16　计算图式

假设截面受弯变形符合平截面假定，所以截面中各处应变与到中性轴的距离成正比关系。由于截面破坏时受拉、受压纵筋均未达到强度标准值，为未知量值，根据受力平衡条件无法直接求解受压区高度。考虑到受压区边缘混凝土达到抗压强度 f_u 后，截面很快被压碎，因此在不考虑弹性模量折减的情况下，各排钢筋所对应的应力近似为 $f_u \dfrac{E_g l_i}{E_c x}$，$l_i$ 为钢筋截面中心到中性轴的距离。则由受力平衡条件得：

$$R_a bx + \sum R_{g_i}' A_{g_i}' + \sum R_{g_i} A_{g_i} + 1000 \times \sigma_N b = 0 \qquad (12\text{-}12)$$

则有：

$21.0 \times 1300x + 1000 \times 0.45231 \times 1300 + 200000 \big[6774(x - 63.9995)/x + 1232 (x - 160.8885)/x + 1232 (x - 257.7775)/x + 1232 (x - 354.6665)/x + 1232 (x - 451.5555)/x + 1232 (x - 548.4445)/x + 1232 (x - 645.3335)/x + 1232 (x -$

$742.2225)/x + 1232\,(x-839.1115)/x + 6774\,(x-936.0005)/x] \times (21/30000) = 0$

解上面的方程可得：$x = 475.1\text{mm}$

对中性轴取矩，由力矩平衡原则有：

$$M_u = R_a b x^2/2 + \sum R'_{gi} A'_{gi} l_i + \sum R_{gi} A_{gi} l_i - \sigma_N b (1000-x)^2/2 + \sigma_N b x^2/2 \tag{12-13}$$

其中，l_i 为各条带中心线到中性轴的距离。

$R_a b x^2/2 = (21.0 \times 1300 \times 475.1 \times 475.1)/2 = 308107813.65\text{N} \cdot \text{mm}$

$\sigma_N b x^2/2 = (0.45231 \times 1300 \times 475.1 \times 475.1)/2 = 66362021.5\text{N} \cdot \text{mm}$

$\sigma_N b (1000-x)^2/2 = (0.45231 \times 1300 \times 524.9 \times 524.9)/2 = 81003296\text{N} \cdot \text{mm}$

$\sum R'_{gi} A'_{gi} l_i + \sum R_{gi} A_{gi} l_i = \dfrac{200 \times 21.0}{30 \times 475.1} [6774 \times 411.1 \times 411.1 + 1232 \times 314.211$

$\times 314.211 + 1232 \times 217.322 \times 217.322 + 1232 \times 120.433 \times 120.433 + 1232 \times$

$23.544 \times 23.544 + 1232 \times 73.345 \times 73.345 + 1232 \times 170.234 \times 170.234 + 1232 \times$

$267.123 \times 267.123 + 1232 \times 364.012 \times 364.012 + 6774 \times 460.901 \times 460.901] =$

$906326433.6\text{N} \cdot \text{mm}$

所以
$$M_u = 308107813.65 + 906326433.6 - 81003296 + 66362021.5$$
$$= 1199792972.75\text{N} \cdot \text{mm}$$
$$= 1199.8\text{kN} \cdot \text{m}$$

即该混凝土墩各个截面的抗弯承载力为 1199.8kN·m。由于墩顶作用力 $P = 117.6\text{kN}$，在墩底产生的最大弯矩为 $58.8 \times 9 = 529.2$ kN·m < 1199.8kN·m，满足强度要求。

12.5.2　桥墩的抗变形能力

荷载作用下的墩顶弹性水平位移按墩的下端固结、上端自由的悬臂梁计算，则有：

$$\Delta = S \frac{M l_0^2}{EI} \tag{12-14}$$

式中，Δ 为墩顶弹性水平位移；S 为与荷载形式、支承条件有关的位移系数，取 $S = 1/3$；M 为计算截面的弯矩；l_0 为墩的计算高度；EI 为钢筋混凝土桥墩的弯曲刚度。

由于截面材料是由混凝土和钢筋两种不同的材料组成的，所以需要将钢筋和混凝土组成的实际截面换算成一种拉压性能相同的假想材料组成的均质截面（称为换算截面），如图 12-17 所示。

换算截面惯性矩为：

$$I_0 = \frac{1}{3} b x^3 + n \sum A_{gi} l_i^2 + (n-1) \sum A'_{gi} l_i^2 \tag{12-15}$$

式中，$n=E_g/E_c$，《公路桥规》规定当采用 C30 号混凝土时取 $n=10$。

计算得：$I_0=60725714015.2779997\text{mm}^4=0.0607257\text{m}^4$

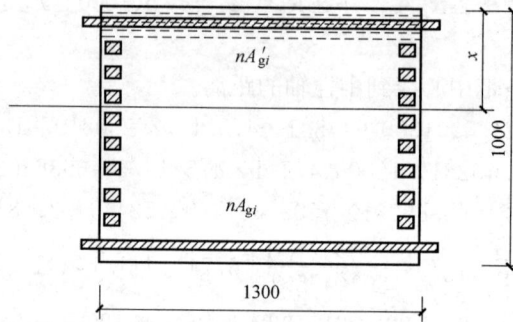

图 12-17　双筋矩形截面的换算截面

由《公路桥规》规定

$$EI=0.85E_cI_0=0.85\times30\times10^3\times60725714015.2779997$$

$$=3919967270.562266\text{N}\cdot\text{m}^2$$

墩顶水平力的大小为 $P=\dfrac{0.1mg}{2}=58.8\text{kN}$，则

$$\Delta=S\frac{Ml_0^2}{EI}=(1/3\times58.8\times9\times9\times9)/3919967270.562266$$

$$=3.645\text{mm}$$

《公路桥规》规定顺桥方向墩顶水平位移要求 $\Delta\leqslant5\sqrt{L}=5\sqrt{32}=28.3\text{mm}$（箱梁跨度为 32m），因为 $\Delta=3.645\text{mm}<28.3\text{mm}$，所以满足变形要求。

同样，按此弯曲刚度可计算出不同水平力作用下的墩顶水平位移：

当荷载为 20kN 时，$\Delta=\dfrac{1}{3}\times\dfrac{20\times9\times9\times9}{3919967270.562266}=1.2398\text{mm}$

当荷载为 40kN 时，$\Delta=\dfrac{1}{3}\times\dfrac{40\times9\times9\times9}{3919967270.562266}=2.4796\text{mm}$

当荷载为 60kN 时，$\Delta=\dfrac{1}{3}\times\dfrac{60\times9\times9\times9}{3919967270.562266}=3.7194\text{mm}$

当荷载为 80kN 时，$\Delta=\dfrac{1}{3}\times\dfrac{80\times9\times9\times9}{3919967270.562266}=4.9592\text{mm}$

根据荷载位移关系，可以得到图 12-18 所示的墩顶水平荷载—位移关系图：

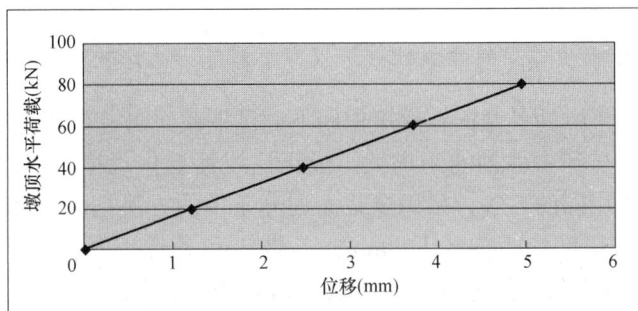

图 12-18　墩顶水平荷载—位移关系图

12.6　损伤后混凝土桥墩性能分析与无损状态计算结果的比较

12.6.1　抗弯承载能力的比较

1. 与《公路桥规》计算结果的比较

按《公路桥规》计算混凝土桥墩的截面抗弯承载能力时，混凝土截面是按双筋矩形截面进行处理的。这种处理的特点是：

（1）在受拉区假设混凝土不参加工作，只有钢筋承受拉力的作用；在受压区混凝土和钢筋共同承受压力的作用。

（2）受压区的混凝土在钢筋达到极限状态之前已经被压坏，受拉区的钢筋和受压区的钢筋由于没有达到极限状态，其应力按应变与其弹性模量的乘积进行计算。

（3）受压区截面各处混凝土无论离中性轴距离远近，一律按均匀承担作用力处理。

按这种处理方法计算的截面抗弯承载力为 1199.8kN·m。与按考虑损伤作用所得的抗弯承载力 972kN·m 相比，考虑损伤作用按非线性分析所得的抗弯承载力比《公路桥规》方法计算的抗弯承载力下降了（1199.8－972）/1199.8×100％＝18.9％。

从加载情况可知，当第四步加载 P_4＝80kN 时，受压区混凝土的应力已经达到 12.01478N/mm²，而钢筋拉应力最大值为 107.012127N/mm²，相比其极限强度 340N/mm² 还比较小。由于混凝土应变已经超过其峰值应变，接近其极限应变，所以模量折减十分迅速，到 P_5＝81kN 时，弹性模量已经损伤为 0，钢筋应力大幅度增长，受压区混凝土迅速被压坏，丧失承载能力。这是一种典型的超筋破坏形式，钢筋还没有达到极限强度时，混凝土已经被完全压坏。

　　2. 与不考虑损伤作用的非线性分析抗弯承载能力的比较

　　设该混凝土桥墩的各截面在弯矩作用下满足平截面假定，则在弯矩作用下截面各处的应变值与到中性轴的距离大小成正比线性变化规律。与损伤分析求应变、应力时采用相同的方法，采用全截面划分条带的方法把截面划分为 10 个条带，每个条带的长度均为 $b=1300\text{mm}$，条带 1 和条带 10 的宽度为 $a_1=a_{10}=112.4445\text{mm}$，其余条带的宽度均为 96.889mm，详见图 12-4。

　　以截面受压区边缘条带混凝土应力达到其强度标准值 21.0N/mm^2 时对应的弯矩值作为该混凝土桥墩的截面抗弯承载力。用前面编的 Matlab 程序同样可以计算抗压边缘条带混凝土应力为 21.0N/mm^2 时对应的墩顶水平荷载，当第一级加载直接作用于墩顶的水平力 $P=125.5\text{kN}$ 时，墩底截面的受压区边缘条带（条带 1）的混凝土应力为 20.9988887N/mm^2。所以，对应的弯矩 $M=P\times H=125.5\times9=1129.5\text{kN}\cdot\text{m}$ 作为该混凝土桥墩截面在无损情况下的抗弯承载力。

　　根据上面的计算可以知道，在无损情况下，非线性分析计算得到的钢筋混凝土桥墩的截面抗弯承载力 $M=1129.5\text{kN}\cdot\text{m}$，而基于损伤分析得到的该钢筋混凝土桥墩截面抗弯承载力 $\overline{M}=972\text{kN}\cdot\text{m}$。通过公式 $(M-\overline{M})/M\times100\%=13.94\%$，可以知道，考虑损伤作用与不考虑损伤作用相比，混凝土截面的抗弯承载能力下降了 13.94%。

12.6.2　变形能力的比较

　　按《公路桥规》计算混凝土桥墩的墩顶荷载—位移关系时有公式 $\Delta=S\dfrac{Ml_0^2}{EI}$，$S$ 为与荷载形式、支承条件有关的位移系数，取 $S=1/3$。由于 $M=Pl_0$，所以有 $\Delta=S\dfrac{Pl_0^3}{EI}$。由该公式可以看出，在不考虑损伤时墩顶水平位移的大小与墩顶水平力的大小成正比关系。在考虑混凝土损伤时，计算墩顶荷载—位移关系时仍可采用该公式，只是由于混凝土弹性模量不断折减变化，而且沿墩身各个截面的混凝土弹性模量折减变化又不一样，所以墩身的整体刚度 EI 成非线性减小变化。这就导致了与无损情况相比，在相同的墩顶水平力的作用下，墩顶产生更大的位移。墩顶在不同水平力作用下，不考虑损伤与考虑损伤时墩顶的位移比较见表 12-8。

　　由表 12-8 的数据可以看出，在荷载比较小的时候由于混凝土损伤情况并不太严重，在相同的墩顶水平力作用下，考虑损伤的位移并不比不考虑损伤的位移大多少。但随着荷载的增加，损伤进一步加大，在相同的荷载下，考虑损伤的位移与无损位移的差值逐渐扩大。在同一坐标系下做出损伤和无损情况下的墩顶荷

载—位移关系图如图 12-19 所示，系列 1 为不计损伤时的荷载—位移图，系列 2
为考虑损伤发展的荷载—位移图。可以看出不计损伤时荷载—位移为线性关系，
损伤时呈非线性的曲线变化关系。说明由于考虑了混凝土损伤后的混凝土弹性模
量折减，使得同一荷载水平下截面曲率增大，桥墩的整体刚度变小，从而导致了
桥墩的抗变形能力降低。

荷载—墩顶水平位移关系　　　　　　　　　　　表 12-8

水平荷载大小（kN）	墩顶水平位移（mm）	
	不考虑损伤	考虑损伤
20	1.2398	1.26
40	2.4796	2.70
60	3.7194	4.88
80	4.9592	9.46

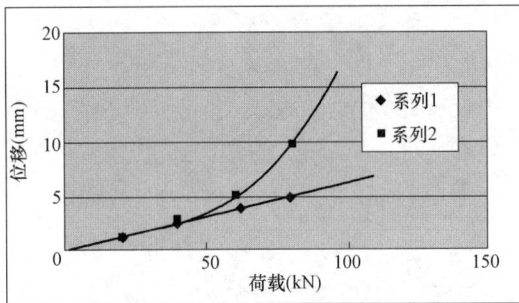

图 12-19　墩顶荷载—位移关系图比较

12.7　结　　论

　　基于 Loland 模型的非线性损伤分析方法并结合工程实例对桥墩在外部弯矩
作用下的损伤情况做了比较研究。引入了 Loland 模型来分析凝土模量损伤演化
规律，并采用分级递增的加载方式对混凝土桥墩的受力进行分析；通过与不考虑
损伤时桥墩的承载能力和变形能力的对比，发现由于损伤作用导致混凝土承载性
能的变化，主要表现在以下几方面：

　　（1）在加载过程中，当作用于桥墩的外力很小时，由于混凝土的应变很小，
模量折减不是十分明显，但随着外力的递增，应变逐渐变大，接近应变峰值时，
模量折减越趋明显，当应变超过峰值时，模量迅速折减，达到极限应变时，模量
的值趋向于零。

　　（2）当作用力较小时，截面的弯矩—曲率关系趋近于直线变化；当作用力比

较大时，截面的弯矩—曲率关系趋近于非线性变化逐渐明显，桥墩的整体刚度下降。

（3）通过对考虑损伤的抗弯承载能力与无损状态的计算结果比较，比按《公路桥规》计算的抗弯承载能力下降了 18.9%，比无损状态下的非线性分析结果下降了 13.94%。

（4）损伤对结构变形性能降低更为明显，与不考虑损伤作用比较，在增加相同外力作用下考虑损伤时产生更大的变形，使得结构更早达到极限变形状态。

本书主要结论与展望

1. 主要结论

在试验和理论研究基础上，重点研究了混凝土损伤特性及评估方法，钢筋混凝土梁、柱构件在疲劳作用下的损伤发展及循环完成后的剩余性能。在宏、细观损伤理论的基础上建立了混凝土损伤模型，研究了钢筋混凝土构件累积损伤的分析方法和实用评估方法。得到如下主要结论：

（1）提出的混凝土裂纹演化方程和混凝土裂纹特征尺寸随应力变化的显式表达式，可以从理论上分析混凝土的损伤发展，预测含裂纹混凝土的强度，精度较高，并由此得到了含裂纹的混凝土材料损伤本构关系。

（2）根据自洽方法并假设裂纹符合 Weibull 统计分布，提出了宏、细观相结合的混凝土损伤模型，建立了损伤因子与混凝土应变的定量表达式，反映了混凝土损伤模量的变化。

（3）混凝土受弯构件在疲劳荷载作用下刚度降低，裂缝宽度增大。疲劳荷载作用 N 次后构件的裂缝宽度，可根据初始裂缝宽度和受压区混凝土应变增长系数来计算；并提出了与现行规范相统一的高强钢筋混凝土梁疲劳刚度的实用计算公式。

（4）有限次超载作用对钢筋混凝土梁的受弯承载力影响不显著，基本在 5％以内。但超载对钢筋混凝土梁的裂缝大小、构件截面应力分布有较为显著的影响，钢筋混凝土梁在超载后产生较明显的不可恢复变形，超载次数越大，残余变形越大。这说明处于高应力状态的钢筋混凝土桥梁，其正常使用极限状态可靠度不可忽视地受到超载的影响。

（5）超载作用常常改变钢筋混凝土梁的破坏特征，在较少的超载循环次数作用下可能造成主筋或箍筋尚未疲劳断裂的斜截面脆性破坏或抗剪承载力下降引起的剪切破坏。因此，桥梁受弯截面应以受拉钢筋或受压混凝土的累积应变和刚度为主要评估指标，而对于出现斜裂缝的服役桥梁，应加强对斜裂缝特征和剩余抗剪承载力的评估。

（6）钢筋混凝土剪弯构件的刚度随循环位移的增大而逐渐减小，屈服阶段前下降很快，在屈服后降低减慢。剪跨比越小，刚度降低越快；纵筋配筋率越高，刚度降低越少，但纵筋配筋率对刚度的影响较小。钢筋混凝土剪弯构件刚度损伤基本能反映阻尼比发展的趋势，建立了与刚度损伤相联系的阻尼比试验统计计算公式。

(7) 以残余变形与最大位移的比为基础，提出了钢筋混凝土剪弯构件低周疲劳变形性能损伤统计公式和低周疲劳作用下与静力加载相比的割线刚度降低计算方法，建立了割线刚度和抗力衰减计算公式和极限变形折减系数计算公式，为震后结构评价和改进延性分析奠定一定的基础。

(8) 提出了一种考虑低周循环损伤对钢筋混凝土柱剩余承载能力影响的计算方法，即"增大系数法"。在静力荷载—位移分析的基础上，通过分析低周循环造成的混凝土和纵筋应变的增大来反映累积损伤，以此为损伤后的初始条件，对钢筋混凝土柱进行了全过程性能分析。分析表明，该方法能较好地分析低周疲劳损伤后构件的剩余承载能力和变形能力。

(9) 基于结构损伤时单元的应变变化，来实现结构的损伤识别、定位与损伤程度定性估计；采用模态应变能变化率方法进行结构损伤程度评估，并给出了一种只需低阶模态即可精确求解损伤程度的解析解方法；通过数值算例证明了该方法的有效性，并研究了其抗噪性。

(10) 根据《混凝土结构设计规范》GB 50010—2002 混凝土应力—应变曲线和残余应变与累积应变的实用关系式，提出了基于实测弹性模量的混凝土静力等效应变和残余应变的计算方法，给出了混凝土结构现场测试与分析的详细步骤和弹模比与残余应变的相关特征值，并推导出了残余应变损伤指标与静力等效应变的关系式。

(11) 将受压混凝土累积损伤程度划分为良好、中等、严重和失效 4 个等级，给出了各等级的残余应变损伤指标、静力等效应变和残余应变范围，并得出了混凝土损伤后强度的方法。提出了根据结构混凝土实测强度和弹模比的快速查表评估方法，大大简化了评估过程，可应用于结构混凝土损伤的实用评估。

(12) 提出了考虑残余应变影响的钢筋混凝土桥梁恒载下的现存应力、应变状态评估方法及"等效恒载弯矩"概念，分析了疲劳损伤后钢筋混凝土桥梁剩余承载力基本不变或下降极少的主要原因，给出结构剩余承载力实用评估方法，并提出了一种服役钢筋混凝土梁桥应力相关裂缝宽度的分离方法，为分析长期应力作用和非荷载因素（混凝土收缩徐变等）的影响提供了技术支持。

2. 展望

针对本书所涉及的内容，尚存在以下几个需要进一步研究的问题：

(1) 试验模型与实际结构的尺寸效应问题。试验研究常采用的是缩小比例的钢筋混凝土结构模型，与实际结构尺寸有较大的差距，混凝土内部损伤发展与宏观力学行为之间存在尺寸效应，尤其在复杂受力下结构斜裂缝的扩展尺寸效应更为显著。可以考虑采用不同比例的试验模型进行试验研究，统计分析不同比例试验模型之间的尺寸效应，从而使试验研究成果更符合实际结构的要求，同时进一步开展这方面的理论研究。

（2）动力损伤模型研究。提出的宏、细观相结合的混凝土损伤模型及其分析方法，是以静力分析为基础的。实际结构在外界作用下是一种动力行为，需要进一步研究混凝土动力损伤发展的本构模型，以适用于结构动态损伤分析。

（3）损伤结构动力分析中的阻尼建模问题。根据试验统计得到了阻尼比与弯曲刚度损伤之间的计算公式，但由于试验模型的限制，未能得到多阶频率与阻尼之间的关系。在动力计算中，尤其在大变形反应分析中，如何建立各阶振型阻尼与损伤发展的联系，将是需要进一步研究的问题。

（4）多因素造成的损伤对混凝土结构性能影响的研究。在混凝土双 K 断裂准则的基础上，提出了混凝土裂纹演化方程，为混凝土多因素损伤分析奠定了一定的基础。多因素包括冻融循环、腐蚀等将对混凝土材料的力学指标，如强度、断裂因子产生降低影响，导致裂纹扩展、弹性模量降低、结构的承载性能下降。所以，进一步研究材料宏观力学指标的变化对损伤发展的影响将是解决这一问题的基础。

（5）考虑时效影响的桥梁结构快速评估方法。基于实测弹性模量的混凝土静力等效应变和残余应变的计算方法，以及根据混凝土实测强度和弹模比的快速查表评估方法，可以直接得出混凝土的残余应变和损伤等级，从而可以进一步研究考虑时效影响的桥梁结构快速评估技术。从实际桥梁结构出发，研究基于应力相关变形特征（应变、裂缝和挠度）和动力参数的混凝土梁桥承载性能快速评估技术，以及桥梁安全快速评价系统的研发。

附录 A   钢筋混凝土柱低周疲劳试验曲线

A. 1   NO. 5 模型试件试验曲线

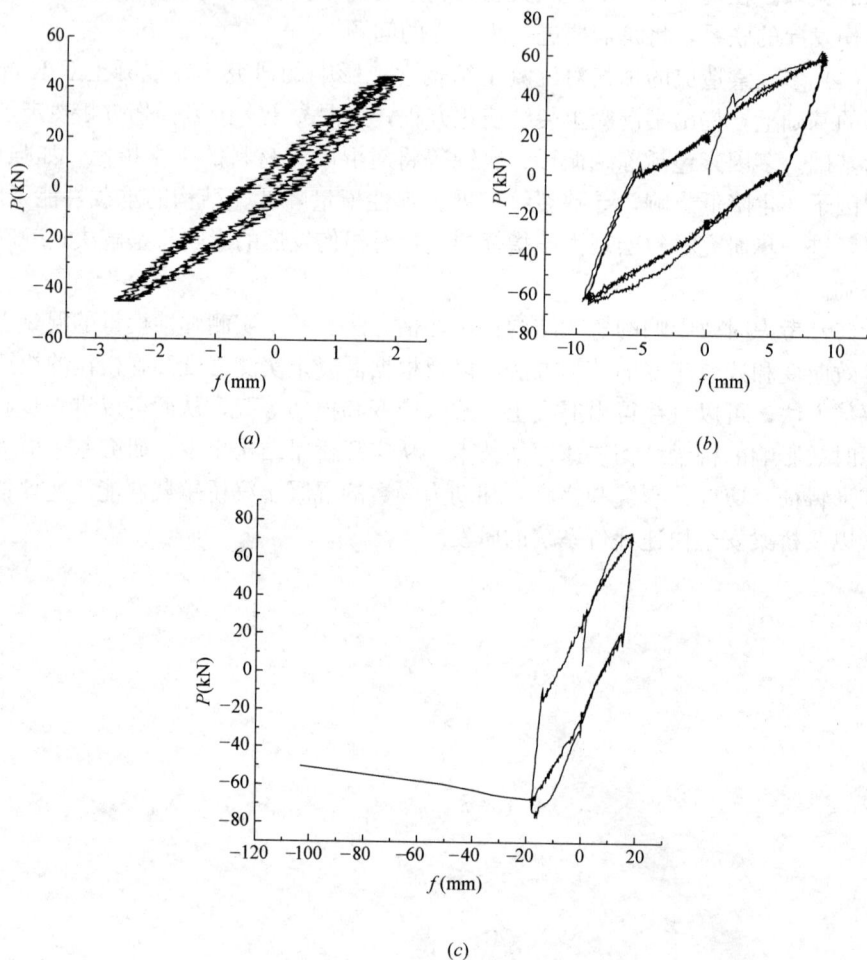

(a)

(b)

(c)

图 A-1   水平荷载作用下 No. 5 柱加载点处的滞回曲线

(a) 循环 1——45kN；(b) 循环 2——1 倍屈服位移；

(c) 循环 3——2 倍屈服位移循环至破坏

A. 2　NO. 7 模型试件试验曲线

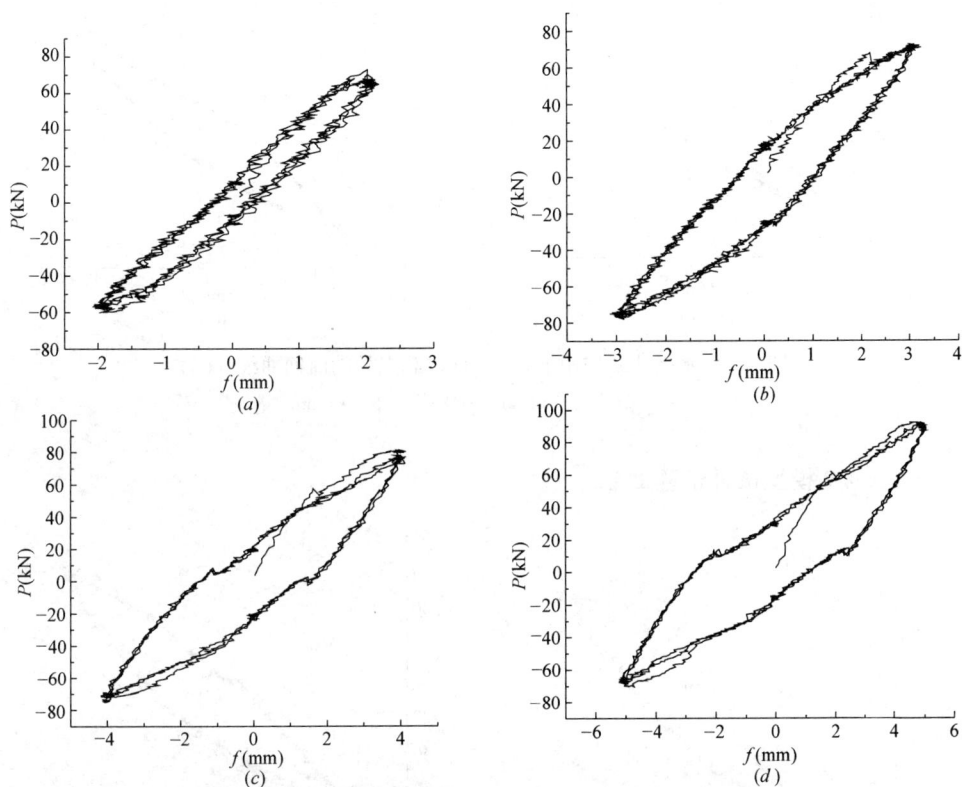

图 A-2　水平荷载作用下 No. 7 柱加载点处的滞回曲线

（a）循环 1——2mm；（b）循环 2——1 倍屈服位移（3mm）；（c）循环 3——4mm；（d）循环 4——5mm

A. 3　NO. 8 模型试件试验曲线

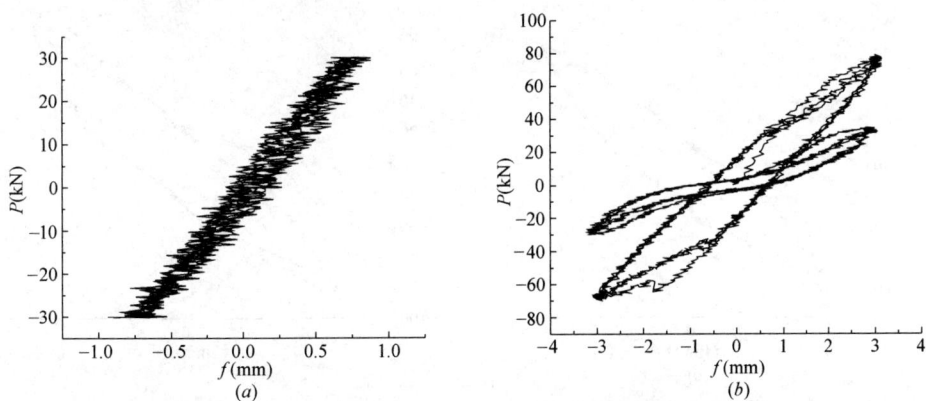

图 A-3　水平荷载作用下 No. 8 柱加载点处的滞回曲线（一）

（a）循环 1——30kN；（b）循环 2——3mm

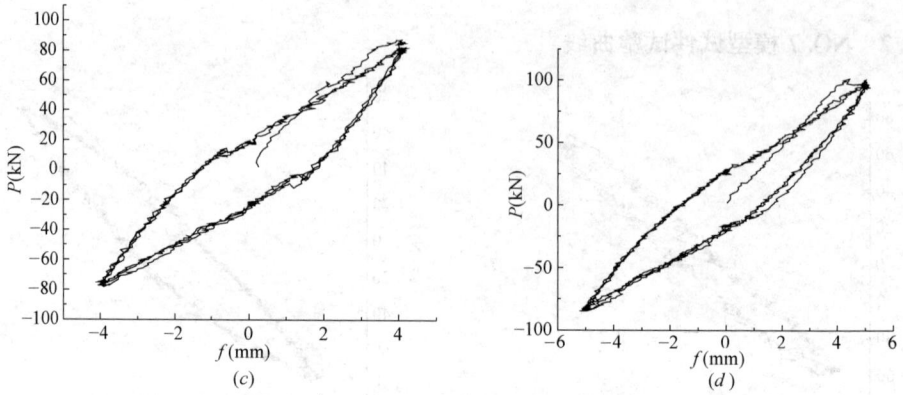

图 A-3　水平荷载作用下 No. 8 柱加载点处的滞回曲线（二）

(*c*) 循环 3——4mm；(*d*) 循环 4——5mm

A. 4　NO. 9 模型试件试验曲线

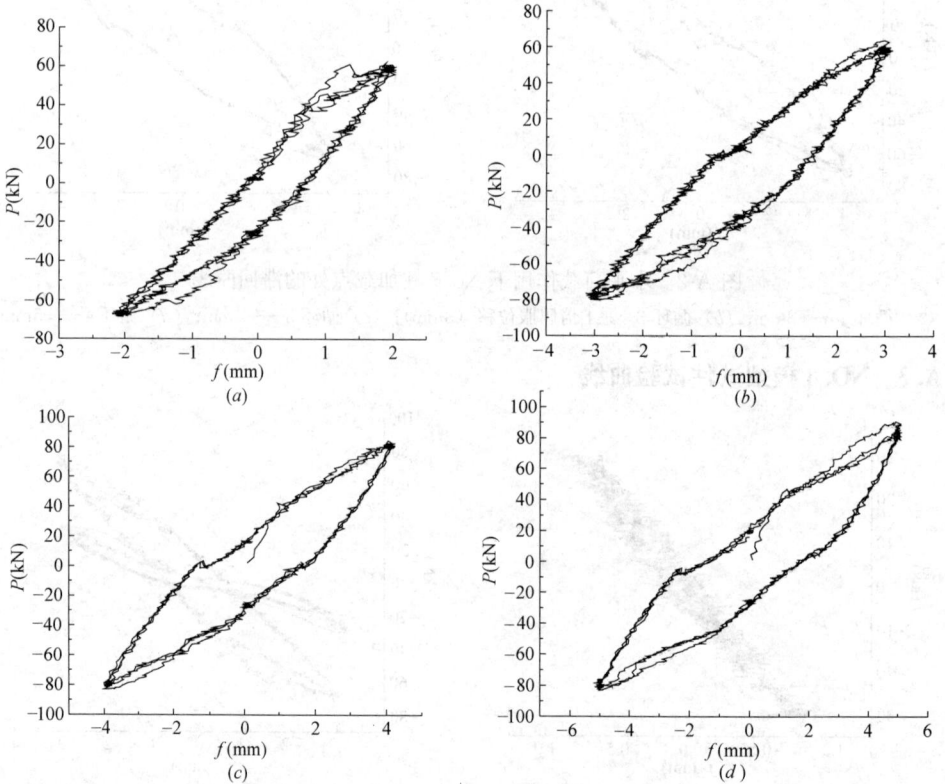

图 A-4　水平荷载作用下 No. 9 柱加载点处的滞回曲线

(*a*) 循环 1——2mm；(*b*) 循环 2——3mm；(*c*) 循环 3——4mm；(*d*) 循环 4——5mm

A.5　NO.10 模型试件试验曲线

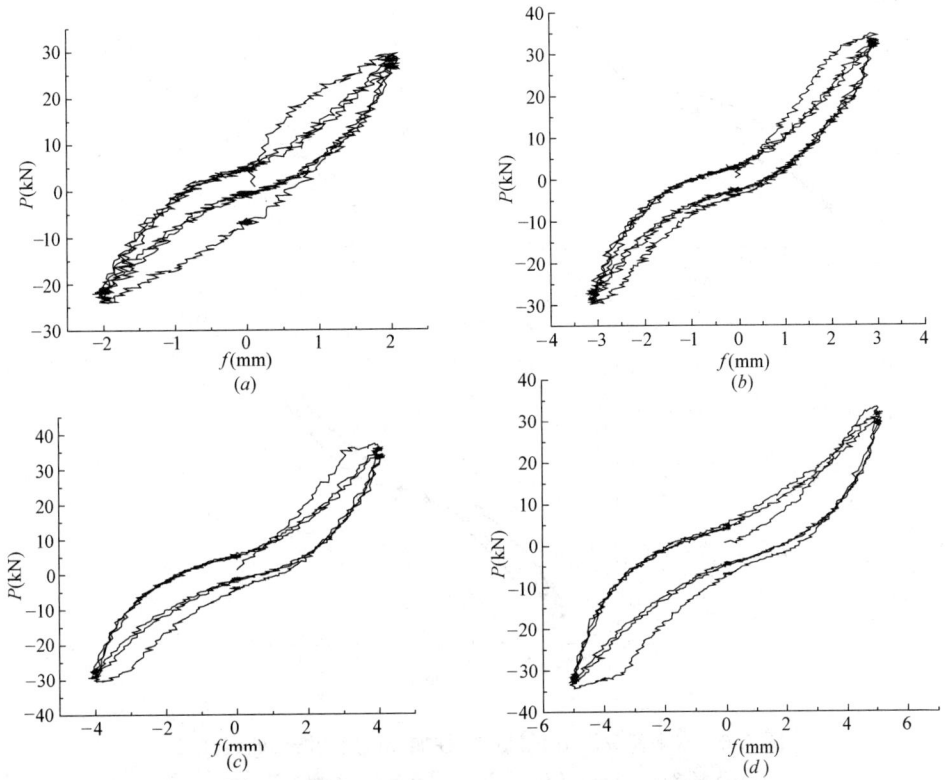

图 A-5　水平荷载作用下 No.10 柱加载点处的滞回曲线

(a) 循环 1——2mm；(b) 循环 2——3mm；(c) 循环 3——4mm；(d) 循环 4——5mm

A.6　NO.11 模型试件试验曲线

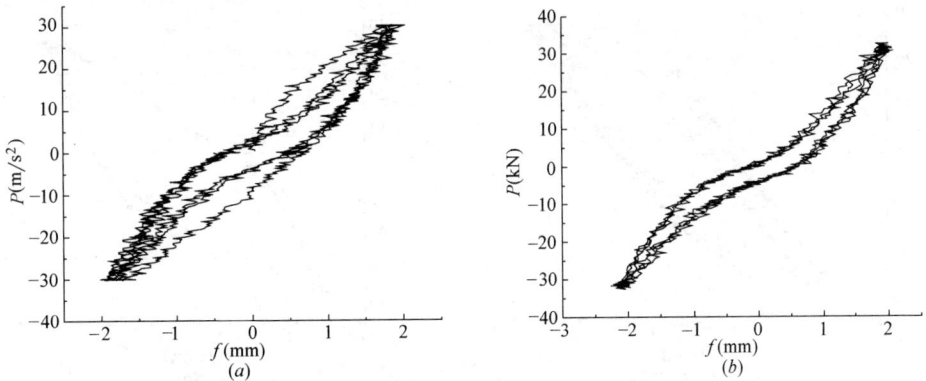

图 A-6　水平荷载作用下 No.11 柱加载点处的滞回曲线（一）

(a) 循环 1——30kN；(b) 循环 2——2mm

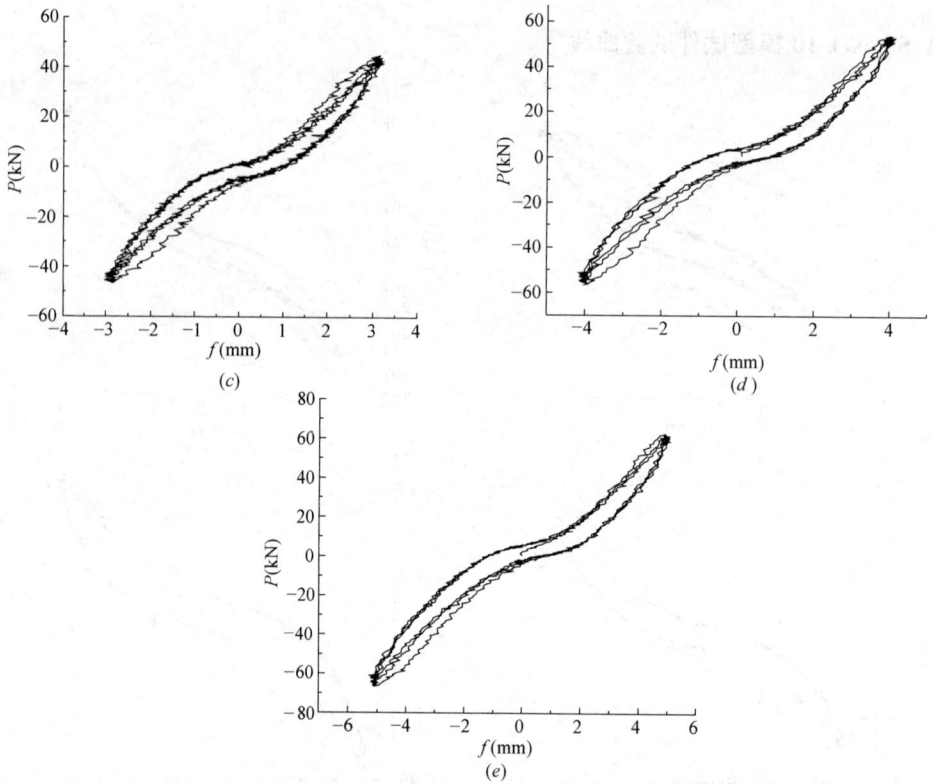

图 A-6　水平荷载作用下 No. 11 柱加载点处的滞回曲线（二）
(*c*) 循环 3——3mm；(*d*) 循环 4——4mm；(*e*) 循环 5——5mm

A. 7　NO. 12 模型试件试验曲线

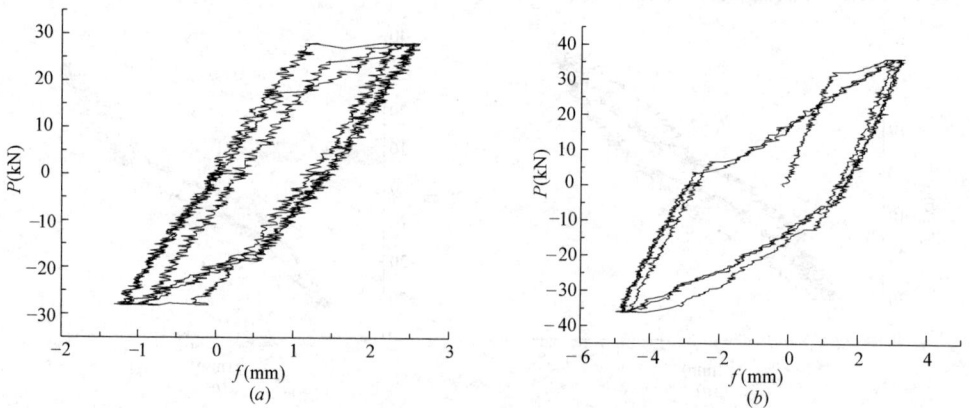

图 A-7　水平荷载作用下 No. 12 柱加载点处的滞回曲线（一）
(*a*) 循环 1——28kN；(*b*) 循环 2——36kN

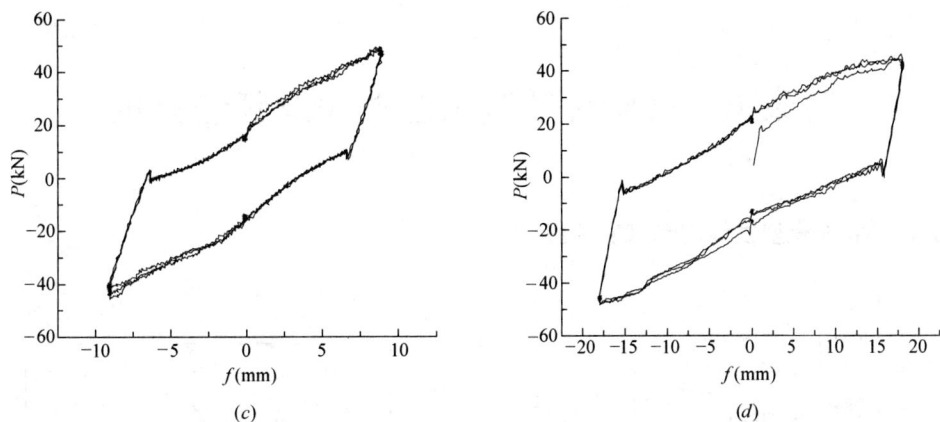

图 A-7　水平荷载作用下 No. 12 柱加载点处的滞回曲线（二）

(c) 循环 3——9mm；(d) 循环 4——18mm

附录 B 试验柱动测试验曲线及频谱分析

B. 1 No. 5 模型试件动测试验曲线

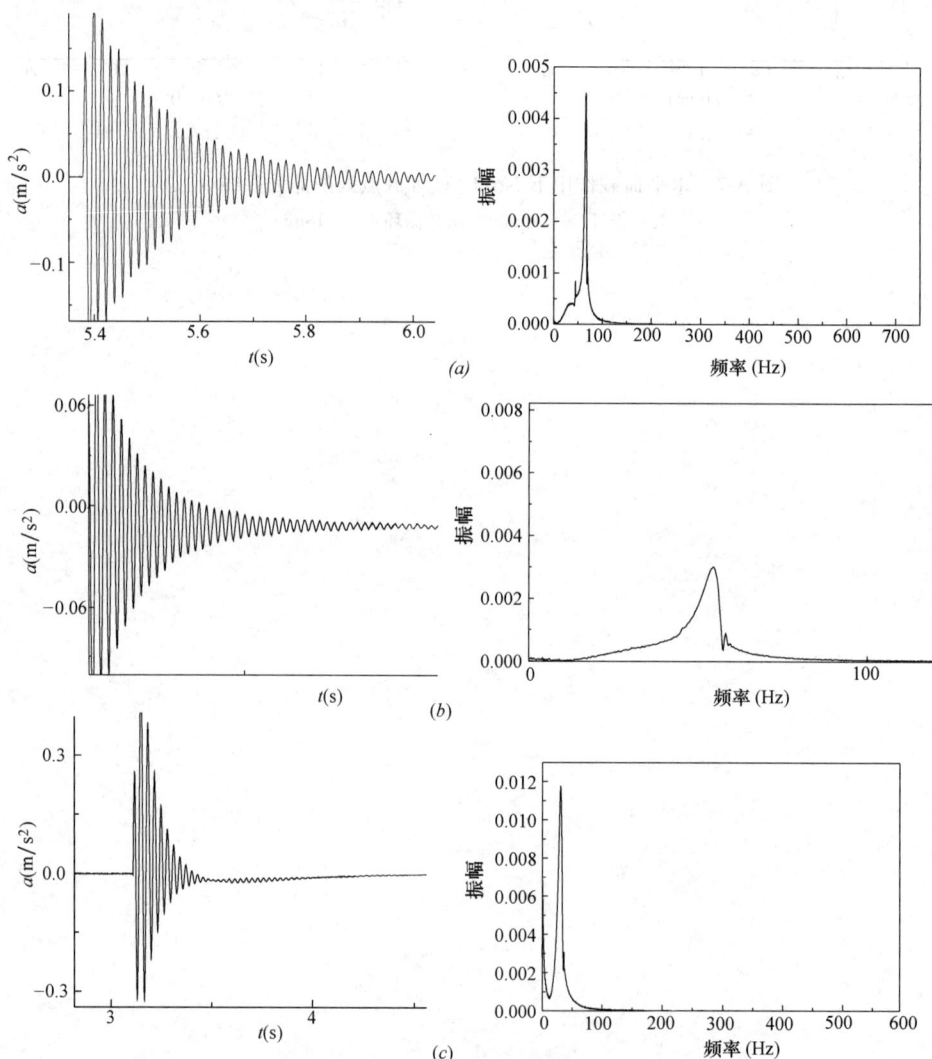

图 B-1 No. 5 模型柱初始和各损伤阶段动测曲线及频谱图 (一)

(a) 初始动测时程曲线及频谱图；(b) 加载至 45kN 滞回后动测时程曲线及频谱图；

(c) 1 倍屈服位移滞回后动测时程曲线及频谱图

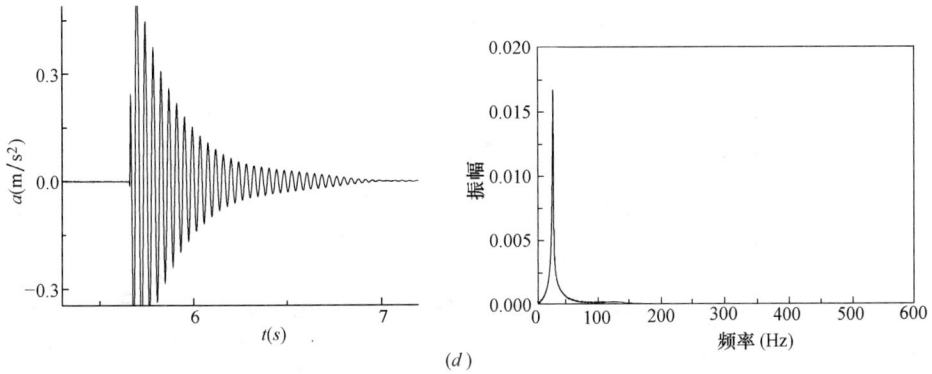

图 B-1　No.5 模型柱初始和各损伤阶段动测曲线及频谱图（二）

（d）2 倍屈服位移滞回破坏后动测时程曲线及频谱图

B. 2　No. 7 模型试件动测试验曲线

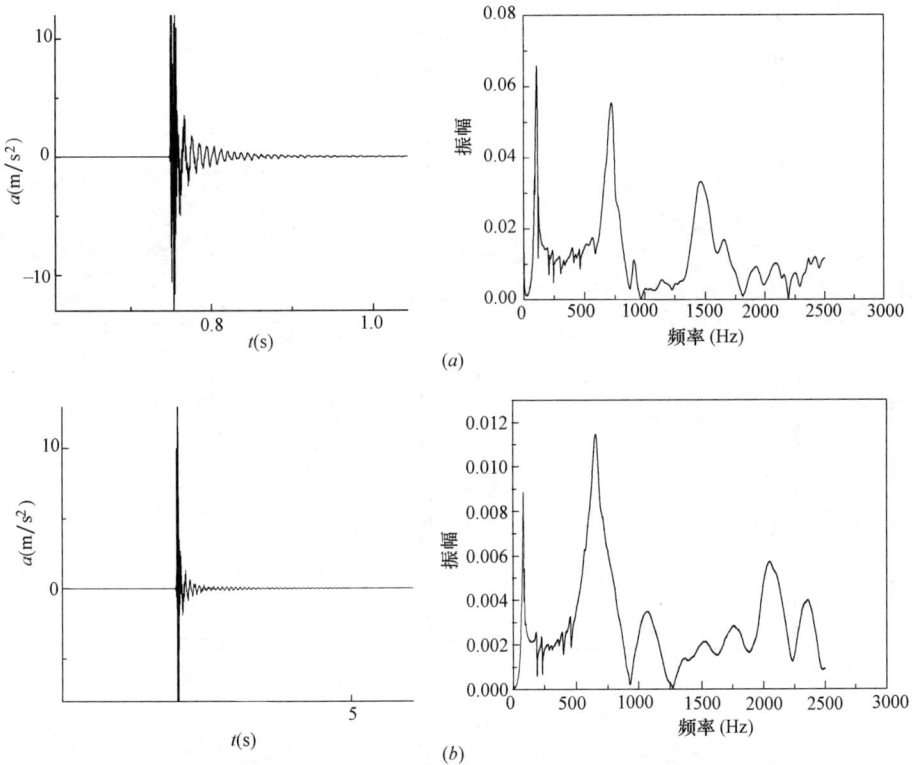

图 B-2　No. 7 模型柱初始和各损伤阶段动测曲线及频谱图（一）

（a）初始动测时程曲线及频谱图；（b）循环 1（2mm）后动测时程曲线及频谱图

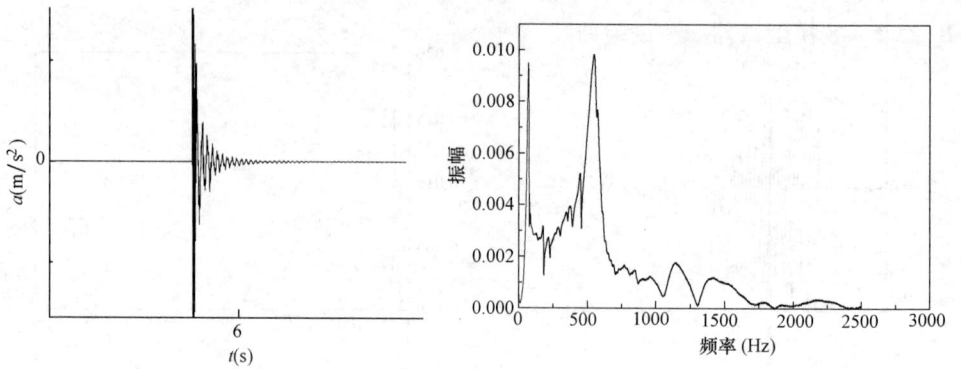

(c)

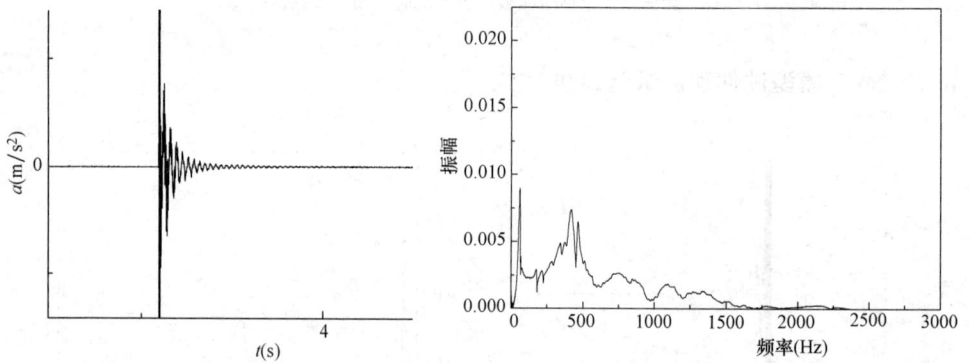

(d)

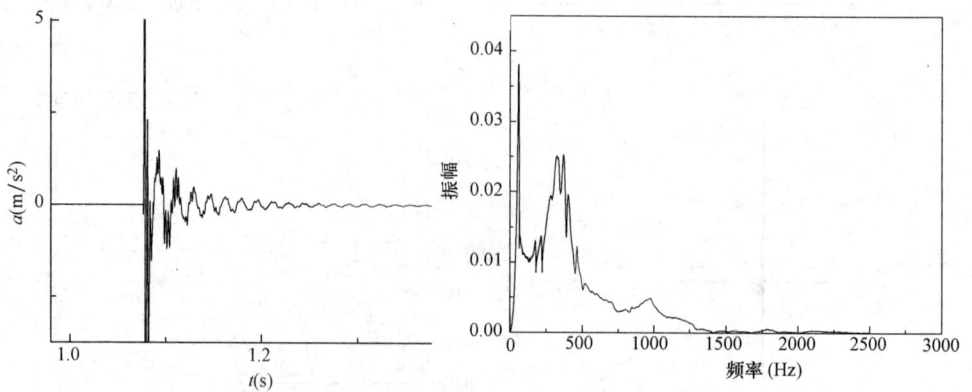

(e)

图 B-2　No.7 模型柱初始和各损伤阶段动测曲线及频谱图（二）

(c) 循环 2（3mm）后动测时程曲线及频谱图；(d) 循环 3（4mm）后动测时程曲线及频谱图；

(e) 循环 4（5mm）后动测时程曲线及频谱图

B. 3 No. 8 模型试件动测试验曲线

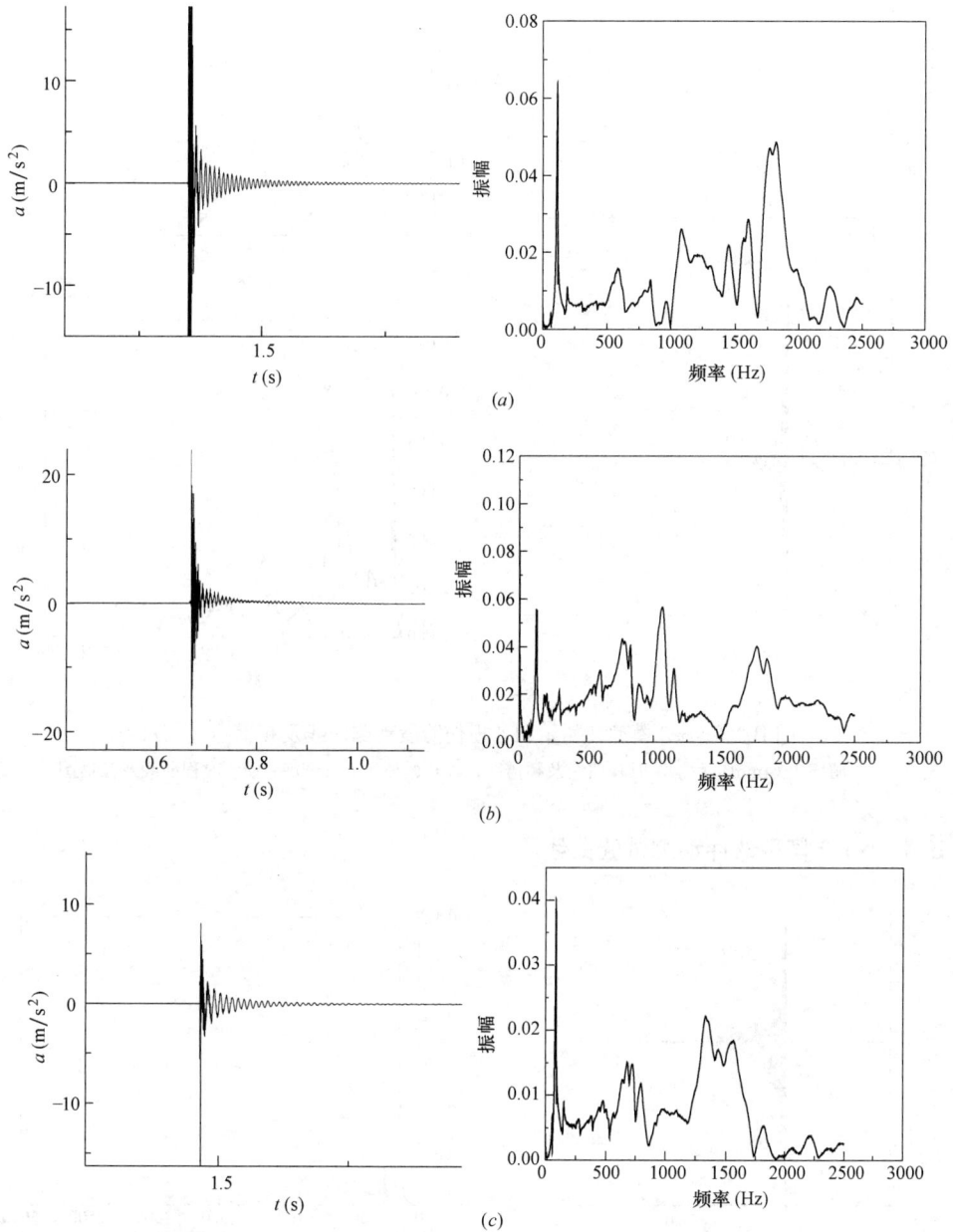

图 B-3 No. 8 模型柱初始和各损伤阶段动测曲线及频谱图 （一）

（a）初始动测时程曲线及频谱图；（b）循环 1（30kN）后动测时程曲线及频谱图；

（c）循环 2（3mm）后动测时程曲线及频谱图

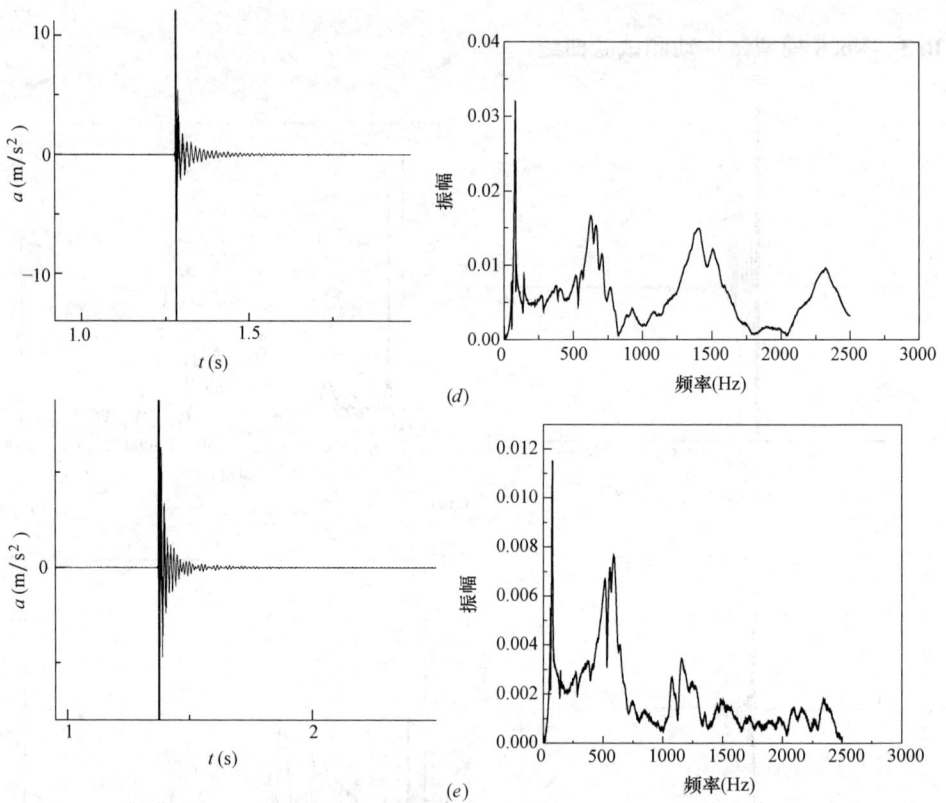

图 B-3　No. 8 模型柱初始和各损伤阶段动测曲线及频谱图（二）

（d）循环 3（4mm）后动测时程曲线及频谱图；（e）循环 4（5mm）后动测时程曲线及频谱图

B. 4　No. 9 模型试件动测试验曲线

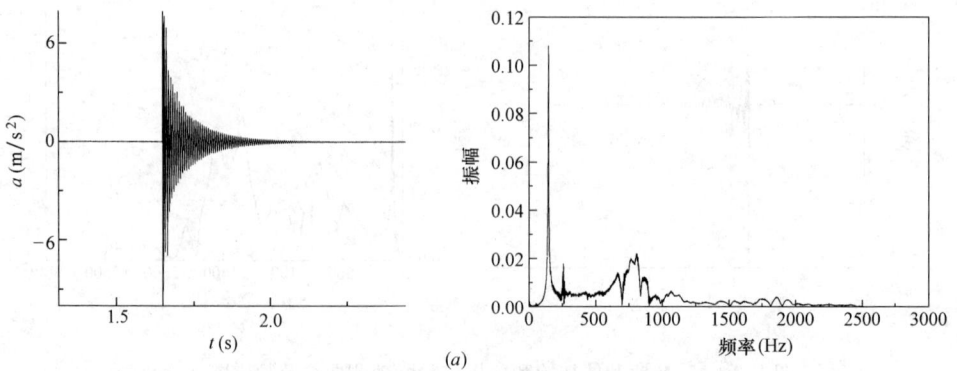

图 B-4　No. 9 模型柱初始和各损伤阶段动测曲线及频谱图（一）

（a）初始动测时程曲线及频谱图

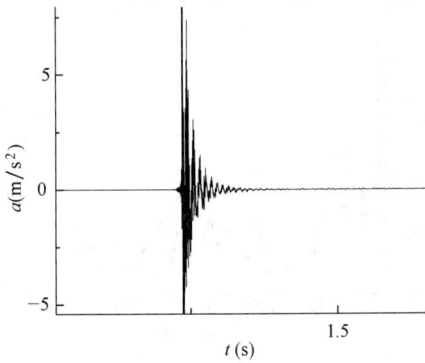
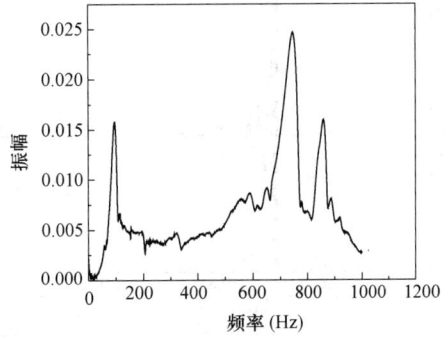

(b)

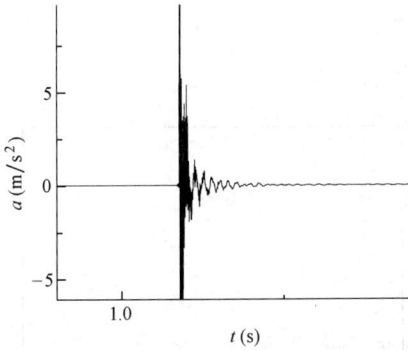
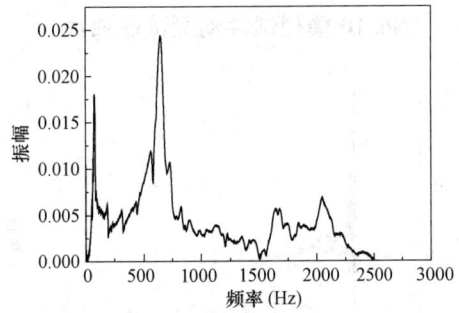

(c)

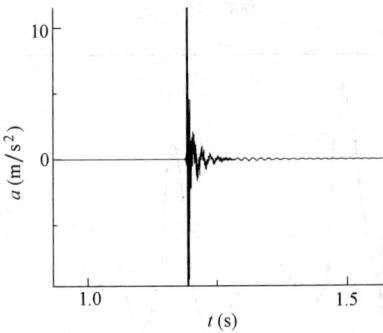
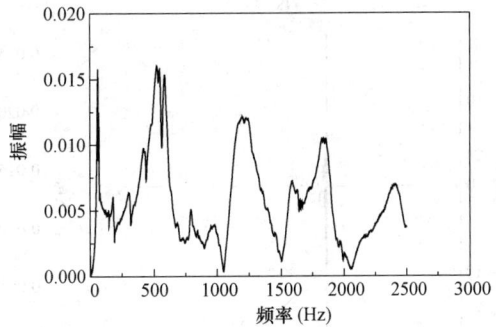

(d)

图 B-4　No. 9 模型柱初始和各损伤阶段动测曲线及频谱图（二）

（b）循环 1（2mm）后动测时程曲线及频谱图；（c）循环 2（3mm）后动测时程曲线及频谱图；

（d）循环 3（4mm）后动测时程曲线及频谱图

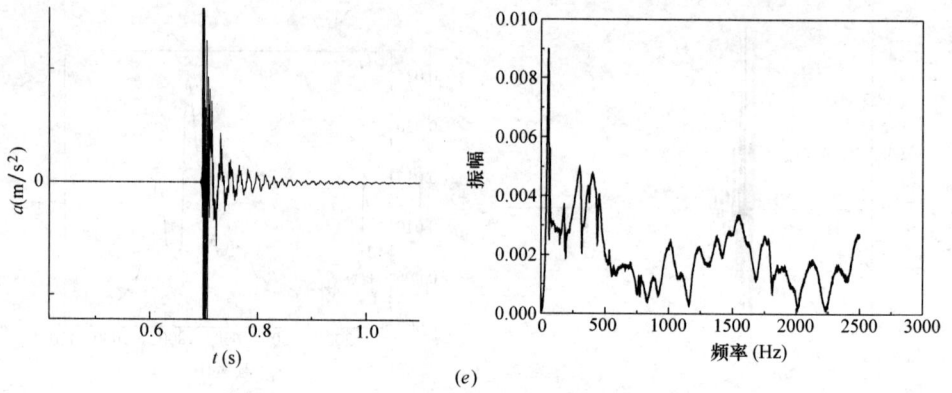

图 B-4　No. 9 模型柱初始和各损伤阶段动测曲线及频谱图（三）

（*e*）循环 4（5mm）后动测时程曲线及频谱图

B. 5　No. 10 模型试件动测试验曲线

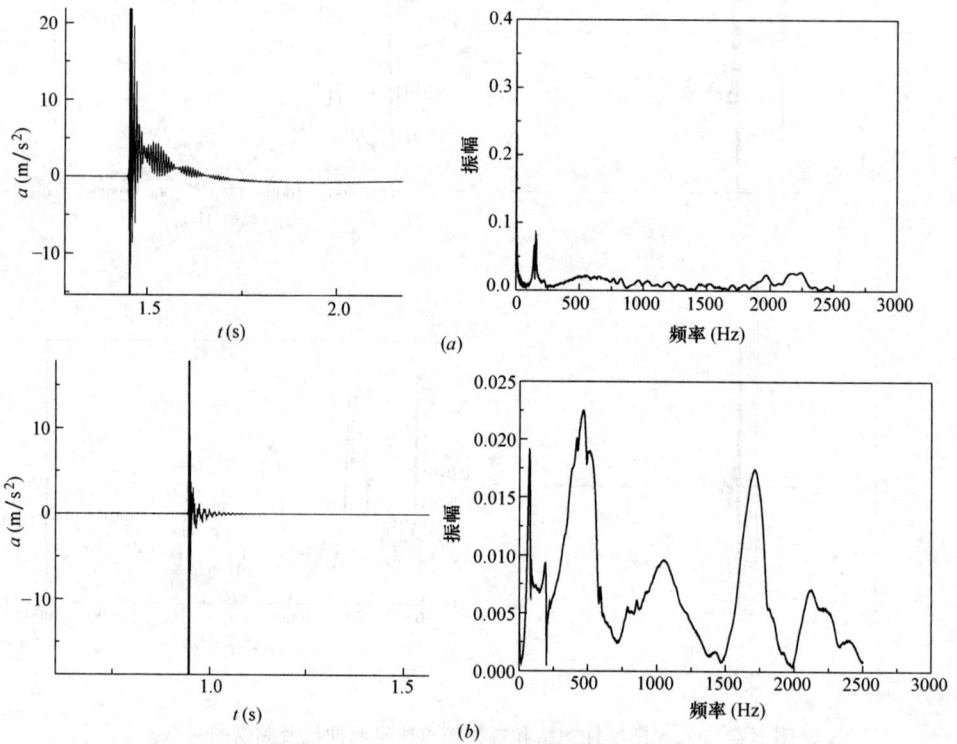

图 B-5　No. 10 模型柱初始和各损伤阶段动测曲线及频谱图（一）

（*a*）初始动测时程曲线及频谱图；（*b*）循环 1（2mm）后动测时程曲线及频谱图

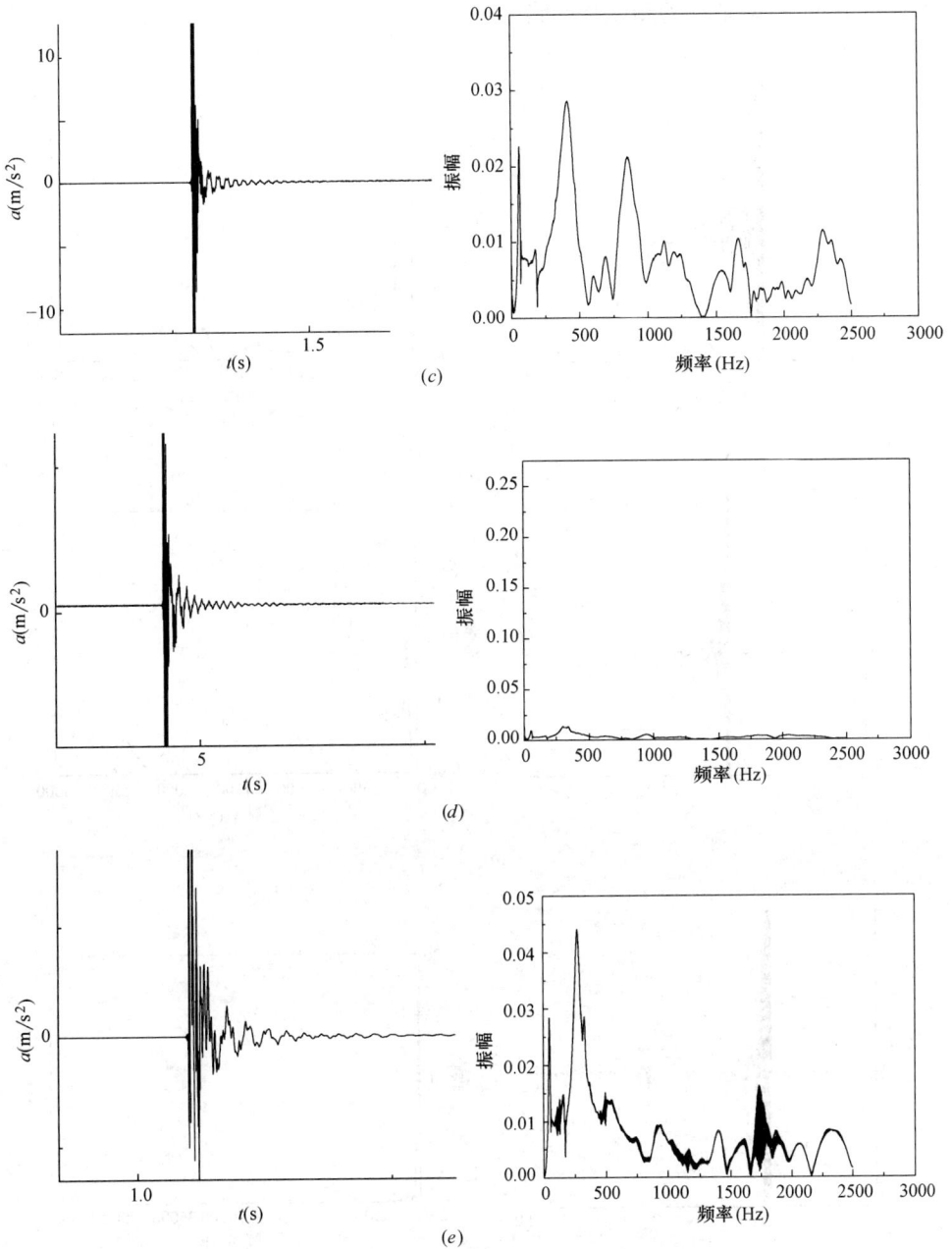

图 B-5　No. 10 模型柱初始和各损伤阶段动测曲线及频谱图（二）

(c) 循环 2（3mm）后动测时程曲线及频谱图；(d) 循环 3（4mm）后动测时程曲线及频谱图；

(e) 循环 4（5mm）后动测时程曲线及频谱图

B. 6　No. 11 模型试件动测试验曲线

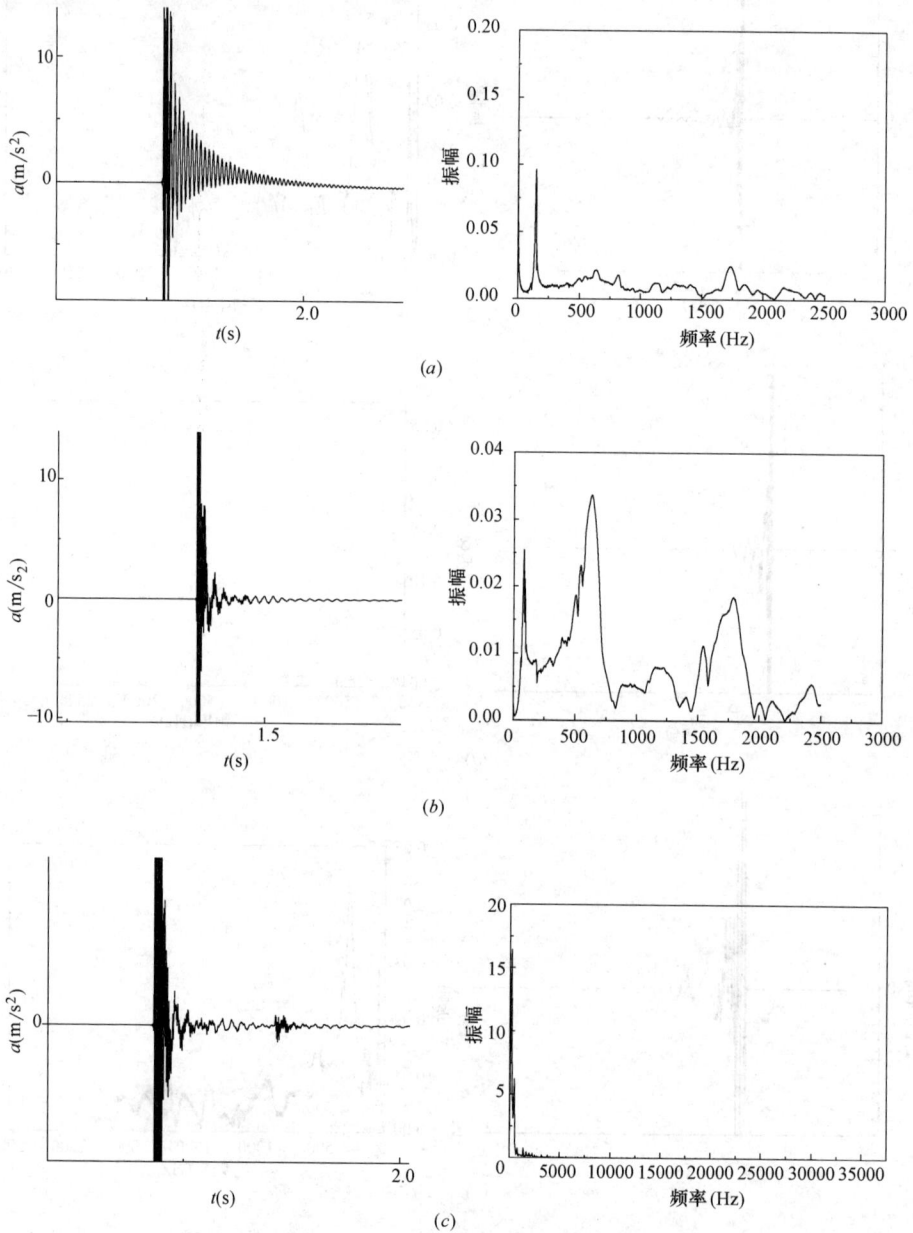

图 B-6　No. 11 模型柱初始和各损伤阶段动测曲线及频谱图 （一）

（a）初始动测时程曲线及频谱图；（b）循环 1（30kN）后动测时程曲线及频谱图；

（c）循环 2（2mm）后动测时程曲线及频谱图

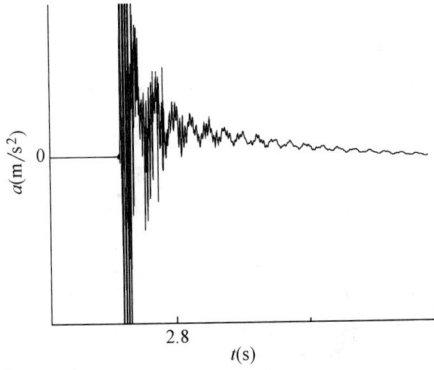
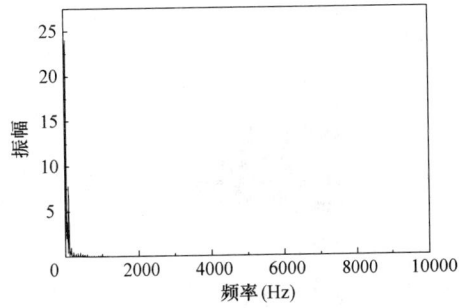

(d)

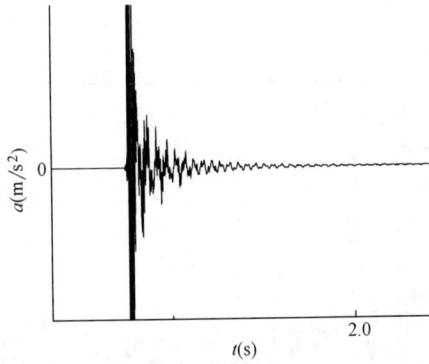
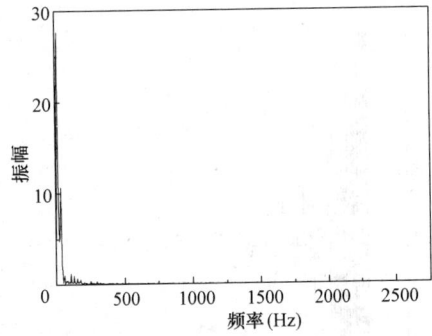

(e)

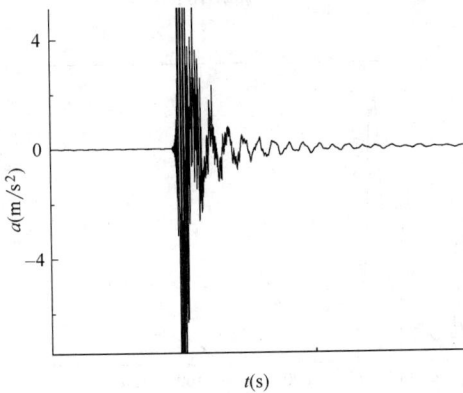
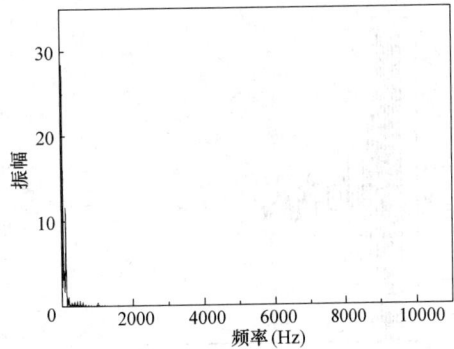

(f)

图 B-6　No. 11 模型柱初始和各损伤阶段动测曲线及频谱图（二）

(d) 循环 3（3mm）后动测时程曲线及频谱图；(e) 循环 4（4mm）后动测时程曲线及频谱图；

(f) 循环 5（5mm）后动测时程曲线及频谱图

B.7　No.12 模型试件动测试验曲线

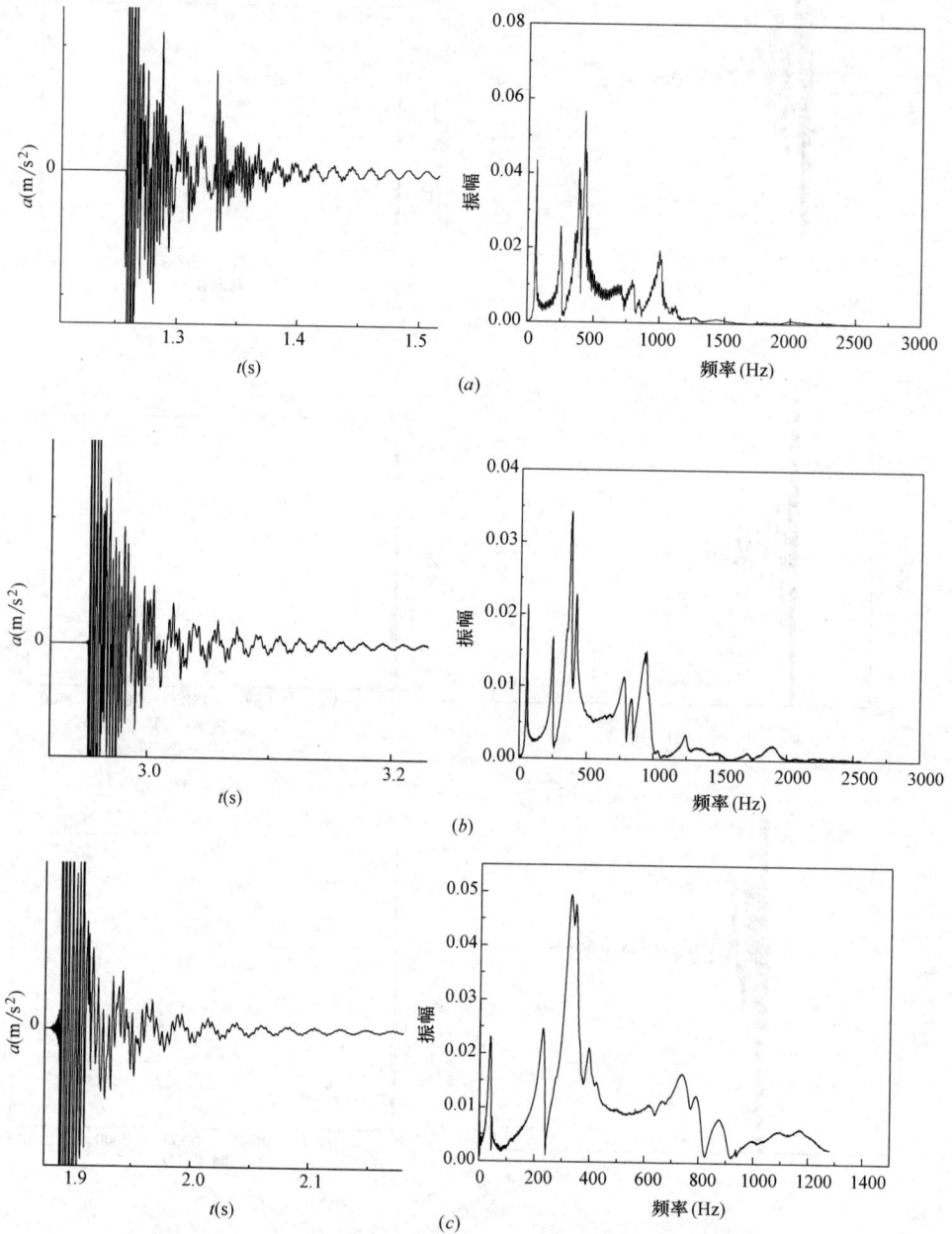

图 B-7　No.12 模型柱初始和各损伤阶段动测曲线及频谱图（一）

(a) 初始动测时程曲线及频谱图；(b) 循环 1（28kN）后动测时程曲线及频谱图；

(c) 循环 2（36kN）后动测时程曲线及频谱图

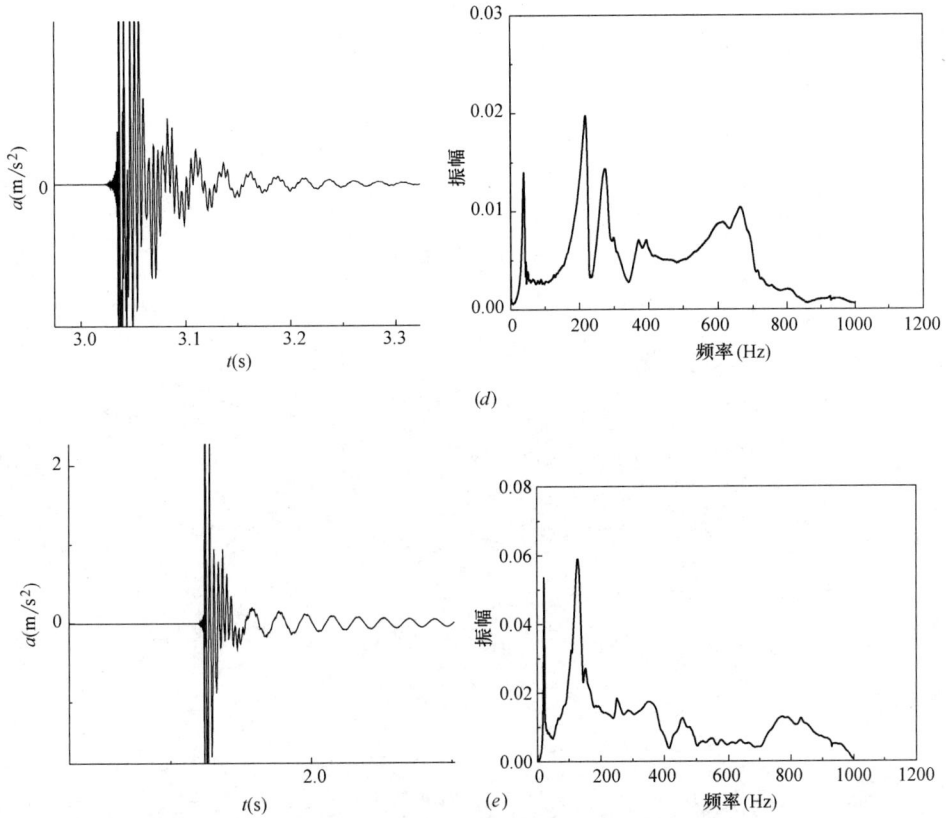

图 B-7   No.12 模型柱初始和各损伤阶段动测曲线及频谱图（二）

（d）循环 3（9mm）后动测时程曲线及频谱图；（e）循环 4（18mm）后动测时程曲线及频谱图